Sozialdemokratische Regierungschefs in Deutschland und Österreich

Peter Brandt · Detlef Lehnert (Hg.)

Sozialdemokratische Regierungschefs in Deutschland und Österreich

1918–1983

Bibliografische Information der Deutschen Nationalbibliothek

Die Deutsche Nationalbibliothek verzeichnet
diese Publikation in der Deutschen Nationalbibliografie;
detaillierte bibliografische Daten sind im Internet
unter *http://dnb.dnb.de* abrufbar.

ISBN 978-3-8012-0495-2

© 2017 by
Verlag J. H. W. Dietz Nachf. GmbH
Dreizehnmorgenweg 24, 53175 Bonn

Umschlaggestaltung: Ralf Schnarrenberger, Hamburg

Satz:
Kempken DTP-Service | Satztechnik · Druckvorstufe · Mediengestaltung, Marburg

Druck und Verarbeitung: CPI books, Leck

Alle Rechte vorbehalten
Printed in Germany 2017

Besuchen Sie uns im Internet: *www.dietz-verlag.de*

Inhaltsverzeichnis

Detlef Lehnert
Einleitung 9
  1 Die SPD-Regierungschefs in der Weimarer Republik 12
  2 Sozialdemokratische Kanzler Österreichs und der
     Bundesrepublik Deutschland 18

Bernd Braun
Das Amt des Reichskanzlers in der Weimarer Republik 23
  1 Grundzüge der Weimarer Kanzlerschaften in historischen Kontexten ... 26
  2 Die drei sozialdemokratischen Reichskanzler der Weimarer Republik ... 36
  3 Unterschiedliche Gründe des Endes der sozialdemokratischen
     Kanzlerschaften 43
  4 Fazit 46

Walter Mühlhausen
Friedrich Ebert (1871–1925): Vom Parteivorsitz zur
Reichspräsidentschaft 49
  1 Vom Sattlergesellen zum Arbeiterführer – Prägungen 51
  2 Demokratie als Leitbild 56
  3 Der Reichspräsident als Machtzentrale, Integrator und Mitspieler 60
  4 Regierungspraxis in der Demokratie: Koalition und Kompromiss 67
  5 Nation und Volksgemeinschaft 69
  6 Repräsentation und Integration 71
  7 Präsident und Partei 73
  8 Vom Milieupolitiker zum Staatsmann 75

Christian Gellinek
Philipp Scheidemann (1865–1939): Reichsministerpräsident
zwischen Nationalversammlung und »Versailles« 79
  1 Aus welchen Gründen wurde Scheidemann kanzlerministrabel? 82
  2 Was machte der Politiker Scheidemann als Ministerpräsident? 86
  3 Wie ist Scheidemanns Ministerpräsidentschaft zu bewerten? 88

4 Eine späte Würdigung 90
5 Nachwort 93

Tim B. Müller
Gustav Bauer (1870–1944) und seine Zeitgenossen:
Demokratische Visionen 97
1 »Buhmann« Bauer 100
2 Bauer, Erzberger und die Etablierung der Demokratie 103
3 Demokratievorstellungen Bauers im Regierungskontext 110
4 Die große Steuerreform 121
5 Schluss 125

Rainer Behring
Hermann Müller (1876–1931) und die Chancen
der Weimarer Republik 127
1 Ein vergessener Politiker im Urteil von Zeitgenossen
   und Nachlebenden 128
2 Grundlegung der Weimarer Außenpolitik: Reichsminister des
   Auswärtigen und Reichskanzler 1919 bis 1920 140
3 Offene Zukunft: Reichskanzler 1928 bis 1930 147
4 Resultate, Fragen, Kritik 154

Siegfried Heimann
Otto Braun (1872–1955): Als Ministerpräsident
»der rote Zar von Preußen« 159
1 Heute vergessen? 159
2 Herkunft, politische Anfänge bis 1918 und preußischer
   Landwirtschaftsminister 161
3 Der Ministerpräsident seit 1920 162
4 Das Verhältnis Reich – Preußen und die gescheiterte Reichsreform 170
5 Verteidigung der Republik 174
6 Der gescheiterte Volksentscheid zur Auflösung des
   Preußischen Landtags 1931 176
7 Der »Preußenschlag« im Juli 1932 und die Regierung Otto Braun 181
8 Emigration, Kriegsende und keine Rückkehr 184

Richard Saage
Karl Renner (1870–1950): Österreichischer Staatskanzler
nach zwei Weltkriegen 187
  1 Der Aufstieg eines Homo politicus 187
  2 Vom Leiter der Kanzlei des Staatsrats zum Staatskanzler
     der Ersten Republik 190
  3 Erster Staatskanzler in der Zweiten Republik 198
  4 Bilanzierende Schlussbemerkungen 205

Einhart Lorenz
Willy Brandt (1913–1992): Der SPD-Vorsitzende und Kanzler
des internationalen Erfahrungshintergrunds 209
  1 Rückkehr nach Deutschland und Stationen
     des politischen Lebensweges 212
  2 Einflüsse des skandinavischen Exils als Leitfaden 215
  3 Die Bedeutung der politischen Kultur 219
  4 Zu Brandts außenpolitischem Denken 223
  5 Auseinandersetzung mit Nationalsozialismus
     und Sowjetkommunismus 229
  6 Programmatische Einflüsse? 232
  7 Bedeutung internationaler persönlicher Kontakte und der Sprache ... 236
  8 Kanzlerjahre 237
  9 Fazit 242

Oliver Rathkolb
Bruno Kreisky (1911–1990): Der »beste zweite Mann« als
beliebtester Bundeskanzler der Zweiten Republik 247
  1 Ein österreichisches Paradoxon 247
  2 Familiäre Prägungen 253
  3 Geschichtspolitik und die Nachwehen des Nationalsozialismus 256
  4 Katalysator der Moderne 260
  5 Reformpolitik mit Konzeptionen und »Bauchgefühl« 264
  6 »Schuldenpolitik« neu betrachtet 270
  7 »Österreichische Außenpolitik ... eine nationale Politik
     im besten Sinne des Wortes« 274

8 Das internationale Netzwerk Brandt – Palme – Kreisky 277
9 Epilog 280

Hartmut Soell
Helmut Schmidt (1918–2015): Kanzler der internationalen
sicherheits- und wirtschaftspolitischen Herausforderungen 283
  1 Politischer Weg 1953–1974: Bundestagsabgeordneter, Senator,
     Fraktionsvorsitzender, Minister 284
  2 Bundeskanzler 1974–1982 mit sicherheitspolitischer und
     weltwirtschaftlicher Kompetenz 288
  3 Kanzlersturz 1982 und Konturen einer Bilanz 294

Die Autoren und Herausgeber 298

Abbildungsnachweis 301

Detlef Lehnert

Einleitung

Die sozialdemokratischen Regierungschefs in Deutschland und Österreich von 1918 bis 1983 in den Blick zu nehmen, soll keineswegs der These eines (kurzen) sozialdemokratischen 20. Jahrhunderts folgen, und sei es allein für diese benachbarten Staaten.[1] Nur die Anfangs- und Endphase entspricht solchem Muster: Von der Revolution im November 1918 bis zur Jahresmitte 1920 standen in Deutschland (Friedrich Ebert, Philipp Scheidemann, Gustav Bauer, Hermann Müller) und in Österreich (Karl Renner) Sozialdemokraten auf gesamtstaatlicher Ebene an der Regierungsspitze. Dorthin gelangten, mit Ausnahme der nicht einmal zweijährigen weiteren Kanzlerschaft Müllers 1928 bis 1930 in Deutschland und Renners für eine kurze Übergangsphase 1945 in Österreich, nach einem halben Jahrhundert erst wieder Willy Brandt und Bruno Kreisky im Herbst 1969/Frühjahr 1970.

---

1 Die Hg. dieses Bandes haben eine Überblicksdarstellung vorgelegt, auf die anstelle einzelner Belege verwiesen sei: Peter Brandt/Detlef Lehnert, »Mehr Demokratie wagen«. Geschichte der Sozialdemokratie 1830–2010, Berlin 2013. Ergänzung mit österreichischen Aspekten: Helene Maimann (Hg.), Die ersten 100 Jahre. Österreichische Sozialdemokratie 1888–1988, Wien 1988.

Das war auf jeweiliger Länderebene zwar deutlich anders; doch nur die (mit kurzer Unterbrechung 1921 und 1925) zwölfjährige Ministerpräsidentschaft Otto Brauns in Preußen zwischen 1920 und 1932 kann angesichts der gut 60 % der deutschen Bevölkerung ausmachenden Größe dieses Landes dazu führen, ihn zusammen mit teilweise nur kurz amtierenden Reichskanzlern in diesen Band aufzunehmen. Die Regierungszeit Helmut Schmidts als Nachfolger Brandts endete im Herbst 1982 nur ein halbes Jahr vor derjenigen Kreiskys. Seither fehlt, abgesehen von wohl immer noch zu geringer Distanz für ein profundes zeithistorisches Urteil, die sinnvoll proportionierte Vergleichbarkeit: In Deutschland gab es allein noch die SPD-Kanzlerschaft Gerhard Schröders 1998–2005, während in Österreich die SPÖ bis auf das ÖVP/FPÖ-Intermezzo 2000–2007 stets den Bundeskanzler stellte: zunächst in Koalition mit der vorübergehend etwas liberalisierten FPÖ (Fred Sinowatz 1983–1986), dann in Großen Koalitionen mit der ÖVP (Franz Vranitzky 1986–1997 nach rascher Trennung von der Haider-FPÖ, Viktor Klima 1997–2000, Alfred Gusenbauer 2007–2008, Werner Faymann 2008–2016 und Christian Kern seit 2016).[2]

Dieser aus einer Tagung der Paul-Löbe-Stiftung im November 2015 bei der Friedrich-Ebert-Stiftung in Berlin hervorgegangene Band kann nicht allein die Regierungsperioden in vergleichender Gegenüberstellung von neun Fallstudien betrachten. Dazu waren die entsprechenden Tätigkeitsperioden von wenigen Monaten bis zu mehr als zwölf Jahren zu unterschiedlich. Bei den Amtsbefugnissen, die im Personenwechsel der Weimarer Republik mit unmittelbar nachfolgendem Überblick von *Bernd Braun* auch im Vergleich der Amts-

---

2   Auch schon in der Zeitspanne bis 1983 würden sozialdemokratische Länderchefs (die erste Frau war – abgesehen von der interimistischen Amtswahrnehmung Louise Schröders in Berlin 1947/48 – seit 1993 Heide Simonis in Schleswig-Holstein, weswegen dieser historische Band eine diesbezügliche frühere weibliche Nichtrepräsentation in jeder Hinsicht ungeschminkt dokumentiert) ein weiteres Buch füllen. Zunächst einfallen würden Kundigen aus jeweiligen Entwicklungsabschnitten (außer der Sonderrolle Regierender Bürgermeister in Berlin wie vor Willy Brandt schon Ernst Reuter 1948–1953) wohl die Namen Georg-August Zinn (Ministerpräsident in Hessen 1950–1969) sowie für Nordrhein-Westfalen Heinz Kühn (1966–1978) und Johannes Rau (1978–1998).

träger erläutert werden, fällt in staaten- und epochenübergreifender Perspektive zunächst eine Ungleichzeitigkeit auf: Die österreichische Erste Republik kannte wie später die Bundesrepublik Deutschland keinen einflussreichen Präsidenten; denn auch die Verfassungsnovelle 1929 wurde in *dieser* Hinsicht nicht mehr vor dem Abgleiten in den autoritären Staat 1933/34 weitgreifend politisch umgesetzt. Hingegen sieht die Zweite Republik (ab 1945) sowie zuvor die Weimarer Republik einen vom Volk gewählten Präsidenten auch in konkreter Praxis vor, ließ aber dessen Kompetenzen in der Verfassungswirklichkeit nie anwachsen oder gar ausufern.

Zumal in aller Regel in den vier einbezogenen Republiken zweier Staaten Koalitionen bestanden, konnte im Kanzleramt nur selten eine weitreichende politische Richtlinienkompetenz ausgeübt werden. Nicht zufällig waren allein die mindestens eine Legislaturperiode mit absoluter Mandatsmehrheit regierenden Kanzler Adenauer (CDU) und Kreisky ähnlich bestimmend wie sonst die britischen Premiers (dort auf der Basis des Mehrheitswahlrechts); sie verschafften damit auch ihren Parteien eine nachwirkende gesamtstaatliche Führungsrolle. Gleichzeitig alleinige Parteivorsitzende auch in den Kanzlerjahren waren bis 1983 nur Brandt und Kreisky; aber beide übernahmen 1964 bzw. 1967 die Parteiführung in der Oppositionsrolle. Während Brandt vor der Kanzlerschaft von 1966 bis 1969 Außenminister und Vizekanzler in der Großen Koalition war, gelang im Betrachtungszeitraum nur Kreisky 1970 ein kompletter Regierungswechsel gegen eine zuvor mit absoluter Mehrheit regierende ÖVP (so wie die rot-grüne Regierung Schröders 1998 bislang der einzige komplette Regierungswechsel in Deutschland durch Wahlen geblieben ist).

In einer nach jeweiliger Autorenentscheidung unterschiedlichen Proportionierung und Bewertung werden nachfolgend auch die politischen Wege bis an die Regierungsspitze einbezogen. Bei erster Gegenüberstellung zu den (nach dem Weimarer Sprachgebrauch noch: Reichs-)Deutschen fällt bei den beiden Österreichern der im Studium erworbene Doktortitel auf. Das traf später auch für den – wohl als einziger Nachfolger eine zeitprägende Gestalt in der NS-Vergangenheits-»Bewältigung« und dem EU-Beitritt darstellenden –

Langzeitkanzler Vranitzky zu, jedoch als Ökonom und nicht Jurist wie die Vorgänger.[3] Allerdings entstammte nur Kreisky gutbürgerlichem (und als einziger Regierungschef auch gesamtfamiliär jüdischem) Herkunftsmilieu. Demgegenüber waren die übrigen Akademiker – von Renner bis Schmidt – Bildungsaufsteiger aus kleinbäuerlichen bzw. kleinbürgerlichen Verhältnissen, dabei zugleich mit frühen persönlichen Kontakten ins nicht allein organisationspolitische Arbeitermilieu. Vom einstigen Sattlergesellen Ebert und den Schriftsetzern/Druckern Scheidemann und Braun führte auch zuvor bei den Regierungschefs der SPD über die Angestellten Bauer und Müller bis zum Journalisten mit Abitur Brandt eine auf der Zeitachse deutliche Linie des Bildungsaufstiegs. Freilich blieben gerade im Kaiserreich die Begabtenreserven der qualifizierten Handwerksberufe noch weithin unausgeschöpft. Denn z. B. Scheidemann hatte neben der Berufsarbeit sogar Universitätsvorlesungen besucht; er war als ein solcher Autodidakt nicht nur ein sehr guter Redner, sondern zugleich ein durchaus talentierter Buchautor, dem es eher an besonderer Neigung zu Routinetätigkeiten jenseits wortgewandter Verhandlungsführung mangelte.

1 Die SPD-Regierungschefs in der Weimarer Republik

Damit wird auch schon ein Stichwort gegeben, warum Ebert und nicht der sechs Jahre ältere und öffentlich stärker profilierte Scheidemann – als ihm formell gleichberechtigter Parteivorsitzender – im November 1918 der erste sozialdemokratische Regierungschef ge-

---

3 Übrigens hatten 1994/95 sämtliche rivalisierenden Spitzenkandidat/inn/en den akademischen Titel Dr. jur.: Erhard Busek/ÖVP, Jörg Haider/FPÖ, Madeleine Petrovic/Grüne, Heide Schmidt/Liberales Forum. Vielleicht sogar, weil Österreich in der Ersten Republik die Adelstitel konsequenter als in Deutschland beseitigte, »adelten« seither umso mehr diverse Bildungsabschlüsse das bürgerliche Leben. Für die beiden noch lebenden Bundespräsidenten gilt sogar: Heinz Fischer ist wie sein Nachfolger Alexander Van der Bellen nicht nur promoviert, sondern habilitiert und berechtigter Träger des Titels »Professor«.

worden ist. Als letzten Kanzler des Kaiserreichs oder ersten der Weimarer Republik sollte man Ebert nicht bezeichnen, denn der Amtsvorgänger Prinz Max von Baden hatte weder das verfassungsmäßige noch ein aus eigener revolutionärer Massenunterstützung informell legitimiertes Recht, die Kanzlerschaft auf Ebert zu übertragen. Aber diese Kontinuitätsfiktion einer »Revolution von oben« stützte Eberts Stellung nicht allein gegenüber der vorwiegend noch obrigkeitlich gesinnten höheren Beamtenschaft, sondern verschaffte ihm auch in der gleichzeitig im Gange befindlichen Revolution von unten einen weiteren Startvorteil. Im Rat der Volksbeauftragten, nach pointierter Formulierung Scheidemanns eine Art »sechsköpfiger Reichskanzler«[4], war zugleich Eberts Profil als Vertreter der gerade wegen ihres gewerkschaftlichen Rückhalts weitaus stärkeren Partei (gegenüber drei USPD-Vertretern) von ausschlaggebendem Gewicht. Ferner zeichnete ihn seine die SPD-Kollegen Scheidemann und Dr. jur. Otto Landsberg deutlich übertreffende Organisationspraxis aus, die Ebert als früherer Arbeitersekretär und dann Nachfolger des legendären »Praktizisten« Ignaz Auer als ein im Hintergrund bleibender, höchst effektiver Leiter des Parteiapparats einbrachte.

Zwar ist der Rechtsanwalt jüdischer Herkunft und seit 1917 USPD-Vorsitzende Hugo Haase zuvor sozusagen der »Kronprinz« (1911 dem verstorbenen zweiten SPD-Vorsitzenden Paul Singer nachfolgend) des 1913 gestorbenen »Arbeiterkaisers« Bebel gewesen. Doch als pro forma gleichberechtigter Mitvorsitzender des Rates der Volksbeauftragten bis zum Ausscheiden der USPD Ende Dezember 1918 hätte sich Haase wohl nur mit Gewaltmitteln auch gegen die Mehrheitssozialdemokratie behaupten können, was aber nicht seinen Vorstellungen entsprach. Zwar folgten jeweils zwei Parteivorsitzende (nach SPD/USPD-Vereinigung 1922 sogar für etliche Jahre drei) einem kollegialen sozialdemokratischen Führungsmodell – entgegen dem Personenkult um den einen preußenakzentuierten (ADAV-)Parteigründer Ferdinand Lassalle, während Bebel und Wilhelm Liebknecht gemeinsam als Gründungsfiguren der mehr antipreußischen »Eise-

---

4 Philipp Scheidemann, Der Zusammenbruch, Berlin 1921, S. 211.

nacher« SDAP auftraten. Ein »Regierungschef« war aber immer nur als Einzelperson realistisch vorstellbar, und das war in den Revolutionswochen seit dem 9. November 1918 de facto und durch Zusammensetzung des Reichsrätekongresses Mitte Dezember auch neu bestätigte Übermacht seiner Partei allein Ebert.

Aus heutiger Sicht könnte man nach Lektüre der Beiträge von *Walter Mühlhausen* und *Christian Gellinek* bedauern, dass Ebert nicht aus der Kontinuitätsfiktion – gewissermaßen eines politisch und sozial neu akzentuierten späten Erben Bismarcks in demokratischer Reichsumgründung – das Festhalten an der Funktion des Kanzlers ableitete. Dann wäre vielleicht schon vor Adenauer (der 1949 weniger Stimmenanteile hatte) ein Schritt in Richtung parlamentarisch-koalitionärer »Kanzlerdemokratie« gegangen worden und das Präsidentenamt mehr dem österreichischen Muster gefolgt (dort wurde es von Dr. jur. Michael Hainisch übernommen, Sohn der liberalen Frauenrechtlerin Marianne Hainisch). Denn Scheidemann[5] erscheint wohl rückblickend in den Repräsentations- und Redeämtern eines möglichen Reichs- oder Reichstagspräsidenten (noch) besser geeignet als in der ersten republikanischen Kanzlerschaft, vor Inkrafttreten der Weimarer Verfassung im August 1919 als »Reichsministerpräsident«. Nicht zu übersehen ist bei allem Weimarer Neubeginn dennoch, wie die Endphase des Kaiserreichs fortwirkte: Vor Eberts interimistischer Kanzlerschaft waren seine Nachfolger Scheidemann und Bauer als einzige Sozialdemokraten bereits ins Kabinett Max von Baden eingetreten.

Nach dem Zweiten Weltkrieg kaum noch bekannt und sogar in der eigenen Partei nicht sonderlich geschätzt, während Ebert und Scheidemann mit auch eher positiven Eintragungen in Geschichtsbüchern wenigstens umstritten waren, sind deren Nachfolger Gustav Bauer und Hermann Müller überhaupt erst wieder in das historische

---

5 Die Literatur zu den Regierungschefs wird in den einzelnen Beiträgen verzeichnet, sodass die Fußnoten dieser Einleitung knapp gehalten sind. Dieser Titel ist aber erst jüngst erschienen und daher auch wegen Onlinezugriffs nachzutragen: Walter Mühlhausen, Philipp Scheidemann 1865–1939. Arbeiterführer und Republikgründer, Wiesbaden 2016 (http://www.hlz.hessen.de/fileadmin/pdf/blickpunkt/Blickpunkt22-Philipp_Scheidemann.pdf).

Gedächtnis zurückzurufen. Bauer war immerhin seit 1908 der Stellvertreter des allein bekannt gebliebenen Carl Legien als – von der Gründung 1890 bis zum Tod 1920 amtierend – mächtiger Vorsitzender des gewerkschaftlichen Dachverbands »Generalkommission«, also der Vorläuferformation des ADGB (und späteren DGB). Mit der gewerkschaftlichen Mehrheits- und Verbandslinie teilte Bauer im Ersten Weltkrieg das Festhalten an der Kreditbewilligungs- und Burgfriedenspolitik, verbunden mit schroffer Ablehnung der Kritik, wie sie über die USPD-Abspaltung 1917 hinaus auch in Teilen der Mehrheits-SPD zu finden war, seither zeitweise »MSPD« abgekürzt. Als Hauptmotiv der staatsintegrationistischen Grundhaltung von Gewerkschaftern wie Bauer ist deren Aufwertung in den Kriegsjahren mit einem Schwerpunkt in primär sozial- und manchen angrenzenden wirtschaftspolitischen Fragen auszumachen. Während nicht in allem gegenüber Eberts Politik unkritische Vertreter der Mehrheitslinie wie Scheidemann in der konservativen und teilweise auch nationalliberalen Propaganda noch in alter Manier diffamiert wurden, rückte die gewerkschaftliche Organisationskraft allmählich zu den tragenden Säulen der Kriegswirtschaft auf. Diese war rein privatkapitalistisch nicht zu bewältigen, und so traten jenseits der mehr praxisbezogenen gewerkschaftlichen Wirkungskreise im MSPD-Spektrum einige Ansätze hervor, an den sog. »Kriegssozialismus« anschließende Konzepte von Plan- und Gemeinwirtschaft entwickeln zu wollen. Solchen Weg gingen aber die Gewerkschaften nach dem Staatsumsturz bewusst nicht, denn seit dem Stinnes-Legien-Abkommen der unternehmerischen und gewerkschaftlichen Spitzenverbände von Mitte November 1918 war deren Bestreben ersichtlich, keinesfalls einem Primat der Regierungspolitik zu unterliegen.

Insofern kann es in Kenntnis solcher Vorgeschichte der Kriegsjahre und Revolutionsmonate nicht überraschen, dass *Tim B. Müller* den bislang nur als Gewährsmann des Reichspräsidenten Ebert gedeuteten Kanzler Bauer nicht allein als Mitträger der Realpolitik in der Annahme des Versailler Vertrags, die Scheidemann verweigerte, und von Erzbergers Finanzreform betrachtet, die Großverdiener scharf progressiv heranzuziehen strebte. Unzutreffend wäre es aber,

Bauers Kabinett in manchen Akzenten seiner öffentlichen Stellungnahmen fast schon als Vorläufer der – erst der Zeit nach 1945 zugeordneten – »Westernisierung« von gewerkschaftlichen und sozialdemokratischen Politikkonzepten zu deuten.[6] Zwar bediente sich Bauer auf der Linie einer Professionalisierung der Öffentlichkeitsarbeit für besondere (Parlaments-)Auftritte bereits wortgewandterer Redenschreiber. Diese mögen auch herkunftsbedingt nach der Lernprozesse auslösenden Kriegsniederlage für eine »Verwestlichung« der zentraleuropäischen Gedankenwelt früher empfänglich gewesen sein als klassische Sozialdemokraten. Freilich auch diese hatten zumeist das Zarenrussland (und in dessen Nachfolge Lenins Sowjetrussland) negativ und im Vergleich dazu in unterschiedlicher Akzentuierung westliche Demokratien trotz fortbestehender Kritik an deren Gesellschaftsordnung verfassungsmäßig positiver wahrgenommen. Die Einbettung in den zeitgenössischen Diskussionskontext zur konzeptionellen Profilierung der Weimarer Republik ergibt mehr ein Bild, das eine Übertragung der nationalen Integration aus der Burgfriedens-Ära in den Stolz auf die nunmehr fortgeschrittenen demokratischen Errungenschaften zeigte – bei gleichzeitiger Bereitschaft der Einbindung in die internationalen Vertragswerke und Organisationen.

In unmittelbarer Nachfolge im Reichskanzleramt wirkte Hermann Müller als der Bauers Grundorientierungen flankierende Außenminister und zugleich, neben dem mit seiner Rede gegen Hitlers Ermächtigungsgesetz bekannteren Otto Wels, von 1919 bis 1928 einer der beiden SPD-Vorsitzenden. Wie sein Vorgänger Bauer war auch Müller – jedoch statt über die Gewerkschafts- in der Parteiorganisation – schon zuvor aufgestiegen und einer der engeren Vertrauten

---

6 Zur Entwicklung nach dem Zweiten Weltkrieg: Julia Angster, Konsenskapitalismus und Sozialdemokratie. Die Westernisierung von SPD und DGB, München 2003. Da »westliche« Orientierungen z. B. an schweizerischen, französischen und englischen Mustern (teilweise auch über Exilzeiten im 19. Jh.) seit den Anfängen der Sozialdemokratie zu verzeichnen waren, ist mit diesem Begriff primär der wachsende Einfluss der Wahrnehmung einer neuen weltpolitischen Rolle der USA und der amerikanischen Verbindungen von Hochkapitalismus und Massendemokratie gemeint. Als über das Kennedy-Vorbild von 1960 am meisten ausgeprägt »westernisiert« können die Wahlkämpfe Brandts als Kanzlerkandidat 1961 und 1965 gelten.

Eberts, der so als eine übergeordnete Figur im Gefüge der frühen SPD-Regierungschefs erscheinen mag. Von *Rainer Behring* wird aber gegen eine Tendenz der Geschichtsschreibung, die eigenständige Rolle Müllers in der Frühphase der Weimarer Republik zu übersehen sowie in der Spätphase einseitig das Scheitern 1930 zu betonen, sein wesentlicher Beitrag zu dem hervorgehoben, was später die »Weimarer Außenpolitik« der 1920er-Jahre genannt wurde: Schon zuvor als Außenminister im Kabinett Bauer ist Müller für jene gestaltende Verständigungs- bzw. Erfüllungspolitik (dem Versailler Vertrag gegenüber) eingetreten, für die später Reichskanzler Wirth (Zentrum) und die Außenminister Rathenau (DDP) und insbesondere Stresemann (DVP) zwar damals Angriffe von rechts (bei Rathenau bis zum Mord 1922) erfuhren, aber historisch gewürdigt worden sind.[7]

Hingegen blieb der in Königsberg geborene Otto Braun in seiner Aufstiegs- und Amtsperiode dem – allerdings Deutschland zu fast zwei Drittel prägenden und im Kaiserreich bis 1918 auch politisch weitgehend bestimmenden – preußischen Wirkungskreis verbunden, wie *Siegfried Heimann* darlegt. Das galt zunächst für die scharfe Konfrontation mit dem preußischen Obrigkeitsstaat und seinem Dreiklassenwahlrecht bis 1918 sowie dem Einfluss der Großgrundbesitzer auch darüber hinaus. So wurde Braun noch in dessen Zeit als Landwirtschaftsminister, die seiner Ministerpräsidentschaft unmittelbar vorausging, eher dem linken Parteiflügel der SPD zugeordnet, seitdem die Vorkriegslinke sich zumeist in der USPD versammelt hatte. Erst die

---

7 Dass auch zeitgenössisch nicht die vornehmlich Politiker »bürgerlicher« Parteien erwähnende Version der künftigen Geschichtsschreibung kursierte, bezeugt kein Geringerer als der Weimarer Reichstagspräsident (1920–1932) Paul Löbe in seiner Eigenschaft als Redner der SPD-Fraktion in einer Amtszeitunterbrechung: »Herr Dr. Stresemann hat während des Wahlkampfes auch in meinem Heimatwahlkreis Breslau gesprochen und hat mit seiner Redebegabung auch dort Tausende in seinen Bann gezogen. Es kam daher ein Freund von mir aus der Versammlung und sagte: Stresemann hat eine glänzende Rede gehalten, aber eins, Genosse Löbe, muß ich Ihnen gestehen: Über die Erfüllungspolitik hat er uns genau dasselbe gesagt, was Sie uns vor vier Jahren gesagt haben«; Verhandlungen des Reichstags. II. Wahlperiode 1924. Bd. 381: Stenographische Berichte, Berlin 1924, 8. Sitzung v. 5.6.1924, S. 122 A.

langjährige Rolle als Regierungschef, mit welcher er das Fehlen von SPD-Reichskanzlern zwischen 1920 und 1928 gewissermaßen überbrückte, hat ihn zunehmend gouvernementalisiert und zur Vertretung einer neuen demokratischen Staatsautorität in und durch Preußen auch geradewegs personifiziert. Dass Braun nach dem Tod Eberts zum wichtigsten Repräsentanten einer Regierungssozialdemokratie wurde, dokumentiert auch seine Kandidatur zu dessen Nachfolge im ersten Wahlgang zur Reichspräsidentschaft 1925. Auch wenn Braun in der Stichwahl zugunsten des Zentrumskatholiken Wilhelm Marx zurückgezogen wurde (der gegen Hindenburg knapp unterlag), erwiesen sich die von ihm zuvor gewonnenen 29 % als Vertrauenskapital. Dieses konnte auf die künftig unangefochtene Führungsrolle als preußischer Regierungschef übertragen werden, bevor die »Reichsexekution« unter dem reaktionären Kabinett von Papen im Juli 1932 seinem demokratischen Preußen schon vor Hitlers Kanzlerschaft ein jähes Ende setzte.

2 Sozialdemokratische Kanzler Österreichs und der Bundesrepublik Deutschland[8]

Als einziger Regierungschef des betrachteten Zeitraums – und darin wohl auch sonst weltweit singulär über mehrere Epochengrenzen hinweg – stand Karl Renner 1918 so wie 1945 an der Spitze zweier österreichischer Republikgründungen. Dabei begünstigte ihn zwar die Langlebigkeit (er war 1945 älter sogar als Kanzler Adenauer bei Amtsantritt 1949), welche den nach ihm geborenen Ebert und H. Müller nicht zu eigen war. Aber der ebenfalls nachgeborene und Renner um einige Jahre überlebende O. Braun fand nach 1945 aus der Exilzeit nicht in politische Funktionen zurück. Das galt nicht gleichermaßen auch für den ähnliche (nur einige Monate unterbrochene) zwölf Amtsjahre in der Weimarer Republik aufweisenden sozialdemokratischen

---

8 Zu den Kanzlerschaften seit 1949 im Überblick: Stephan Klecha, Bundeskanzler in Deutschland. Grundlagen, Funktionen, Typen, Opladen 2012.

Reichstagspräsidenten Paul Löbe (1875-1967), der 1925 neben Braun als Nachfolger Eberts im Gespräch war: Löbe nahm Parteiämter und repräsentative Aufgaben auch nach 1945 wahr, z. B. Alterspräsident des ersten Bundestages 1949, als Berliner Abgeordneter aber ohne eigenes Stimmrecht. Wie dem Beitrag von *Richard Saage* zu entnehmen ist, profitierte Renner in der Möglichkeit seines Doppelantritts, neben seiner Eignung als versierter Staatsmann, vor allem von zwei Faktoren: Österreich nutzte die einseitig betonte Opferrolle in Hitlers Anschlusspolitik, um schon unmittelbar mit Ende des Krieges wieder eigene Innenpolitik betreiben zu können. Zudem hatte Renner die NS-Zeit im nun sowjetisch besetzten Ostteil des Landes verbracht und diente so dieser Siegermacht als ein (auch im Westen reputierlicher) Ansprechpartner, der sich an die Spitze eines Übergangskabinetts stellen konnte, das neben den beiden Großparteien auch die nur kurzzeitig etwas bedeutsameren Kommunisten einschloss.

Immerhin noch politische Jugendprägungen in der Republikzeit vor 1933 erfahren zu haben, unterscheidet bei den sozialdemokratischen Kanzlern der 1970er-Jahre Willy Brandt (und Bruno Kreisky) von Helmut Schmidt, trotz ihres Abstandes von nur fünf Geburtsjahren. Als noch bedeutsamer für das Heranreifen eines Regierungschefs über die Zwischenstationen des Berliner Regierenden Bürgermeisters und deutschen Außenministers ist aber die skandinavische, insbesondere norwegische Exilerfahrung Brandts einzuschätzen. Dies für vielfältige Aspekte herauszuarbeiten, ist über einen Abriss des bekannteren Profils der Kanzlerjahre hinaus das spezifische Anliegen des Textes von *Einhart Lorenz*. Dabei werden diverse Klischees berichtigt, beginnend mit dem ursprünglichen Grund für den ersten Aufenthalt in Norwegen 1933 (Parteiauftrag der linkssozialistischen SAP), der aber wegen bald einsetzender Verfolgung in Deutschland unmittelbar zum Exilstatus hinübergewachsen ist. Deutlich wird der politische Lernprozess des jungen Brandts, der parallel mit der zunächst auch linkssozialistischen norwegischen Arbeiterpartei auf deren Regierungsweg sich allmählich in reformerischer Richtung weiterentwickelte. Darin wurde er von den schwedischen Jahren (nach deutscher Besetzung Norwegens) in Begegnung mit einer trotz bzw. zur Erhaltung der absoluten Mehrheit um reformorientierte gesellschaftliche Konsensstiftung bemühten, gleichzeitig klassen- und allmählich schon »volksparteilichen« Sozialdemokratie noch weiter bestärkt. Wenig bekannt ist auch, dass Brandt bereits in den skandinavischen Exiljahren wichtige Grundzüge der später für ihn charakteristischen außenpolitischen Konzeption entwickelt hat, was durch Erfahrungen als Regierender Bürgermeister in Berlin freilich noch konkretisiert und teilweise modifiziert wurde.

Eine häufig übersehene Gemeinsamkeit der seit den schwedischen Jahren befreundeten späteren Regierungschefs Brandt und Kreisky ist auch die innenpolitische Bürde der internationale Beziehungen fördernden Exilzeit. Angesichts einer scheinbar unaufhaltsamen Erfolgslinie (stets mehrere Prozente Stimmenzuwachs) von Brandt in seinen Kanzlerkandidaturen von 1961 bis 1972 wird oftmals vergessen: Nach dem unter hochgesteckten Erwartungen bleibenden Wahlergebnis der SPD von 1965, mit kaum vermindertem Abstand zur ebenfalls hinzugewinnenden CDU/CSU des »Wirtschaftswunder«-Kanzlers Erhard, wollte er kein drittes Mal antreten; zu massiv hatten ihn gerade auch die Anfeindungen wegen seines Lebenswegs getroffen und am entscheidenden politischen Durchbruch offenbar gehindert. Wohl erst die zusätzliche Profilierungsmöglichkeit als Vizekanzler und Außenminister in der Großen Koalition in Verbindung mit einer forcierten Öffnung der politischen Kultur der Bundesrepublik erwirkten 1969 den Regierungswechsel, zusammen mit einer sich gegenüber der »nationalen« Ära Mende zeitweilig für einen »linkeren« Liberalismus öffnenden FDP.

Die Parallelen mit Österreich sind – über den nur ein halbes Jahr nachfolgenden Zeitpunkt des Beginns der Kanzlerschaft von Kreisky hinaus – trotz verbleibender Unterschiede frappierend, wie sich aus dem Beitrag von *Oliver Rathkolb* ergibt: Auch Kreisky hatte, was sein betont selbstbewusstes Auftreten öffentlich überspielte, seine Exiljahre als Hindernis des möglichen Weges zur Kanzlerschaft betrachtet. Zumal galt dies wegen seiner jüdischen Herkunft in einem (besonders seit dem antisemitischen Wiener Bürgermeister Lueger) traditionell – schon vor den NS-gesteuerten Ressentiments – empfänglichen katholischen Land. Die christdemokratische ÖVP plakatierte ihren Kanzler Josef Klaus 1970 mit besonders markant stilisiertem Kopf und kaum zu verkennendem Seitenhieb gegen den Herausforderer Kreisky als »echten Österreicher«. Aber das veränderte Meinungsklima in der zweiten Hälfte der 60er-Jahre in Verbindung mit Überdruss an (zuletzt sogar Allein-)Regierungen von ÖVP-Kanzlern ließ Kreisky mit seiner SPÖ 1970 die relative und dreimal hintereinander (1971, 1975, 1979) die absolute Stimmenmehrheit erringen. Das konnten sogar die von 1932 bis 1976 den Regierungschef innehabenden Sozialdemokraten in Schweden nicht vorweisen (»nur« 1940 und 1968); dort wurden dann Minderheitskabinette z. B. von einer schon frühzeitig sozusagen »eurokommunistischen« Partei gestützt. Von Brandt unterschiedene außenpolitische Akzente Kreiskys vor allem im Nahostkonflikt erklären sich aus dem neutralen Status Österreichs wie auch dem lange abweichenden Umgang mit der »Bewältigung« von NS-Vergangenheit.

Von Willy Brandt zu Helmut Schmidt[9] erfolgte 1974 der einzige Wechsel der hier betrachteten Regierungschefs, an dessen Beginn weder eine Staatsneukonstituierung (zweimal Renner sowie Ebert/Scheidemann) noch eine innere Staatskrise (»Versailles«: Scheidemann zu Bauer, Kapp-Lüttwitz-Putsch: von Bauer zu Müller und gleichzeitig zu Braun in Preußen) oder ein Wahlerfolg stand (Müller II, Brandt 1969 und Kreisky 1970). Bis heute nicht hinreichend geklärt sind die genauen Umstände sowie Motive, aber vermutlich wünschte Fraktionschef Herbert Wehner (1906–1990) im Hintergrund mehr den Kanzlerwechsel, als ihn Schmidt zu diesem Zeitpunkt aktiv betrieb, wenngleich er wohl Brandt unter günstigeren Umständen einmal nachfolgen wollte. Der Überblick bei *Hartmut Soell* zum politischen Werdegang Schmidts und dessen Kanzlerjahren macht zwar auch die zeitgenössisch wenig beachtete geistige Verortung in Kant'scher Pflichtethik und Poppers Kritischem Rationalismus deutlich, ebenso

---

9 Als Fundgrube für die Beziehungen beider Spitzenpolitiker ist jüngst erschienen: Willy Brandt – Helmut Schmidt. Partner und Rivalen. Der Briefwechsel (1958–1992), Hg. Meik Woyke, Bonn 2015.

wie sein von der breiteren Öffentlichkeit bis heute kaum gewürdigtes Engagement zur Einbindung insbesondere auch der Gewerkschaften.[10] Dennoch liegt der Hauptakzent dieser zuletzt bilanzierten Kanzlerschaft auf der internationalen Wirtschafts- und Sicherheitspolitik, einschließlich der Bewährungsprobe des Terrorismus. Auch diese hat Schmidt bestanden, weil er trotz drückend empfundener Last der politischen Verantwortung für Menschenleben nicht aufgeheizter Stimmungsmache zur Loslösung von rechtsstaatlichen Schranken nachgab – wenngleich manche dem Sicherheitsdenken gemachte Zugeständnisse als damals anfechtbar in Erinnerung geblieben sind.

Drei Kanzler: Helmut Schmidt · Bruno Kreisky · Willy Brandt (20. Mai 1979)

---

10 Dieses zu vernachlässigen und marktliberalen Tendenzen sogar ohne Koalition mit der FDP zu sehr nachzugeben, war aus sozialdemokratischer Sicht ein Hauptfehler der späteren Kanzlerschaft Gerhard Schröders, der sonst gern das Erbe Schmidts bemühte, was ihm mit selbstbewussterem Auftreten gegenüber der Führungsmacht USA hinsichtlich des Nein zum Irak-Krieg auch eindrücklich gelang. Die österreichische Sozialdemokratie blieb (wegen der aktiven Neutralität außenpolitisch in entspannterer Lage) innenpolitisch traditionswahrender: einerseits auf Bundesebene seit 1986 groß- und (mangels Mehrheit dafür) nie grünkoalitionär, andererseits mit weniger Zugeständnissen an »neoliberale« Tendenzen z. B. weiterhin ein den Lebensstandard sicherndes Rentensystem und – nie unter einen Spitzensteuersatz von 50 % zurückweichend – derzeit 11.000 € Kleinverdienerfreibetrag jährlich gewährleistend (Deutschland 2017: 8.820 €).

Bernd Braun

Das Amt des Reichskanzlers in der Weimarer Republik

Mit seiner in der Reihe dtv-Weltgeschichte des 20. Jahrhunderts publizierten Gesamtdarstellung »Die Republik von Weimar« hat der Münchner Historiker Helmut Heiber (1924–2003) mehr als nur eine Generation von Lesern geprägt, darunter unzählige Geschichtsstudenten; von diesen Nachwuchshistorikern avancierten nicht wenige als Lehrer an Schulen oder Universitäten, als Journalisten oder Politiker selbst zu Multiplikatoren der Geschichtsvermittlung, nicht selten mit erheblichem Einfluss auf die Erinnerungskultur. Der Band erschien drei Jahrzehnte lang von 1966 bis 1996 in 22 Auflagen mit insgesamt 204.000 Exemplaren. Heiber, dem sein langjähriger Kollege am Institut für Zeitgeschichte in München, Hermann Graml, in einem Nachruf zu Recht »die Lust an einer die Landschaft wie mit Blitzschlägen erhellenden Formulierungskunst« attestierte[1], beendet seine wort- und wirkmächtige Weimar-Geschichte mit folgendem Fazit: »Es war eine kleine Zeit gewesen der fast nur kleinen Leute. Die ›große Zeit‹ freilich, die jetzt angebrochen war, und ihre ›großen

---

1   Hermann Graml, Zum Tod von Helmut Heiber, in: Vierteljahrshefte für Zeitgeschichte 52 (2004), S. 182-184; Zitat S. 182.

Männer‹ sind ihrem Volke so teuer zu stehen gekommen, daß der Staat von Weimar Jahrzehnte nach seinem Ableben über weit mehr Freunde verfügt als je zu seinen Lebzeiten.«[2] Helmut Heiber war ein zu guter Kenner der Epoche, um nicht zu wissen, dass er sich mit dieser Abwertung des Weimarer politischen Personals in eine, wenn auch in noblerer Gesinnung formulierte, aber doch äußerst fragwürdige Tradition stellte: hatte doch der konservative Vordenker Edgar Julius Jung von der »Herrschaft der Minderwertigen« geschrieben und der linksintellektuelle Journalist Kurt Hiller von der »Diktatur der Mittelmäßigkeit«.[3]

Es ist unschwer zu erraten, auf wen Heiber mit den »kleinen Leuten« anspielt; auf Reichspräsident Paul von Hindenburg mit Sicherheit nicht, denn Heibers Affinität gegenüber dem Generalfeldmarschall als Staatsoberhaupt scheint in seinem Buch allzu deutlich durch – übrigens der kritikwürdigste Punkt seiner Darstellung. Gustav Stresemann und Hans Luther können eigentlich auch nicht gemeint sein, die man mit gewisser Berechtigung als den renommiertesten Außenminister bzw. den (mit seinem Beitrag zur Stabilisierung der Währung nach der Hyperinflation 1923) erfolgreichsten Finanzminister in der deutschen Geschichte bezeichnen kann. Beide amtierten aber auch als Reichskanzler, und auf diese Personengruppe dürfte das Zitat in erster Linie gemünzt sein.

Was lernen wir aus diesen Schlussworten Heibers, die ein gängiges und bis heute vielfach die Wahrnehmung über das politische Spitzenpersonal der Weimarer Republik dominierendes Klischee wiedergeben? Erstens: Historische »Größe« ist keine automatisch positiv besetzte Komponente, sondern kann ein Land, einen Kontinent, ja fast den gesamten Erdball an den Rand des Verderbens führen. Zweitens: Was Heiber 1966 wusste, aber um der gelungenen Formulierung willen nicht ausführte, war die Tatsache, dass die Bonner Republik in ihrer Gründungsphase von »kleinen Leuten«,

---

2 Helmut Heiber, Die Republik von Weimar, 14. Aufl. München 1981, S. 279.
3 Zu Hiller vgl. jüngst: Daniel Münzner, Kurt Hiller. Der Intellektuelle als Außenseiter, Göttingen 2015.

die fast alle aus der Weimarer Republik stammten, aus der Taufe gehoben wurde – und die sich zu großen Leuten der zweiten deutschen Demokratie entwickelten: von Konrad Adenauer über Theodor Heuss, ja selbst bis zu Kurt Schumacher (auch ohne Staatsamt), um nur die wichtigsten zu nennen. Und drittens: Was Heiber 1966 noch nicht wissen konnte, aber die Zeitgenossen seit 1982 wissen: dass selbst ein so großes Land wie die Bundesrepublik Deutschland auch von vergleichsweise »kleinen Leuten« durchaus erfolgreich und stabil regiert werden kann – zumindest gilt dies bis zur Drucklegung dieses Bandes im Jahr 2017.

Ob einem Politiker das Etikett historische Größe angeheftet wird, kann also vordergründig nicht nur von individuellen Faktoren abhängen wie Charisma, Macht- und Sendungsbewusstsein, Durchsetzungsvermögen, strategischem Denken, taktischem Kalkül, rhetorischer Strahlkraft oder der Fähigkeit, sich eine politische Hausmacht zu sichern, sondern in erster Linie von vorgegebenen Strukturen, von den Bestimmungen der Verfassung, von den politischen und ökonomischen Großwetterlagen, von den mentalen Prägungen einer Gesellschaft, von der Krisenanfälligkeit und der Krisenbewältigungsfähigkeit eines Staatswesens und seiner Bürger.

In diesem Beitrag soll zunächst auf die vorgegebenen Strukturen eingegangen werden, in deren Rahmen die zwölf Weimarer Reichskanzler agierten, wobei ein Seitenblick auf die Unterschiede zu den Weimarer Ministerpräsidenten geworfen wird. Anschließend soll versucht werden, die wichtigsten Unterschiede und Gemeinsamkeiten zwischen den drei sozialdemokratischen Reichskanzlern Philipp Scheidemann, Gustav Bauer und Hermann Müller im Vergleich zu ihren Weimarer Amtskollegen und den Bundeskanzlern der Bundesrepublik Deutschland seit 1949 herauszuarbeiten.[4]

---

4 Vgl. Bernd Braun, Die Weimarer Reichskanzler. Zwölf Lebensläufe in Bildern, Düsseldorf 2011; ders., Die Reichskanzler der Weimarer Republik. Von Scheidemann bis Schleicher, Stuttgart 2013.

Bernd Braun

1 Grundzüge der Weimarer Kanzlerschaften in historischen Kontexten

Konrad Adenauer fungierte vierzehn, Helmut Kohl sechzehn Jahre als Bundeskanzler. Beide Repräsentanten der Bonner Demokratie waren damit jeweils länger im Amt als alle ihre zwölf Vorgänger in der Weimarer Republik zusammen. Nur ein einziger Bundeskanzler, Kurt Georg Kiesinger, amtierte kürzer als der Weimarer Rekordhalter Wilhelm Marx, der es in zwei zeitlich getrennten Kanzlerschaften auf insgesamt drei Jahre und zweieinhalb Monate brachte. Auf dem Titelblatt der satirischen Zeitschrift »Simplicissimus« vom 17. Dezember 1923 sieht man den schlaflosen Reichspräsidenten Friedrich Ebert im Bett mit roter Zipfelmütze, Heinrich Heine zitierend, seufzen: »Denk ich an Deutschland in der Nacht, dann bin ich um den Schlaf gebracht [...]«. Was Ebert den Schlaf raubt, verrät der Titel der Karikatur: »Die ewige Kanzlerkrise«. Zu diesem Zeitpunkt war bereits sein siebter Kanzler, Gustav Stresemann, gestürzt und durch Wilhelm Marx ersetzt worden.

Der häufige Kanzlerwechsel musste zumal den älteren Deutschen als Krisensymptom erster Kategorie erscheinen, da sie ihn aus der Geschichte des Kaiserreiches nicht kannten. Der erste Kanzler des Reiches, Otto von Bismarck, galt vielen Zeitgenossen als der ideale Amtsinhaber, an dessen 19-jährigem Wirken in der Reichskanzlei sich alle Nachfolger messen lassen mussten. Zahlreiche Plätze, Hotels, Gaststätten und Cafés im Deutschen Reich trugen ihm zu Ehren den Namen »Reichskanzler«. In den 27 Jahren seit Bismarcks Entlassung durch Kaiser Wilhelm II. hatte es bis Juli 1917 nur vier weitere Kanzler gegeben. In den knapp 16 Monaten bis zur Novemberrevolution sollte sich deren Anzahl mit Georg Michaelis, Georg Graf Hertling und Prinz Max von Baden noch um drei erhöhen. Dieser beschleunigte Kanzlerwechsel war ein Menetekel für die Krise des im Untergang begriffenen Kaiserreiches, das sich nach der Novemberrevolution fortsetzte.

In den 14 Jahren der Weimarer Republik von 1919 bis 1933 regierten zwölf Kanzler in 14 Kanzlerschaften und 20 Kabinetten. Pro Kanzler ergibt dies eine durchschnittliche Regierungszeit von rund 14 Monaten. Allerdings brachten es nur fünf Kanzler, Hermann Müller, Joseph Wirth, Wilhelm Marx, Hans Luther und Heinrich Brüning, überhaupt auf Amts*jahre*, ihre übrigen sieben Kollegen lediglich auf Amtsmonate; die gemeinhin Neulingen in politischen Ämtern gewährte Schonfrist von 100 Tagen erreichten Hermann Müller in seiner ersten Kanzlerschaft 1920 und Kurt von Schleicher nicht, Philipp Scheidemann und Gustav Stresemann überschritten sie nur um wenige Tage. Für die kontinuierliche Kanzlerkrise trugen die Weimarer Regierungschefs jedoch in den meisten Fällen nicht die Verantwortung. Die beiden wichtigsten Ursachen dafür waren die Konstruktion des Reichskanzleramtes in der Reichsverfassung von 1919 sowie die Zersplitterung und der Charakter des Weimarer Parteiensystems.

Der Reichskanzler in der Bismarck'schen Reichsverfassung von 1871 wurde vom Kaiser ausgewählt, ernannt und entlassen; dieser Akt bedurfte weder der Zustimmung des Reichstages noch des Bundesrates. Die Dauer seiner Amtszeit war allein abhängig vom ungestörten Vertrauensverhältnis zwischen dem Monarchen und dem einzigen verantwortlichen Reichsminister. Der Reichstag konnte dem Reichskanzler zwar das Misstrauen aussprechen, wie er dies in spektakulärer Weise während der sogenannten Zabern-Affäre gegenüber Reichskanzler Theobald von Bethmann Hollweg am 4. Dezember 1913 tat; aber dies war ein rein demonstrativer, letztlich folgenloser Akt, denn Bethmann genoss das Vertrauen Wilhelms II. und blieb noch weitere dreieinhalb Jahre im Amt.

Die Staatssekretäre der nach der Reichsgründung 1871 erst im Laufe der Jahre eingerichteten Reichsämter, wie die Ministerien im Kaiserreich betitelt wurden, waren entsprechend der Definition des Verfassungsrechtlers Gerhard Anschütz[5] »lediglich Stellvertreter und

---

5   Gerhard Anschütz, Die Verfassung des Deutschen Reichs vom 11. August 1919. Ein Kommentar für Wissenschaft und Praxis, 5. Aufl. Berlin 1926, S. 186.

Gehilfen des Reichskanzlers, der in jedem Ressort jederzeit jede Amtshandlung anordnen oder selbst vornehmen konnte«. Es handelte sich daher um keine echte Reichsregierung, weshalb bis 1918 im öffentlichen Sprachgebrauch überwiegend der Begriff »Reichsleitung« verwendet wurde. Der Reichskanzler fungierte mit zwei Ausnahmen (1873 und 1892 bis 1894) in Personalunion als preußischer Ministerpräsident, wodurch kein Dualismus zwischen dem Reich und seinem größten Bundesstaat, der fast zwei Drittel seiner Fläche und seiner Bevölkerung umfasste, aufkommen konnte.

In der Weimarer Reichsverfassung wurde das Amt des Reichskanzlers erheblich geschwächt, indem es einem verfassungstechnischen Zangengriff ausgesetzt wurde.[6] Die Weimarer Verfassungsgeber konstruierten eine doppelte Abhängigkeit des Reichskanzlers sowohl vom Vertrauen des Reichspräsidenten als auch vom Vertrauen des Reichstages, der den Regierungschef mit einfacher Mehrheit stürzen konnte, ohne gleichzeitig einen Nachfolger wählen zu müssen. Der spektakulärste Sturz eines Weimarer Kanzlers durch den Vertrauensentzug des Reichspräsidenten war derjenige Brünings am 30. Mai 1932, nur sieben Wochen, nachdem der Zentrumspolitiker die Wiederwahl Hindenburgs organisiert hatte. In einer prophetischen Karikatur des »Simplicissimus« vom 19. Juni 1932 verabschiedet sich der in der Versenkung verschwindende Brüning von Hindenburg mit den Worten: »Adieu, Herr Reichspräsident, und schreiben Sie mir mal 'ne Ansichtskarte aus dem Dritten Reich!« Tatsächlich läutete der Sturz Brünings die letzten acht Monate der Agonie der Weimarer Republik ein. Während nur ein einziger Kanzler, Hans Luther am 12. Mai 1926, durch ein destruktives Misstrauensvotum gestürzt wurde, kamen mehrere seiner Kollegen ihrem erwarteten Sturz durch einen Rücktritt zuvor, etwa Wilhelm Cuno oder Stresemann.

---

6 Vgl. Christoph Gusy, Die Weimarer Reichsverfassung, Tübingen 1997; Ernst Rudolf Huber, Deutsche Verfassungsgeschichte seit 1789, Bd. VI: Die Weimarer Reichsverfassung, Stuttgart 1981.

Die Ämter des Reichskanzlers und des preußischen Ministerpräsidenten wurden in der Weimarer Republik getrennt. Dies führte bei dem Übergewicht Preußens zu einem Dualismus, konkret auch zu einer Konkurrenz zwischen Otto Braun, dem langjährigen preußischen Regierungschef, und den jeweiligen Kanzlern, etwa während der Großen Koalition 1928/30. Während die Weimarer Reichsverfassung die Position des Reichskanzlers schwächte, stärkte sie andererseits die Position der Reichsminister, die ihre Ressorts autonom innerhalb der vom Regierungschef vorgegebenen Richtlinien der Politik führten. Die Richtlinienkompetenz, die auch in das Grundgesetz übernommen wurde, stößt seit 1949 in denjenigen Fällen an ihre Grenzen, in denen Koalitionspartner – denn Koalitionsregierungen sind bis auf die Jahre 1957 bis 1961 mit einer absoluten Mehrheit der CDU/CSU der Regelfall – selbstständig und im eigenen Interesse handeln. Kein Bundeskanzler hat sich etwa in die Ministerauswahl der jeweiligen Partner eingemischt. Alle Bundesregierungen besaßen mit kurzen Ausnahmen, die auf den Austritt einer Partei aus der Koalition oder einen Fraktionswechsel einzelner Abgeordneter zurückzuführen waren, stets eine Mehrheit im Parlament.

Die Durchsetzung der Richtlinienkompetenz in der Weimarer Republik war in den vierzehn Minderheitsregierungen bzw. denjenigen Kabinetten, in denen der Kanzler nicht vom größten Koalitionspartner gestellt wurde, wie das bei den Regierungen Fehrenbach, Wirth, Stresemann, Marx I und IV der Fall war, bzw. keiner Partei angehörte und damit keine Hausmacht hinter sich hatte, wesentlich problematischer.[7] Außerdem war die Anzahl und eigenständige Verankerung der Koalitionspartner in Weimar größer – der letzten Regierung, die sich auf eine Mehrheit im Parlament stützen konnte, der Großen Koalition unter Hermann Müller 1928 bis 1930, gehörten fünf Parteien an: SPD, Zentrum, DVP, DDP und BVP. Innerhalb einer solchen Regierungskoalition konnte der Kanzler nicht auf seine Richt-

---

7 Vgl. zur Frage der Richtlinienkompetenz: Bernhard Sendler, Die Führung in den Koalitions- und Präsidialkabinetten der Weimarer Republik, Berlin 1999.

linienkompetenz pochen, sondern musste sich um das Austarieren der Gegensätze kümmern.[8]

Die verfassungstechnische Schwäche des Reichskanzlers hätte sich nicht so fatal auswirken können, wenn die Parteienlandschaft der Weimarer Republik anders strukturiert gewesen wäre. Das an Stelle des im Kaiserreich geltenden Mehrheitswahlrechts eingeführte reine Verhältniswahlrecht ohne Prozenthürde ließ die Zahl der im Reichstag vertretenen Parteien im Laufe der Jahre deutlich ansteigen. Nach den Wahlen vom 20. Mai 1928, also noch in der Stabilitätsphase der Weimarer Republik, zogen Vertreter von 13 Parteien in das Parlament ein, nach dem Urnengang am 14. September 1930 sogar Abgeordnete von 15 Parteien. Durch diese Fragmentierung des Parteiensystems wurde eine stabile Regierungsbildung erheblich erschwert.

Noch gravierender als die Zersplitterung der Parteien ist ihre Einstellung zur Weimarer Demokratie anzusehen. Bei den jeweiligen Abstimmungen votierten sowohl in der Nationalversammlung 1919 als auch im Parlamentarischen Rat 1949 rund ein Fünftel der anwesenden Abgeordneten gegen die Verfassung. Im Jahr 1949 sehnte sich allerdings keiner der Opponenten aus den Reihen von CSU, Deutscher Partei, KPD und Zentrum nach dem NS-Regime zurück, während der Anteil der Nostalgiker, die sich 1919 das Kaiserreich zurückwünschten, beträchtlich war. Selbst die Partei von Stresemann, die DVP, stimmte gegen die Verfassung. Die sogenannte Weimarer Koalition aus SPD, katholischer Zentrumspartei und linksliberaler Deutscher Demokratischer Partei (DDP), also der drei Verfassungsparteien, erzielte zwar bei den Wahlen zur Nationalversammlung am 19. Januar 1919 eine Dreiviertelmehrheit, verfehlte aber bereits bei den Wahlen zum ersten Reichstag im Juni 1920 die absolute Mehrheit deutlich. Nach dem Zusammenschluss von SPD und USPD 1922 erreichte diese Konstellation zwar wieder erheblich mehr als 50 %

---

8 Zwar gehörten auch dem 1953 gebildeten Kabinett Adenauer II zunächst fünf Parteien an (CDU, CSU, FDP, DP und BHE); allerdings hätten CDU und CSU mit 249 von 509 Sitzen im Deutschen Bundestag nur einen weiteren Koalitionspartner für die absolute Mehrheit der Sitze gebraucht.

der Abgeordneten, wusste diese Mehrheit aber nicht umzusetzen. Nach Wahlen auf Reichsebene blieb die Weimarer Koalition jeweils unter dieser entscheidenden Grenze. Dies führte zu Koalitionen mit unsicheren Kantonisten und zu der hohen Zahl von Minderheitsregierungen. Bedrohlich für die parlamentarische Demokratie wurde die Lage jedoch erst, als diejenigen Kräfte, die sich eine Rückkehr zur Monarchie wünschten, von jenen beiden Parteien verdrängt wurden, die die Etablierung einer Diktatur anstrebten. Hatten KPD und NSDAP bei den Reichstagswahlen von 1928 zusammen nur 13,2 % der Stimmen erzielt, so triumphierten sie 1930 mit 31,3 % und konnten bei den beiden Wahlen 1932 mit 51,6 bzw. genau 50 % das parlamentarische System lähmen.

Gerade in der Endphase der Weimarer Republik ab 1930 sollte sich eine weitere Verfassungsregel als lebensgefährlich für das demokratische System herausstellen: die vorzeitige Parlamentsauflösung. Der im Mai 1928 gewählte Reichstag mit seinen zwölf Nationalsozialisten hätte erst im Mai 1932 zur Wiederwahl angestanden; selbst sein nach nur zwei Jahren und knapp vier Monaten im September 1930 gewählter Nachfolger mit 107 NS-Abgeordneten hätte bis September 1934, also bis zu einer dann eingetretenen wirtschaftlichen Stabilisierung, seine Arbeit fortsetzen können.

Die von Historikern zumeist überbetonte Stabilität in Ländern wie Baden und Preußen ist entscheidend auf die Wahltermine zurückzuführen: Ende 1924, 1928 und dann erst 1932 in Preußen, noch günstiger in Baden: 1925, 1929 und sogar erst 1933.[9] Wären die Landtage in Berlin und Karlsruhe bereits 1930 gewählt worden, so hätte der in beide Parlamente gespülte nationalsozialistische Tsunami den Ruf der beiden Länder als Horte und ihrer Regierungschefs als Hüter der Stabilität schon früher massiv erschüttert. Die unterschiedlichen Verantwortungen zwischen Reich und Ländern, die völlig andere verfassungstechnische Konstruktion der Ämter der Ministerpräsidenten der Länder im Vergleich zum Reichskanzler

---

9 Vgl. Horst Möller, Parlamentarismus in Preußen 1919–1932, Düsseldorf 1985; Michael Braun, Der Badische Landtag 1918–1933, Düsseldorf 2009.

und der erwähnte günstige Wahlturnus sollten eigentlich davor gefeit machen, gerade *einen* Ministerpräsidenten, nämlich Otto Braun in Preußen, als den nie gerufenen Retter der Weimarer Republik posthum zu überschätzen. Gewiss hat hier bereits Hagen Schulze des Guten zu viel getan; aber wenn in einer Rezension aus dem Jahr 2015 zu lesen ist, Otto Braun sei »der sicherlich wichtigste, weil mächtigste Sozialdemokrat der Weimarer Republik« gewesen, dann schadet eine solche Überbewertung dem Andenken Otto Brauns wohl mehr, als dass sie ihm nützt.[10]

Aus dem Untergang der Weimarer Republik haben sowohl die Siegermächte des Zweiten Weltkrieges als auch die Väter und Mütter des Grundgesetzes ihre Lehren gezogen. Während die Liquidation des Ersten Weltkrieges den Repräsentanten der ersten deutschen Demokratie aufgebürdet wurde, übernahmen die Alliierten diese undankbare Aufgabe nach 1945. Die territoriale Zerstückelung ihres Landes mussten die Deutschen nicht absegnen; sie wurden vielmehr vor vollendete Tatsachen gestellt. Die Politik auf der Bundesebene pausierte für mehr als vier Jahre (somit länger als sonst eine Legislaturperiode) und war auch danach noch Souveränitätsbeschränkungen unterworfen.

Das Grundgesetz hat aufgrund der Erfahrungen von Weimar den Bundeskanzler erheblich gestärkt, indem es ihn aus der Abhängigkeit vom Vertrauen des Staatsoberhauptes völlig befreite.[11] Die Ernennung und Entlassung des Bundeskanzlers durch den Bundespräsidenten ist bisher ein rein formeller Vorgang ohne jede Einflussmöglichkeit. Ob der Einfluss des Bundespräsidenten im Zuge des Bedeutungsverlustes der Volksparteien und der Vermehrung der im Bundestag

---

10 Vgl. Hagen Schulze, Otto Braun oder Preußens demokratische Sendung. Eine Biographie, Frankfurt a. M. 1977; Manfred Görtemaker (Hg.), Otto Braun. Ein preußischer Demokrat, Berlin 2014; dazu die Rezension von Max Bloch in: Archiv für Sozialgeschichte (online) 55 (2015).

11 Vgl. Wolfgang Rudzio, Das politische System der Bundesrepublik Deutschland, 5. Aufl. Opladen 2000, besonders S. 283-314; Volker Busse/Hans Hofmann, Bundeskanzleramt und Bundesregierung. Aufgaben – Organisation – Arbeitsweise, 5. Aufl. Heidelberg 2010.

vertretenen Parteien zunehmen wird, bleibt abzuwarten. Das Grundgesetz hat das Staatsoberhaupt weitgehend auf repräsentative Aufgaben beschränkt und an seiner Stelle dem Regierungschef das mächtigste Amt zugewiesen. Der Bundeskanzler kann nur noch durch ein konstruktives Misstrauensvotum gestürzt werden, indem mit der Abwahl des bisherigen Amtsinhabers zeitgleich ein Nachfolger gewählt wird. Als weitere Lehre aus dem Scheitern Weimars ist die vorzeitige Auflösung des Bundestages im Grundgesetz erheblich erschwert worden; in zwei der drei bisherigen Fälle (1983 und 2005) stand sie zudem im Geruch der Rechtsbeugung.

Die Einführung der Fünfprozentklausel bei Bundestagswahlen im Jahr 1953 hatte eine erhebliche Verminderung der im Bundestag vertretenen Parteien zur Folge. Nach anfänglich neun Parteien (1949) stellten zwischen 1961 und 1983 nur drei Parteien Abgeordnete (CDU/CSU als eine Partei gerechnet), zwischen 1983 und 1990 vier, zwischen 1990 und 2013 fünf, seit 2013 wieder vier Parteien; mehr als sechs Parteien können nach der Bundestagswahl 2017 wohl nicht in das Berliner Reichstagsgebäude einziehen. Wie stabilisierend diese Fünfprozenthürde auf der Bundesebene gewirkt hat, zeigt sich dort, wo sie nicht gilt: in zahlreichen, ob ihrer extremen Zersplitterung fast unregierbar gewordenen deutschen Kommunen und im Europaparlament, vor dessen Wahlen 2014 in einem Urteil des Bundesverfassungsgerichts jegliche Prozentklausel als unzulässig erklärt wurde, woraufhin 13 deutsche Parteien Abgeordnete nach Straßburg bzw. Brüssel entsandten.

Alle diese Regelungen des Grundgesetzes und des Wahlrechts auf Bundesebene haben mit dazu beigetragen, dass sich die Bundesrepublik Deutschland durch eine große politische Stabilität und Kontinuität auszeichnet; dies gilt in besonderem Maße für das Amt des Bundeskanzlers. Seit 1949 sind nunmehr bald 70 Jahre vergangen, und mit Angela Merkel amtiert erst der achte Bundeskanzler. Die durchschnittliche Amtsdauer liegt damit bei deutlich über acht Jahren. Zu Recht hat sich für das parlamentarische System der Bundesrepublik Deutschland der Begriff der »Kanzlerdemokratie« herausgebildet, trotz erwähnter koalitionspolitischer Begrenzung der Richtlinienkompetenz.[12] Die Unzufriedenheit mit dem politischen System der Bundesrepublik Deutschland erwächst in den letzten Jahren nicht wie in Weimar an der zu großen Instabilität, sondern an deren in Teilen der Gesellschaft als geradezu zementiert empfundener Hyperstabilität. Dies haben die Verfassungsgeber von 1948/49 wegen der ständigen Kanzlerwechsel in der Weimarer Republik so nicht vorausgesehen; sonst hätten sie nicht das vergleichsweise machtleere Amt des Bundespräsidenten auf maximal zehn Jahre begrenzt, während die machtvolle Position des Regierungschefs selbst diese lange Zeitspanne schon dreimal überschritten hat.

Die ob der strukturellen Defizite der Weimarer Demokratie nicht zu beneidenden Reichskanzler waren zudem mit Problemen konfrontiert wie kein Bundeskanzler der Bundesrepublik Deutschland. Nach 1949 gab es zwei vergleichsweise gefährliche Wirtschaftskrisen, die durch den Ölpreisschock 1973 ausgelöste schwere Rezession und die Bankenkrise des Jahres 2008 folgende; innenpolitisch waren die größten Herausforderungen die von Helmut Schmidt allerdings meisterhaft bewältigte Bedrohung durch den Linksterrorismus der RAF in den 1970er-Jahren und aktuell die seit 2015 schwelende Flüchtlingskrise. Zum historischen Vergleich: In einer Reichstagsrede am 5. Juli 1928 antwortete Reichskanzler Hermann Müller auf eine Passage in der Rede des DNVP-Abgeordneten Kuno Graf Westarp, in der dieser fundamentale Kritik an der Weimarer Reichsverfassung geübt hatte:

> »Was hat denn das deutsche Volk in den letzten neun Jahren unter dieser so viel geschmähten Verfassung von Weimar alles ausgehalten? Es hat alle Putsche, gleichviel ob sie von rechts oder von links kamen, unter der Verfassung von Weimar niedergekämpft, es hat die Angriffe der Separatisten im Westen abgeschlagen unter dieser Verfassung von Weimar, und schließlich das furchtbarste

---

12 Vgl. Arnulf Baring, Im Anfang war Adenauer. Die Entstehung der Kanzlerdemokratie, München 1982; Karlheinz Niclauß, Kanzlerdemokratie. Regierungsführung von Konrad Adenauer bis Angela Merkel, Wiesbaden 2015.

von allem: das deutsche Volk hat die Inflationswirren überwunden unter dieser Verfassung von Weimar. Und eine Verfassung, die sich in diesen Jahren so bewährt hat, kann nicht so schlecht sein, wie sie oft gemacht wird.«[13]

Man könnte diese Aufzählung Hermann Müllers ergänzen um die Invasion belgischer und französischer Truppen in das Ruhrgebiet 1923, die Ermordung von Spitzenpolitikern durch Rechtsterroristen und das Klima antisemitischer Hetze. Ebenfalls in der Reichstagssitzung vom 5. Juli 1928 hatte der NSDAP-Abgeordnete Gregor Strasser den sozialdemokratischen Reichsfinanzminister Rudolf Hilferding mit den Worten beleidigt: »[...] ich erkläre namens eines nicht geringen Teils des deutschen Volkes, daß wir es als eine Schmach empfinden, wenn ein in Ostgalizien geborener negroider Jude hier als Minister sitzt.«[14] Solch eine Äußerung (die angesichts der Tatsache, dass Hilferding in Wien geboren war, auch noch eine dreiste Lüge beinhaltete) ist zumindest bis heute im bundesrepublikanischen Parlamentarismus undenkbar. Mit all diesen schwierigen Problemen und Herausforderungen ist die Weimarer Republik zumindest bis 1930, wenn nicht bis ins Frühjahr 1932 fertig geworden. Man könnte Hermann Müller paraphrasieren, dass nicht nur die Weimarer Reichsverfassung, sondern auch die im Rahmen dieser Konstitution agierenden Reichskanzler als Krisenmanager so schlecht nicht gewesen sein können, wie sie manchem Historiker im Rückblick erscheinen.

Dass sich das Amt des Reichskanzlers in der Weimarer Republik zu einem Schleudersitz entwickeln würde, hatte schon die sozialdemokratische Satirezeitschrift »Der wahre Jacob« im Januar 1920 zum Thema einer prophetischen Karikatur gemacht, allerdings die Lebensdauer der ersten deutschen Demokratie weit überschätzend. Unter dem Titel »Deutschland im Jahre 1950« unterhalten sich zwei

---

13 Stenographische Berichte der Verhandlungen des Deutschen Reichstages, 4. Legislaturperiode 1928 bis 1930, 6. Sitzung v. 5. Juli 1928, S. 91.
14 Ebd., S. 109.

Nachbarn, die als Handwerker kenntlich gemacht sind, gemütlich Pfeife rauchend, über einen Gartenzaun hinweg: »Meine Kinder, alter Freund«, sagt der eine zum anderen, »sind soweit gut versorgt. Mein Ältester, Fritz, ist Feinmechaniker, der zweite ist Ingenieur, der dritte Arzt, – bloß der Jüngste ist mein Sorgenkind, der ist nämlich Reichskanzler.« Zu diesem Zeitpunkt regierte mit Gustav Bauer der zweite Kanzler aus den Reihen der SPD, dessen Sturz im März 1920 nicht mehr lange auf sich warten lassen sollte.

2 Die drei sozialdemokratischen Reichskanzler der Weimarer Republik

Philipp Scheidemann, Gustav Bauer und Hermann Müller entstammten alle der zweiten Generation sozialdemokratischer Parteiführer, der sogenannten »Generation Ebert«.[15] Die Angehörigen dieser Generation hatten sich der Sozialdemokratie während oder nach dem Sozialistengesetz angeschlossen (Scheidemann 1883, Bauer 1891, Müller 1893); sie hatten für ihre politische Gesinnung weder im Gefängnis gesessen noch berufliche Nachteile in Kauf genommen. Sie waren »pragmatischer, technokratischer, realpolitischer und letztlich revisionistischer als ihre Vorgänger«.[16] Man könnte ergänzen, sie waren auch integrierter in die Gesellschaft des Kaiserreiches als die Parteigründergeneration; sie definierten sich nicht als deren »Todfeind«, wie dies August Bebel noch 1903 getan hatte, sondern strebten eine Veränderung der gesellschaftlichen Rahmenbedingungen auf evolutionärem Wege an. Die Systemüberwindung durch den großen »Kladderadatsch« oder die alles verändernde Revolution war ihnen Kampfparole oder auch nur Lippenbekenntnis, aber nie quasi-

---

15 Vgl. Bernd Braun, Die »Generation Ebert«, in: Generationen in der Arbeiterbewegung, Hg. Klaus Schönhoven/Bernd Braun, München 2005, S. 69-86.
16 Ebd., S. 84.

religiöses Dogma.[17] Ihren Karrierehöhepunkt erreichte diese Generation während der Weimarer Republik; sofern sie die Hitler-Diktatur überlebte, spielte sie nach 1945 innerhalb der Sozialdemokratie keine Rolle mehr. Dieser generationelle Aspekt bildet die größte, aber nicht die einzige Gemeinsamkeit zwischen den drei Reichskanzlern aus den Reihen der SPD.

Philipp Scheidemann, der 1865 in Kassel das Licht der Welt erblickt hatte und durch den Deutschen Krieg 1866 zum Preußen gemacht wurde, der 1870 in der ostpreußischen Kreisstadt Darkehmen zur Welt gekommene Gustav Bauer und der 1876 in der badischen Stadt Mannheim geborene Hermann Müller machten eine gemeinsame Erfahrung in ihrer Kindheit und Jugend: den frühen Verlust des Vaters, der die Familien in existenzielle Schwierigkeiten brachte.[18] Krankheit und Tod des selbstständigen Tapezierers und Polsterers Friedrich Scheidemann 1879 und derjenige von Georg Müller, Direktor einer in Niederlössnitz bei Dresden domizilierten Schaumweinfabrik im Jahr 1892, zwangen ihre Söhne, aus finanziellen Gründen den Besuch der höheren Schule abzubrechen und eine Lehre anzufangen. Bei Gustav Bauer war der bis heute nicht zu datierende Tod seines gleichnamigen Vaters, eines Gerichtsvollziehers, die Ursache dafür, dass eine höhere Schulbildung für ihn von vornherein nicht infrage kam. Ob sie ohne diese Degradierungserfahrung den Weg in

---

17 Vgl. Dieter Groh, Negative Integration und revolutionärer Attentismus. Die deutsche Sozialdemokratie am Vorabend des Ersten Weltkriegs, Frankfurt a. M. 1973.

18 Vgl. die vorliegenden Biografien bzw. biografischen Skizzen: Helmut Schmersal, Philipp Scheidemann 1865–1939. Ein vergessener Sozialdemokrat, Frankfurt a. M. 1999; Walter Mühlhausen, »Das große Ganze im Auge behalten«. Philipp Scheidemann Oberbürgermeister von Kassel (1920–1925), Marburg 2011; Karlludwig Rintelen, Ein undemokratischer Demokrat: Gustav Bauer, Gewerkschaftsführer, Freund Friedrich Eberts, Reichskanzler. Eine politische Biographie, Frankfurt a. M. 1993; Andrea Hoffend, »Mut zur Verantwortung«. Hermann Müller, Parteivorsitzender und Reichskanzler aus Mannheim, Mannheim 2001; sowie die entsprechenden Bände aus der Reihe: Akten der Reichskanzlei. Das Kabinett Scheidemann, Bearb. Hagen Schulze, Berlin 1971; Das Kabinett Bauer, Bearb. Anton Golecki, Berlin 1980; Das Kabinett Müller I, Bearb. Martin Vogt, Berlin 1971, und Das Kabinett Müller II, Bearb. Martin Vogt, Berlin 1970.

die Sozialdemokratie gefunden hätten, ist durchaus fraglich. Dass die drei sozialdemokratischen Reichskanzler im Unterschied zu ihren neun Weimarer Kollegen und den bisher acht Bundeskanzlern keinen höheren Schulabschluss absolvieren konnten, war keine Frage der individuellen Eignung, sondern des von der finanziellen Ausstattung des Elternhauses abhängigen Bildungssystems im Kaiserreich.

Alle drei ergriffen im Rahmen der Möglichkeiten damals sogenannte geistige Berufe: Scheidemann wurde Schriftsetzer, Gustav Bauer Bürogehilfe und Kanzleischreiber und Hermann Müller nach einer kaufmännischen Lehre bei Villeroy & Boch Handlungsgehilfe; sie arbeiteten also mit Wörtern und Zahlen, nicht die schlechtesten Voraussetzungen, um eine politische Laufbahn einzuschlagen. Diese führte bei allen dreien nach dem Parteibeitritt zu einem Engagement in der Presse der Arbeiterbewegung. Am naheliegendsten war dies bei Scheidemann, denn das Handwerk des Schriftsetzers war einer der klassischen in die SPD führenden Berufe.[19] Ab 1895 arbeitete Scheidemann als Redakteur bei verschiedenen sozialdemokratischen Blättern, während Müller 1899 die Leitung der schlesischen »Görlitzer Volkszeitung« übernahm. Gustav Bauer hatte zwischen 1895 und 1901 die ehrenamtliche Redaktion des »Bureauangestellten« übernommen, des Verbandsblattes der von ihm 1895 mitbegründeten Spartengewerkschaft. 1903 wurde er zum zweiten Sekretär des neu eingerichteten Zentral-Arbeitersekretariates in Berlin ernannt. Scheidemann konnte sich zwölf Jahre nach seinem Parteibeitritt im Alter von 30 Jahren als hauptamtlicher Funktionär etablieren und blieb es bis zu seinem Ausscheiden aus dem SPD-Parteivorstand 1919 fast fünfundzwanzig Jahre lang; Müller trat bereits nach sechs Jahren Mitgliedschaft als 23-Jähriger in den Dienst der Partei, der bis zu seinem Tod 1931 fast 32 Jahre andauern sollte; Bauer wurde zwölf Jahre nach seinem Eintritt in die SPD im Alter von 33 Jahren besoldeter Gewerkschaftsfunktionär und blieb es fünfzehn Jahre lang bis 1918.

---

19 Vgl. Jochen Loreck, Wie man früher Sozialdemokrat wurde. Das Kommunikationsverhalten in der deutschen Arbeiterbewegung und die Konzeption der sozialistischen Parteipublizistik durch August Bebel, Bonn-Bad Godesberg 1977.

Ab diesem Zeitpunkt verliefen die drei Laufbahnen unterschiedlich, denn Scheidemann kam in herausragende Positionen durch seine Parlamentstätigkeit, während Bauer und Müller umgekehrt Abgeordnetenmandate aufgrund ihrer hohen Ämter in Gewerkschaft und Partei erhielten. Scheidemann wurde 1903 zum ersten Mal in den Reichstag gewählt und gehörte ihm bis zum Verbot der SPD 1933 fast genau drei Jahrzehnte an; er war damit der Weimarer Kanzler mit der längsten Parlamentszugehörigkeit. Durch seine herausragende Rednergabe rückte Scheidemann bereits nach kurzer Zeit in die Riege der profiliertesten Abgeordneten auf. 1911 wurde er in den Parteivorstand gewählt. Nach dem Tod des Parteipatriarchen Bebel im Jahr 1913 wurden dessen Ämter geteilt, Friedrich Ebert erbte den Parteivorsitz neben Hugo Haase, während Scheidemann als erfahrener Parlamentarier die Fraktionsführung neben Haase und Hermann Molkenbuhr übernahm. Nach der Spaltung der Sozialdemokratie wurde Scheidemann 1917 an Stelle des neuen USPD-Vorsitzenden Haase neben Ebert zum Parteivorsitzenden gewählt.

Gustav Bauer hingegen hatte, wie bereits erwähnt, 1895 mit dem Verband der Büroangestellten seine eigene kleine Gewerkschaft gegründet und war an deren Spitze getreten – eine organisatorische Leistung, der er seine Wahl in die Leitung des Zentral-Arbeitersekretariats im Jahr 1903 verdankte. Diese Tätigkeit wiederum, mit der er sich den Ruf eines führenden Sozialexperten erarbeitete, begründete 1908 seinen Aufstieg auf den Stellvertreterposten der Generalkommission der Freien Gewerkschaften neben Carl Legien. Im Jahrzehnt zwischen 1908 und 1918 war Bauer der eigentliche geschäftsführende Vorsitzende der Freien Gewerkschaften, unter anderem besuchte er innerhalb von drei Jahren 60 Kongresse der Einzelgewerkschaften. Bauer wurde erstmals 1912 für den schlesischen Wahlkreis Breslau-Ost in den Reichstag entsandt und blieb bis zu seiner Mandatsniederlegung im Zuge der Barmat-Affäre 1925 Abgeordneter. Als Mitglied des Hauptausschusses zählte er zu den führenden Abgeordneten, Leitungspositionen in der Partei nahm er nie ein.

War Scheidemann ein Mann des Parlamentes und Bauer in erster Linie ein Vertreter der Gewerkschaften, so machte Müller seine Karriere zunächst über den Parteiapparat. Müller, bis dato erfolgreicher Journalist einer Provinzzeitung und Kommunalpolitiker, war Bebel als so talentiert und selbstbewusst aufgefallen, dass er 1906 auf dem Parteitag in Mannheim in den SPD-Parteivorstand gewählt wurde, nachdem er ein Jahr zuvor in einer Kampfabstimmung Ebert unterlegen war. Im Alter von gerade einmal 30 Jahren war Müller als Benjamin in dieses Gremium eingezogen und sollte ihm bis zu seinem Tod fast 25 Jahre angehören. Da Müller und Ebert im Unterschied zu den übrigen Vorstandsmitgliedern zunächst keine Abgeordnetenmandate wahrnahmen, konnten sie ihre Arbeitskraft voll und ganz auf den organisatorischen Ausbau der SPD zur Massenpartei mit über einer Million Mitgliedern am Vorabend des Ersten Weltkrieges konzentrieren. Erst knapp zehn Jahre nach seiner Berufung in den Parteivorstand rückte Müller im Juni 1916 bei einer Nachwahl in den Reichstag ein. Er war zu diesem Zeitpunkt 40 Jahre alt, ein Jahr weniger als das Durchschnittsalter sämtlicher SPD-Abgeordneter im Kaiserreich bei ihrer ersten Wahl.[20] Müller war nach eigener Einschätzung »kein eigentlicher Redner«, sprach aber »stets völlig materialsicher«.[21] Zu einem bedeutenden Parlamentarier entwickelte er sich erst nach seiner ersten Kanzlerschaft.

Der Erste Weltkrieg wirkte als Karrierebeschleuniger wie im Fall Eberts oder -beender wie im Fall des Frontopfers Ludwig Frank. Vor allem durch die Parteispaltung mussten zahlreiche Spitzenpositionen neu besetzt werden, in erster Linie aber musste sich jeder führende Sozialdemokrat in der Frage der Burgfriedenspolitik und des Umgangs mit der Parteiminderheit positionieren. Alle drei späteren SPD-Reichskanzler waren ursprünglich im praxisorientierten, ideologiefernen Parteizentrum zu verorten. Alle drei kritisierten das Verhalten der Parteiminderheit, am schärfsten vielleicht Bauer, was aber weniger ins Auge fiel als bei Scheidemann, der während des Ersten Weltkrieges zum prominentesten SPD-Parteiführer aufstieg.

---

20 Berechnung des Verf. in: Bernd Braun, Hermann Molkenbuhr (1851–1927). Eine politische Biographie, Düsseldorf 1999, S. 134.
21 Zit. in: Gerhard Stroomann, Aus meinem roten Notizbuch. Ein Leben als Arzt auf Bühlerhöhe, Frankfurt a. M. 1960, S. 139 f.

So stand er sowohl als Namensgeber für den von der Mehrheit der Sozialdemokratie angestrebten Frieden ohne Annexionen und Kontributionen (»Scheidemann-Frieden«) wie für die Mehrheitssozialdemokratie (»Scheidemänner«). Als inoffiziell erster Mann der SPD war er auch der erste Kritiker der Parteiminderheit. Auf der Reichskonferenz 1916 kam es deshalb zu einem scharfen Zusammenstoß zwischen Scheidemann und Haase.[22] Müller hingegen hatte sich aufgrund seiner charakterlichen Disposition und seines späten Eintritts in die SPD-Reichstagsfraktion 1916 kaum Feinde im Lager der Parteiminderheit gemacht, was ihn 1922 dazu prädestinieren sollte, die Wiedervereinigung mit der USPD zum Erfolg zu führen. Scheidemann, Bauer und Müller gehörten auch zur Delegation der SPD auf der Internationalen Friedenskonferenz in Stockholm.

Mit Ausnahme des langjährigen Kölner Oberbürgermeisters Adenauer war später ein ausschlaggebendes Kriterium, um als kanzlertauglich zu gelten, der Nachweis von Regierungsfähigkeit, sei es in der Bundes- oder in einer Landesregierung. Diese Eigenschaft konnten die Spitzenpolitiker der Systemopposition des Kaiserreiches naturgemäß nicht vorweisen. Erst mit der Bildung der von den Parteien der Reichstagsmehrheit getragenen letzten kaiserlichen Regierung Max von Baden saßen erstmals Sozialdemokraten mit am Kabinettstisch, und zwar zwei der späteren Reichskanzler: Mit Scheidemann als Staatssekretär ohne Portefeuille war es aufgrund seiner Popularität *der* natürliche Kandidat der SPD für politische Spitzenämter; während der Novemberrevolution gehörte er dem Rat der Volksbeauftragten an, der »Regierung Ebert-Scheidemann«, wie er nach dem Ausscheiden der USPD genannt wurde. Bei Gustav Bauers Berufung als Staatssekretär des neu geschaffenen Reichsarbeitsamtes gaben andere Kriterien den Ausschlag. Er besaß nicht den unangefochtenen Status Scheidemanns und galt auch nicht als der führende Sozialexperte der SPD, denn dann wäre Hermann Molkenbuhr zum

---

22 Vgl. Protokoll der Reichskonferenz der Sozialdemokratie Deutschlands vom 21., 22. und 23. September 1916 in Berlin, Nachdruck Glashütten im Taunus 1974, besonders S. 23 und 53.

Zuge gekommen. Allerdings gehörte Molkenbuhr der Vorgängergeneration der Parteimitgründer an und war 1918 bereits 67 Jahre alt; andere Sozialpolitiker kamen aus verschiedenen Gründen nicht infrage wie Arthur Stadthagen, der zur USPD gewechselt und 1917 verstorben war, oder Gustav Hoch, der als Gegner der Burgfriedenspolitik zwar nicht den Wechsel zur USPD mitgemacht hatte, aber 1915 aus Protest aus dem Fraktionsvorstand ausgeschieden war, oder Max Quarck, der sich während des Krieges als zu exponierter Vertreter des rechten Parteiflügels um Eduard David profiliert hatte. Seine herausgehobene Position innerhalb der Gewerkschaftsführung und seine Freundschaft mit Ebert machten Bauer zum ersten sozialdemokratischen Fachminister in der deutschen Geschichte überhaupt und zum ersten Minister des bis heute bestehenden Arbeitsministeriums. Er behielt dieses Amt während der Revolutionszeit und im Reichskabinett von Scheidemann.

Hermann Müller stand im Juni 1919 kurz hintereinander dreimal im Zentrum der nationalen und internationalen Aufmerksamkeit. Am 14. Juni wurden Müller und Otto Wels auf dem Parteitag in Weimar als Nachfolger von Ebert/Scheidemann zu Vorsitzenden der SPD gewählt. Genau eine Woche später wurde ihm am 21. Juni im Kabinett von Gustav Bauer als erstem Sozialdemokraten der Posten des Außenministers übertragen, und wiederum in Wochenfrist unterzeichnete er gemeinsam mit Reichskolonialminister Johannes Bell im Schloss von Versailles den Friedensvertrag Deutschlands mit den Siegermächten des Ersten Weltkrieges – gewiss die undankbarste Aufgabe, die bis heute jemals ein Chef des Auswärtigen Amtes übernehmen musste.

Vergleicht man die Eigenschaften und Positionen, die Scheidemann, Bauer und Müller den Weg in das Kanzleramt ebneten, dann unterscheiden sie sich nur unwesentlich von den meisten der übrigen neun Weimarer Reichskanzler (eine Ausnahme bilden die parteilosen Reichskanzler Cuno, Luther und von Schleicher) und den Bundeskanzlern der Bundesrepublik Deutschland. Sie waren »alte Hasen« in der Partei (bei Amtsantritt war Scheidemann seit 36 Jahren Parteimitglied, Bauer seit 28 Jahren und Müller 1920 seit 27 Jahren, 1928 seit 35 Jahren). Sie hatten sich zunächst als Multifunktionäre ehrenamtlich in Partei und Gewerkschaft engagiert, was ihnen den Weg in die hauptberufliche Funktionärstätigkeit ebnete. Dabei hatten sie ihre jeweiligen Talente ausgespielt, bei Scheidemann eher das rhetorische, bei Bauer und Müller eher das organisatorische Talent. Sie positionierten sich in der Aufstiegsphase nicht auf den Flügeln, sondern in der breiten Mitte der Partei. Sie hatten parlamentarische Erfahrungen gesammelt und zählten zu den führenden Abgeordneten, wobei Müller sich erst nach seiner ersten Kanzlerschaft zu *dem* herausragenden SPD-Parlamentarier der Weimarer Republik entwickelte; sie stiegen in die Leitungsorgane, den Parteivorstand und die Generalkommission auf, was ohne die Protektion durch die jeweiligen Führungspersönlichkeiten nicht möglich gewesen wäre. Scheidemann und Müller brachten es als Partei- und Fraktionsvorsitzende bis an die Spitze der Parteihierarchie, und wiederum alle drei übernahmen Regierungsämter, sobald dies für Sozialdemokraten überhaupt möglich war.

3 Unterschiedliche Gründe für das Ende der sozialdemokratischen Kanzlerschaften

Es gibt also fast nur Parallelen bei den Karrierewegen in das Amt des Reichskanzlers der Weimarer im Vergleich zum Bundeskanzler der Bonner bzw. Berliner Republik. Erhebliche Unterschiede ergeben sich aus dem jeweiligen Scheitern der Regierungschefs. Die ersten drei Kanzlerschaften standen ganz im Zeichen der Liquidierung des Ersten Weltkrieges. Bei der Ablehnung des Versailler Friedensvertragsentwurfs waren sich die SPD und alle rechts von ihr stehenden Parteien zunächst einig und spiegelten damit – bis auf die entschiedensten Anhänger von USPD und KPD – die deutsche Volksmeinung wider. Kein anderer Deutscher hatte diese Volksstimmung so rhetorisch brillant zusammengefasst wie der sozialdemokratische Regierungschef Scheidemann in seiner Rede vom 12. Mai 1919 in der

Nationalversammlung, die für diese Demonstration extra von Weimar nach Berlin verlegt worden war. Als aller Widerstand auf deutscher Seite angesichts der Drohungen eines Einmarsches feindlicher Truppen nach Deutschland obsolet geworden war und alle bisherigen Gegner einer Vertragsunterzeichnung ihre Meinung änderten, wollte Scheidemann diese Kehrtwende um 180 Grad nicht mitmachen, um seine Glaubwürdigkeit nicht zu ruinieren.

Vielleicht hätte Reichspräsident Ebert den Reichsministerpräsidenten, wie das Amt bis zur Verabschiedung der Weimarer Reichsverfassung noch hieß, umstimmen können, aber er ließ den ungeliebten Rivalen Scheidemann sicher nicht ungern ziehen, zumal mit Bauer sein engster politischer Freund die Nachfolge antrat. Bauer übernahm die Verantwortung für die unvermeidliche Annahme des Versailler Vertrages, die ihm als Ostpreußen besonders schwergefallen sein muss, bedeutete sie doch die Abtrennung seiner Heimat vom Reichsgebiet durch den polnischen Korridor. In seiner Amtszeit wurde die Weimarer Reichsverfassung, die bis dahin freiheitlichste und demokratischste Verfassung in der deutschen Geschichte, und die bis heute bahnbrechende Reichsfinanzreform verabschiedet. Der Reichskanzler musste zurücktreten, weil während des Kapp-Putsches Anhänger des Kaiserreiches gegen Weimar und Versailles einen Staatsstreich angezettelt hatten, der nicht durch das zuständige, sich im besten Fall neutral verhaltende Militär, sondern nur durch einen Generalstreik der Gewerkschaften zum Scheitern gebracht werden konnte. Dem zuständigen Reichswehrminister Gustav Noske wurde nicht zu Unrecht vorgeworfen, dass er die durch den Versailler Vertrag vorgeschriebene massive Verkleinerung der Reichswehr sowie Schritte zu deren Demokratisierung nicht energisch genug umgesetzt hatte. Noske musste seinen Hut nehmen und in seinem Schlepptau auch der Reichskanzler, obwohl er im Reichstag mehrfach Reformen der Reichswehr angemahnt hatte. Dabei spielten auch persönliche Rivalitäten innerhalb der Gewerkschaftsführung eine Rolle, denn eine Rückkehr Gustav Bauers in die Generalkommission wusste Carl Legien noch neun Monate vor seinem Tod zu verhindern.

Hermann Müllers erstes Kabinett war eine reine Übergangsregierung bis zu den überfälligen Wahlen zum ersten Reichstag, die der SPD die größte Niederlage ihrer Geschichte bescherten. Sie stürzte von 37,9 auf 21,7 % ab und landete nur relativ knapp vor der USPD (17,9 %). Die bisherige Weimarer Koalition erreichte nur noch 43,6 % der Stimmen; die SPD beschritt zur Regeneration den Weg in die Opposition. Auch Müllers zweites Kabinett von 1928 bis 1930 war immer noch mit der Liquidierung des verlorenen Krieges beschäftigt. Zunächst hätte die Kontroverse um den Bau des Panzerkreuzers »A« beinahe das sofortige Ende des »Kabinetts der Persönlichkeiten« zur Folge gehabt, da die SPD den Bau ablehnte, während der Reichspräsident, bürgerliche Parteien und die Reichswehr ihn befürworteten. Das militärisch gedemütigte Deutschland durfte nach den Bestimmungen des Versailler Vertrages sechs leichte Panzerkreuzer bauen, wobei es sich weniger um eine Frage der verteidigungspolitischen Notwendigkeit als vielmehr um eine solche der Wiedererrichtung des nationalen Selbstbewusstseins handelte. Mit einem fragwürdigen Kompromiss konnte die Regierung gerettet werden: Der Reichskanzler und die SPD-Minister stimmten als Teil der Reichsregierung für den Panzerkreuzer, als Abgeordnete stimmten sie einem Antrag der SPD-Fraktion, der keine Mehrheit fand, zu, das Bauvorhaben einzustellen. Dies beschädigte zeitweise das Ansehen des Reichskanzlers, das er parallel durch eine andere, die Folgelasten des Krieges betreffende Maßnahme wieder deutlich zu heben verstand.

Für den schwer erkrankten Außenminister Stresemann reiste Müller im September 1928 zur Völkerbundtagung nach Genf, wo er mit einer spektakulären Rede die Zusage von Verhandlungen über eine vorzeitige Räumung des Rheinlandes und eine endgültige Regelung der immer noch offenen Reparationszahlungen erreichte, die im Young-Plan realisiert wurden. Danach schienen die größten Brocken aus dem Weg geräumt, wenn nicht die Weltwirtschaftskrise ab dem »Schwarzen Freitag« (dem 25. Oktober 1929) voll auf Deutschland durchgeschlagen hätte – und wenn nicht mit dem Tod Stresemanns am 3. Oktober 1929 die DVP weiter nach rechts gerückt wäre und gemeinsam mit dem Zentrumsfraktionsvorsitzenden Brüning, sowie dem Reichspräsidenten Hindenburg und seiner Umgebung im Hintergrund, auf eine Verdrängung der Sozialdemokratie aus der Reichsregierung hingearbeitet hätte. Die Große Koalition scheiterte schließlich Ende März 1930 vordergründig und offiziell an der Frage der Erhöhung des Beitrags zur Arbeitslosenversicherung um 0,25 %, der die SPD-Reichstagsfraktion mit erdrückender Mehrheit ihre Zustimmung verweigerte. Damit entsolidarisierte sich die SPD-Reichstagsfraktion unter Führung von Otto Wels nicht nur von ihrem eigenen Reichskanzler, sondern ließ sich in beispiellosem Ungeschick auch noch die Schuld am Scheitern der Großen Koalition in die Schuhe schieben. Auch wenn der Sturz Hermann Müllers entfernt an denjenigen von Bundeskanzler Helmut Schmidt 1982 erinnert, so gibt es für die entscheidenden Intrigen des Reichspräsidenten und seiner Kamarilla keine vergleichbare Parallele.

4 Fazit

Betrachtet man die Kanzlerschaften der drei sozialdemokratischen Reichskanzler der Weimarer Republik, Philipp Scheidemann, Gustav Bauer und Hermann Müller, dann kann man folgendes Fazit ziehen, das mit einer Ausnahme (Franz von Papen) auch für die übrigen acht Weimarer Reichskanzler gilt: Sie waren grundsätzlich weder unfähiger noch weniger integer als ihre Vorgänger im Kaiserreich oder ihre Nachfolger in der Bundesrepublik Deutschland. Neben einigen auffallenden, zumeist zeitverhafteten Abweichungen überwiegen die Vergleichsmomente in den jeweiligen Karrierewegen. Dass sie nicht als erfolgreiche Langzeitkanzler in die Geschichte eingegangen sind, liegt zum einen an den Defiziten in der Konstruktion der Weimarer Reichsverfassung, zum anderen am Charakter des Weimarer Parteiensystems, vor allem aber an der krisengeschüttelten politischen Gesamtlage, welche die erste deutsche Demokratie mit Problemen seither nie mehr zutage getretenen Ausmaßes konfrontierte. Die Frage, ob Scheidemann, Bauer und Müller unter den Bedingungen von Bonn und Berlin als große Staatsmänner reüssiert hätten und wie viele der acht Bundeskanzler – Willy Brandt, Helmut Schmidt und Gerhard Schröder eingeschlossen – unter den Bedingungen von Weimar gescheitert und als »kleine Leute« in die Geschichte eingegangen wären, diese Frage darf ein Historiker allenfalls stellen, aber natürlich nicht beantworten. Diese Einschränkung macht die Frage aber nicht minder reizvoll.

Walter Mühlhausen

Friedrich Ebert (1871–1925): Vom Parteivorsitz zur Reichspräsidentschaft

Im September 1922 hielt Reichspräsident Friedrich Ebert eine Rede vor Sozialdemokraten und Gewerkschaftern in Kiel. Das war eine der wenigen Gelegenheiten, bei denen der vormalige SPD-Vorsitzende, nunmehr Staatsoberhaupt, zu den Vertretern der Bewegung sprach, aus der er im Februar 1919 an die erste Stelle der Republik gewählt worden war. Er bekundete dabei, nach wie vor in enger persönlicher und freundschaftlicher »Beziehung zu den maßgebenden Kreisen der Partei« zu stehen und sich bei allen seinen »Handlungen in Übereinstimmung und Einklang« mit ihnen zu befinden. Jedoch, und hier warb er um Verständnis für sein Staatsamt:

> »Das schließt nicht aus, dass manches draußen nicht immer gleich richtig beurteilt worden ist, weil die Beweggründe, die schließlich maßgebend sind, nicht gleich klar genug erkannt wurden. Aber das müssen wir uns zur Richtschnur machen: Wenn wir als Partei der stärkste Träger unseres staatlichen Lebens geworden sind, wenn eine ganze Anzahl unserer Leute in staatlicher Verantwortung, auf exponiertem Posten steht, so müssen sie eben den staatlichen Notwendigkeiten Rechnung tragen und müssen die Verantwortung

auch übernehmen, selbst auf die Gefahr hin, dass sie in den ersten Stunden und Tagen nicht in der Partei verstanden werden.«[1]

Er verwies damit auf die besondere Rolle des Staatsmannes: Dieser dürfe nicht nur die Parteiinteressen im Blick haben, sondern trage gesamtgesellschaftliche Verantwortung; daraus würden sich nahezu zwangsläufig Konfliktfelder mit der eigenen Partei ergeben. Auf die im Vergleich zum Parteiführer anders gelagerten Prinzipien eines Staatsmannes hatte er nach seiner Wahl zum Reichspräsidenten durch die in Weimar tagende Nationalversammlung am 11. Februar 1919 in seiner Dankesrede an die Abgeordneten hingewiesen, indem er bekundete, als »der Beauftragte des ganzen deutschen Volkes« und nicht als der »Vormann einer einzigen Partei« sein Amt wahrnehmen zu wollen. Der Sozialdemokrat fühlte sich zugleich aber auch seinen Wurzeln und den Interessen der Arbeiterbewegung verpflichtet: »Ich bekenne aber auch, dass ich ein Sohn des Arbeiterstandes bin, aufgewachsen in der Gedankenwelt des Sozialismus, und dass ich weder meinen Ursprung noch meine Überzeugung jemals zu verleugnen gesonnen bin.«[2]

In diesem grundlegenden Spannungsverhältnis zwischen Staatsnotwendigkeit und Parteiinteresse stand Ebert sechs Jahre an der Spitze einer von vielen ungeliebten Republik. In seinem Bekenntnis zur Überparteilichkeit und zu den sozialdemokratischen Leitideen manifestierte sich sein Amtsverständnis. Welche weiteren grundlegenden Prinzipien, geformt und erworben auf seinem Weg zum Parteiführer, bestimmten sein Handeln in den staatspolitischen Funktionen, und welchen Veränderungen waren sie angesichts des Rollenwechsels vom Partei- zum Staatsmann unterworfen? Dem soll hier

---

1 Rede am 4. September 1922, in: Walter Mühlhausen (Hg.), Friedrich Ebert – Reden als Reichspräsident (1919–1925), Bonn 2017, S. 246; generell ders., Friedrich Ebert 1871–1925. Reichspräsident der Weimarer Republik, 2. Aufl. Bonn 2007 (dort auch die ältere Literatur); s. auch ders., Der Typus Ebert. Anmerkungen zur Biografie des Parteiführers im Staatsamt der Weimarer Republik, in: Mitteilungsblatt des Instituts für soziale Bewegungen 45 (2011), S. 85-104.
2 In Mühlhausen (Hg.), Reden, S. 71.

nachgegangen werden. Wenngleich Ebert nur für nicht einmal zwei Tage, am 9. und 10. November 1918, auch formell Reichskanzler war[3], so nahm er doch nachfolgend als faktisch erster Mann der Revolutionsregierung und als ein sich zur Regierung zählendes Staatsoberhaupt herausgehobene exekutive Funktionen wahr; er findet daher in diesem Band der sozialdemokratischen Regierungschefs zu Recht Berücksichtigung.

1 Vom Sattlergesellen zum Arbeiterführer – Prägungen

Friedrich Ebert stammte aus dem kleinhandwerklich-proletarischen Milieu im Arme-Leute-Viertel der Altstadt Heidelbergs, wo er am 4. Februar im Reichsgründungsjahr 1871 als siebtes von neun Kindern eines Schneiderehepaares geboren wurde. Nach Volksschule und Sattlerlehre ging er Anfang 1889 auf Wanderschaft, auf der er sich der von Staat und Gesellschaft unterdrückten, ausgegrenzten und diffamierten Sozialdemokratie anschloss. Der – möglicherweise auch durch den Vater – schon früh politisierte Handwerker zeichnete sich durch einen von Herkunft und Beruf geformten Arbeitseifer aus, der auch seinen Weg in den Organisationen der Sozialdemokratie bereitete. Seine Parteikarriere verdankte er diesem unermüdlichen Engagement, aber auch Redetalent und Organisationsfähigkeit sowie autodidaktisch erworbenen Kenntnissen in Sozialpolitik und Sozialrecht, die ihn während seiner Bremer Zeit (1891–1905) zum versierten Berater der Arbeiterschaft machten. Arbeitseifer und Arbeitsdisziplin stellte er auch in seiner Zeit im zentralen Parteivorstand unter Beweis, in den er 1905 auf dem Parteitag in Jena gewählt wurde. Er und der ein Jahr später in den Vorstand aufrückende Hermann Müller, der spätere Reichskanzler (1920 und 1928–1930), waren die beiden Ver-

---

3 S. auch die Begründung von Wolfgang Abendroth, Friedrich Ebert (1871–1925), in: Wilhelm von Sternburg (Hg.), Die deutschen Kanzler von Bismarck bis Schmidt, Königstein 1985, S. 145-159, zur Aufnahme der Ebert-Biografie in die Reihe der Kanzler.

treter der jungen, der zweiten Generation von Arbeiterführern[4] neben den Urvätern in der Berliner Lindenstraße.

Ebert entwickelte sich rasch zu einer für die Funktionstüchtigkeit des wachsenden Parteiapparates unerlässlichen Kraft und profilierte sich als pragmatischer Manager im Machtzentrum der SPD, deren Mitgliederzahl bis 1914 auf über eine Million ansteigen sollte. Die Partei fuhr einen Wahlsieg nach dem anderen ein, bis sie 1912 (nach einem Rückschlag 1907, trotz weiteren Zuwachses der Stimmenzahl) die stärkste Fraktion im Reichstag stellte, hinter der über ein Drittel der Wählenden stand. Die Massenpartei verlangte nach feingliedriger, zugleich straffer Organisation. Das Weltbild der Männer vom Typus Ebert hatte sich nach dem Sozialistengesetz in einer intakten und rasant wachsenden Organisation geformt und verfestigt. In der Tat entsprang aus der durch gesellschaftliche Ausgrenzung, Legalitätskurs und dem Glauben an das Wachstum der Bewegung bedingten Binnenorientierung auf die Partei ein ausgeprägter Organisationspatriotismus, ja geradezu ein Organisationsfetischismus.[5] Überspitzt formuliert: Nicht die Bewegung war alles, sondern die Parteiorganisation.

Ebert bewährte sich in der Parteispitze als Organisator, der sich auch um vermeintlich bürokratischen Kleinkram kümmerte.[6] Allzu (vor)schnell stempelten Zeitgenossen und Historiker ihn zum blutleeren Bürokraten. Für Ebert aber war der Erwerb von Kenntnissen über ein genaues Studium der Akten unerlässliche Voraussetzung seines politischen Agierens. Auch als Reichspräsident blieb er Herr der Akten. Ihn auf diese »bürokratischen« Tätigkeiten zu reduzieren ignoriert aber, dass er immer auch mehr war, bereits in der Parteispitze: ein Mittler zwischen den auseinanderstrebenden Flügeln, so

---

4   Zu den Merkmalen der Ebert-Kohorte vgl. Bernd Braun, Die »Generation Ebert«, in: Klaus Schönhoven/Bernd Braun (Hg.), Generationen in der Arbeiterbewegung, München 2005, S. 69-86.
5   Ausdruck bei Christoph Moß, Jakob Altmaier. Ein jüdischer Sozialdemokrat in Deutschland (1889–1963), Köln 2003, S. 7.
6   So Philipp Scheidemann, Memoiren eines Sozialdemokraten, Bd. 1, Dresden 1928, S. 101.

wie später zwischen den staatstragenden Kräften der Weimarer Republik. Das spielte sich nur selten vor den Augen der Öffentlichkeit ab.

Dabei war die Einheit für ihn ein unverrückbares Prinzip jeglicher politischen Organisation. Seiner Ansicht nach konnte nur eine einig agierende Partei dem kaiserlichen Klassenstaat Reformen abringen. Das Pochen auf Einigkeit, die den internen Interessenausgleich und eine in politischen Grundsatzfragen unabdingbare Unterordnung der Minderheit unter die Mehrheitsmeinung erforderte, sollte auch später zum politischen Credo des Reichspräsidenten gehören. Geschlossenheit nach außen war für ihn höchstes Gebot. So missbilligte er die auf dem Parteitag in Dresden 1903 erneut aufgekochte Debatte um den Revisionismus in bildhafter Weise: »Wenn wir in Zukunft schmutzige Wäsche zu waschen haben, so gehen wir damit besser in die Waschküche, aber nicht in die Öffentlichkeit.«[7] Das machte er sich zur Richtschnur.

Das Prinzip der Einigkeit leitete den Parteivorsitzenden in der Kriegszeit im Konflikt um die Burgfriedenspolitik, als er frühes Drängen von Parteirechten abwehrte, die Gegner der Kreditbewilligung als lästigen Ballast aus Partei und Fraktion rauszuwerfen. Dabei beharrte er aber konsequent auf Einhaltung der vor allem von der innerparteilichen Opposition immer mehr als Fessel empfundenen Disziplin. »Disziplin« deklarierte Ebert zum Vermächtnis von August Bebel. Die Minderheit hatte sich der Mehrheit unterzuordnen, sonst drohe »das organisatorische Gefüge« gesprengt zu werden.[8] Es sollte so kommen: Erst als die Burgfriedensgegner diese Disziplin durch offenes Auftreten im Reichstag verletzten, war auch für Ebert das gemeinsame Tischtuch zerschnitten. Die im Frühjahr 1917 mit der Bildung der USPD vollzogene Spaltung der Sozialdemokratie versuchte er bis zuletzt – vergeblich – zu verhindern, freilich von der Minderheit die Unterordnung einfordernd. Auch wenn die Schlag-

---

7 Bremer Bürger-Zeitung Nr. 231 v. 3.10.1903.
8 Ebert vor der Fraktion am 30. November bzw. 20. Dezember 1915; vgl. Mühlhausen, Reichspräsident, S. 78 ff.

kraft der SPD durch den Bruch geschwächt wurde, so stärkte die Gründung einer zweiten Partei links von der SPD Eberts innerparteiliche Position. Zudem, und wichtiger noch: Die Abtrennung des linken Flügels erhöhte die Chancen einer Öffnung hin zu den bürgerlich-demokratischen Parteien und machte die SPD wiederum im demokratischen Bürgertum bündnisfähig, was letztlich den Weg zur Realisierung der Demokratie über Reformen bereiten konnte.

Politisch-programmatisch zählte Ebert zu den Reformisten, ohne selbst ein theoretisches Gerüst installiert zu haben. Als (Vor-)Denker der Sozialdemokratie trat er eben nicht hervor, wohl aber als ein Mann der Verantwortung und des Gestaltungswillens.[9] Dabei war er immer pragmatisch ausgerichtet. Die tagtägliche Konfrontation mit den Problemen des Proletariats in seiner Bremer Zeit als nebenbei auch beratender Gastwirt (1894–1900) und danach als erster Arbeitersekretär (1900–1905) prägte seinen Standort in den ideologischen Grabenkämpfen der SPD zwischen Reformisten, Revisionisten und Revolutionären. Als Mann der Parteimitte, der sogenannten Zentristen, wollte er Demokratie und sozialen Fortschritt auf dem Weg der Reform verwirklichen. Dabei setzte er auf Organisationskraft und -fähigkeit der Arbeiterbewegung. Schon früh machte er als junges Gewerkschaftsmitglied die Erfahrung vom Erfolg eines organisationsgestützten solidarischen Handelns, als ein Streik für höheren Lohn in Kassel 1890 nach bereits zehn Tagen mit einem Sieg der Gesellen endete, dabei der Streiküberschuss gar noch an andere Streikorte abgeführt wurde. Dass er sich noch 20 Jahre später daran erinnerte und es als schönen ideellen Zug beschrieb[10], offenbarte die nachhaltige Prägekraft des Erlebten.

Ebert gehörte als sozialpolitischer Autodidakt und langjähriger Arbeitersekretär gewissermaßen zur Gruppe der Sozialtechnologen. Die Tätigkeit als Arbeitersekretär stellte eine der zentralen Karriere-

---

9 Vgl. Walter Mühlhausen, Friedrich Ebert 1871–1925, in: Christian Krell (Hg.), Vordenkerinnen und Vordenker der Sozialen Demokratie. 49 Porträts, Bonn 2015, S. 92-98.
10 Brief an Johann Sassenbach vom 27. März 1909; Faksimile in: Ronald A. Münch, Von Heidelberg nach Bremen: Friedrich Ebert 1871–1905, München 1991, S. 48.

leitern innerhalb der Arbeiterbewegung dar, denn der »Volksjurist«[11] genoss wegen seiner umfassenden sozialpolitischen Kenntnisse ein hohes Ansehen in der SPD, die im Kaiserreich einen Großteil ihrer Parlamentarier auf allen Ebenen aus der Mitte der Arbeitersekretäre rekrutierte. Ebert gelangte für seine Alterskohorte zwar erst verhältnismäßig spät 1912 – mit 40 Jahren – nach mehreren aussichtslosen Zählkandidaturen in den Reichstag. Doch hatte er als Mitglied der Bremischen Bürgerschaft (1900–1905) und Vorsitzender der dortigen SPD-Fraktion parlamentarische Erfahrung sammeln können. Freilich nicht im Regierungshandeln – das ließ die Verfassungswirklichkeit des Kaiserreiches nicht zu. Bei den Sozialtechnologen wie Ebert handelte es sich um Männer, die bestens in der Bewegung vernetzt und zudem mit der Lage der Arbeiterschaft direkt konfrontiert waren. Das beeinflusste die politische Orientierung entscheidend. Bei Ebert gesellte sich zu all den gemeinsamen Erfahrungen und Eigenschaften ein sicherer Machtinstinkt.

Die Integrationsfähigkeit und Integrationswilligkeit in das politische System des Kaiserreichs war bei Ebert und seiner Alterskohorte stärker ausgeprägt als bei der vorhergehenden »Generation Bebel«. Sie waren in der Tat pragmatischer, technokratischer, realpolitischer und reformistischer als die Parteigründer.[12] Sie wuchsen auf in einer Zeit des rasanten wirtschaftlichen und technischen Fortschritts. Das löste nicht nur eine ungemeine Technikbegeisterung aus, sondern beeinflusste auch das politische Denken: Die Erfahrung von Fortschritt wurde als Parameter auf die politische Ebene transferiert und nährte die Hoffnung auf einen allmählichen demokratischen Wandel innerhalb des bestehenden und für veränderbar eingeschätzten Systems.

---

11 Bezeichnung geprägt von Christian Stock; vgl. Walter Mühlhausen, Christian Stock 1910–1932. Vom Heidelberger Arbeitersekretär zum hessischen Ministerpräsidenten, Heidelberg 1996, S. 30; s. auch generell: Klaus Tenfelde, Arbeitersekretäre. Karrieren in der deutschen Arbeiterbewegung vor 1914, 2. Aufl. Heidelberg 1996.
12 Braun (wie Anm. 4), ➡ S. 52.

Nimmt man das alles zusammen, so haben wir es mit einem Parteiführer zu tun, der beseelt war vom einigen Handeln und dem Glauben an die Organisation. Insgesamt war Ebert nach Herkunft, Sozialisation und Aufstiegsmuster ein typischer Repräsentant der Parteibeamten der zweiten Parteigeneration. Der Sprung auf die Zinne der Partei 1913 hob ihn jedoch aus dieser sozialdemokratischen Führungselite im wilhelminischen Kaiserreich heraus.

2 Demokratie als Leitbild

Friedrich Eberts normatives Ziel war die soziale und politische Emanzipation der Arbeiterbewegung, die Verwirklichung der Demokratie auf dem Weg der Reform. Das leitete ihn auch in der Revolutionszeit. Was er erstrebte, hatte er schon am 2. November 1918 niedergeschrieben: »Die Demokratisierung ist für Reich und Volk eine Lebensnotwendigkeit.«[13] Demokratisierung meinte zunächst einmal die endgültige Transformation des monarchischen Obrigkeitsstaates in eine parlamentarische Demokratie. Wenn er auf einer Zusammenkunft in der Berliner Hapag-Vertretung am 31. Oktober 1918 davon sprach, die »Firma«, also die Monarchie, sei vorerst zu erhalten, so waren das vorsichtige, doch auch klug platzierte Worte. Denn am Ende eines verlorenen vierjährigen Krieges, in einem Moment, als Bankrott, Chaos und politisches Vakuum drohten, hätte, so glaubte Ebert, ein radikaler verfassungsrechtlicher Umbruch die Lage noch zusätzlich verschärft. Die nach den Oktoberreformen demokratisierte »Firma« sollte weiter bestehen, aber mit einem anderen Fürsten an der Spitze als dem abgewirtschafteten Kaiser, etwa mit Prinz Max von Baden als Reichsverweser. Ebert war davon überzeugt: »Deutschland ist nicht reif für die Republik.« Noch nicht, so sind diese Worte zu deu-

---

13 Postkarte mit Handschrift Eberts; Faksimile in: Helga Grebing, Friedrich Ebert: Von der Verantwortung für die Demokratie in Deutschland, Heidelberg 1996 (Bildteil).

ten. Anderes herauszulesen, würde sein längerfristig verfolgtes Lebensziel ignorieren.[14]

Mit der Ende Oktober 1918 eingeleiteten Parlamentarisierung des Reiches, der Abdankung Wilhelms II. und der Übernahme der Reichskanzlerschaft durch Ebert am 9. November 1918 waren zentrale Forderungen der SPD erreicht worden. Ganz in diesem Sinne formulierte er kurz danach: »Deutschland hat seine Revolution vollendet.«[15] Als Philipp Scheidemann, Mitvorsitzender der Partei, am 9. November vom Reichstag die Republik ausrief, geschah dies zum Unwillen Eberts.[16] Wenn er diese Aktion scharf kritisierte – sofern man der Überlieferung Scheidemanns Glauben schenken darf –, dann wohl in erster Linie aus dem Grund heraus, dass über den weiteren Weg Deutschlands die gewählten Organe zu entscheiden hatten.

So begriff Ebert, der kaum mehr als nur einen Tag allein die Reichskanzlergeschäfte innehatte, den am 10. November paritätisch aus SPD und USPD gebildeten Rat der Volksbeauftragten als Konkursverwalter des alten Regimes und als Treuhänder der Macht, denn es fehlte das demokratische Mandat des ganzen Volkes. Wenn Scheidemann später die Revolutionsregierung als sechsköpfigen Reichskanzler charakterisierte[17], so spiegelte das nicht die realen Verhältnisse wider, denn Ebert war *Primus inter Pares*. Für die weitgehend unangetastete Ministerialbürokratie und in der öffentlichen Wahrnehmung galt er als »Reichskanzler«.[18] Dabei fühlte er sich selbst nicht als revolutionärer Gestalter, der seine Macht allein auf die

---

14 Vgl. Mühlhausen, Reichspräsident, S. 98 f.; dagegen Bernd Braun, Der Nachfolger. Friedrich Ebert (1871–1925), in: Konrad Krimm (Hg.), Der Wunschlose. Prinz Max von Baden und seine Welt, Stuttgart 2016, S. 194-201, hier S. 200.
15 In einem Interview mit einem holländischen Pressevertreter; Vorwärts Nr. 311 v. 11.10.1918.
16 Reinhard Rürup, Die »Ausrufung der Republik« durch Philipp Scheidemann am 9. November 1918, in: Bernd Faulenbach/Andreas Helle (Hg.), Menschen, Ideen, Wegmarken. Aus 150 Jahren deutscher Sozialdemokratie, Berlin 2013, S. 62-72.
17 Philipp Scheidemann, Der Zusammenbruch, Berlin 1921, S. 211.
18 Das blieb: So veröffentlichte Die Woche Nr. 14 v. 5.4.1924, S. 352 eine Bilderseite mit Porträts der »Reichskanzler seit Gründung« der Zeitung mit Ebert als Kanzler vom 9. November 1918 bis zum 13. Februar 1919.

Arbeiter und Soldaten gestützt wissen wollte und daraus die Legitimation zu weiten reformpolitischen oder gar revolutionären Umwälzungen ableitete. Das tat er ganz bewusst nicht. Demokratie meinte für ihn immer Teilhabe aller am Entscheidungsprozess über gewählte Repräsentativorgane.

Zudem sprach die aktuelle Lage gegen tief greifende Ad-hoc-Strukturmaßnahmen. Denn die Revolutionsregierung hatte in einer der komplexesten Problemlagen der neueren deutschen Geschichte das Erbe des Kaiserreiches und die Folgelasten des verlorenen Krieges zu überwinden. Sie musste auch den reibungslosen Übergang in den demokratischen Verfassungsstaat sichern. Neben einem auf die Funktionstüchtigkeit des Staates ausgerichteten Handeln und Denken war die Sorge um die Konsolidierung der wirtschaftlichen und sozialen Lage verantwortlich für den Verzicht der von Ebert geführten Revolutionsregierung auf einen umfassenden personellen Wechsel in den politischen und militärischen Kernbereichen. Das gehörte zu den Basiskompromissen, die in den Augen der links von ihm angesiedelten Zeitgenossen und etlicher auch der Sozialdemokratie nahestehender Historiker über das unbedingt notwendige Maß hinausgegangen waren. Die Revolutionsregierung habe letztlich Chancen zu einer als notwendig erachteten Neuordnung nicht genutzt. Doch der Blick auf das, was nicht geschaffen wurde, hat den Blick auf das, was in den Wirren infolge von Kriegsniederlage und Umsturz – und zwar in knapp zehn Wochen – erreicht und was zudem auch noch vermieden wurde, manchmal verstellt. Es gab nicht nur verpasste Chancen, sondern auch verhinderte Katastrophen. So war es Verdienst Eberts und der Revolutionsregierung, dass angesichts der Rahmenbedingungen das Chaos abgewendet wurde und schon nach so kurzer Zeit ein Reichsparlament zusammentreten konnte. Der Weg in die Demokratie war planiert. Jetzt galt es, diese verfassungsrechtlich zu fundamentieren.

Eine Politik der weite Bereiche erfassenden Erneuerung stand nicht auf seinem Fahrplan in den Revolutionswochen. Dies sollte Aufgabe der künftigen Volksvertretung bleiben. In seiner nüchternpragmatischen Analyse der Möglichkeiten von Politik im Zeichen von Kriegsende und Revolution ging es für den im Kaiserreich groß gewordenen entschiedenen Reformpolitiker zunächst um die Normalisierung der innenpolitischen Verhältnisse. Diese hing für ihn von der Funktionsfähigkeit von Verwaltung und obersten Militärbehörden ab. Das hatte in Eberts Sicht absoluten Vorrang vor strukturellen Reformen mit möglicherweise negativen Auswirkungen auf die ohnehin dramatisch angespannte Lage, als die Versorgung der Bevölkerung zusammenzubrechen drohte.

Doch auch Grundlegendes wurde geschaffen: Bereits am 12. November 1918 wurden Vereins- und Versammlungsfreiheit, Meinungs- und Religionsfreiheit, Achtstundentag und Frauenwahlrecht verfügt. Das alles waren ursozialdemokratische Forderungen, die auch über die eigene Klientel hinaus auf Akzeptanz stießen und zu deren Erlass sich die Volksbeauftragten daher berechtigt sahen. Alles andere war Sache des Parlaments. Das Endziel blieb im Visier: »Demokratie und Sozialismus« war das Flugblatt mit einer Rede Eberts vom 1. Dezember 1918 überschrieben.[19] In diesem Zweiklang kam der Demokratie Priorität zu; in der Revolution hatte sie absoluten Vorrang. In seinem Wertekanon war klar definiert: Die Demokratie war »der Fels«, auf dem die »Arbeiterklasse das Haus der deutschen Zukunft stellen« könne, wie er das zu Beginn des Reichsrätekongresses am 16. Dezember 1918 in bildhafte Worte kleidete.[20] Der Sozialismus sollte auf demokratischer Grundlage gedeihen, nicht diktatorisch verfügt, sondern vom Volk in seiner Gesamtheit über die schleunigst einzuberufende Nationalversammlung beschlossen werden. In einem von Ebert, Scheidemann und Landsberg bereits am 9. November 1918 verbreiteten Aufruf der »Regierung«, also noch vor der offiziellen Bildung des Rates der Volksbeauftragten mit der USPD, heißt es, dass die »neue Regierung [...] sich für die Wahl einer konstituierenden Natio-

---

19 Ein Exemplar im Bundesarchiv Koblenz, N 1209, NL Rudolf Wissell 48, Nr. 10877.
20 Allgemeiner Kongreß der Arbeiter- und Soldatenräte Deutschlands. Vom 16. bis 21. Dezember 1918 im Abgeordnetenhause zu Berlin. Stenographische Berichte (1919). Eingel. von Friedrich Helm/Peter Schmitt-Egner, Glashütten i. Ts. 1972, Sp. 4.

nalversammlung« einsetzen werde.[21] Jegliche Gefährdung der raschen Konstituierung eines demokratischen Nationalparlaments wurde entschieden bekämpft. Als im Januar 1919 die radikal-revolutionäre Linke den Aufstand probte, reagierte Ebert mit eiserner Faust. Es war im Moment der Bedrohung des Weges in die Demokratie durch gewalttätige Gegenkräfte durchaus legitim, mit Gegengewalt zu agieren, aber dies geschah fatalerweise unter Rückgriff auf militärische Formationen, mit deren Republiktreue es nicht weit her war.

Das lag wie ein dunkler Schatten auf der Bilanz der drei Revolutionsmonate. Insgesamt jedoch bleibt festzuhalten: Wer geleitet war von dem Glauben, dass die Republik nur dann lebensfähig war, wenn die im Kaiserreich bestehende gesellschaftliche Kluft zwischen »Reichstreuen« auf der einen Seite und den sozialdemokratischen »vaterlandslosen Gesellen« auf der anderen überwunden wurde, und wer den Wählerwillen zum unumstößlichen Richtmaß politischen Handelns nahm, der konnte keinen *grundlegend* anderen Kurs fahren, als ihn Ebert an der Spitze der Regierung in den Revolutionsmonaten steuerte. Er erreichte in der Revolution das, was er für notwendig und möglich hielt: die parlamentarische Demokratie und erste gesellschaftspolitische Akzentsetzungen. Dies jeweils zu erhalten und zu festigen, blieb zentrale Orientierungsmarke als Staatsoberhaupt. Von daher war der rasche Zusammentritt des zentralstaatlichen Parlaments am 6. Februar 1919 in Weimar eine große Genugtuung für Ebert.

3 Der Reichspräsident als Machtzentrale, Integrator und Mitspieler

Ebert erstrebte unbedingt das neu zu schaffende Reichspräsidentenamt, weil er neben der integrierenden Wirkung des Staatsoberhauptes auch dessen Machtfülle nutzen wollte. In der Tat schuf die Weimarer Verfassung im Misstrauen gegenüber Parteienfragmen-

---

21 Frankfurter Zeitung Nr. 312 v. 10.11.1918.

tierung und »Parlamentsabsolutismus« einen starken Reichspräsidenten. Doch anders als von manchen Verfassungs(mit)schöpfern gedacht, die in einem machtvollen volksgewählten Staatsoberhaupt ein Gegengewicht zu Reichstag und Kabinett hatten installieren wollen, verstand sich Ebert immer als Teil der Reichsregierung und nicht als deren Gegenpol. Er wurde zum aktiven Mann in der Mitte der Regierung und mutierte nicht gewissermaßen zu einer Art von Staatsnotar. Dabei war die direkte Einwirkung auf die Regierungspolitik zu Zeiten sozialdemokratischer Reichskanzler – das traf gerade mal auf 16 seiner insgesamt 72 Monate an der Staatsspitze zu – auch durch die persönlichen Beziehungen größer als zu den bürgerlichen, wenngleich etwa sein Verhältnis zu Scheidemann nicht zum Besten bestellt war. Scheidemanns Nachfolger Gustav Bauer galt als ein enger Freund Eberts, was auch im Großen und Ganzen auf Hermann Müller zutraf. Beide zählten zu den wenigen Vertrauten des Präsidenten.

Am Kabinettstisch bemühte sich Ebert immer wieder um eine Diagonale zwischen den Interessen. Das geschah im Stillen, betrieb er doch keine Politik der öffentlichen Fanfarenstöße. Doch intervenierte er immer dann, wenn die Regierung die Verfassungskompetenzen überstrapazieren, ja missbrauchen wollte. Versuche des Kabinetts, über den weitreichenden Artikel 48 die legislative Kurzstrecke für Nichtigkeiten einzuschlagen, unterband Ebert, der auf dem verfassungsrechtlichen Neuland Grenzen absteckte, die sein Nachfolger Paul von Hindenburg kurzerhand übertreten sollte.

Für Ebert als politischen Teamspieler war die Einigkeit der Regierung unverrückbare Maxime, jener in den parteipolitischen Kontroversen vor und im Ersten Weltkrieg manifestierter Handlungsmaßstab. Diesem Prinzip der Einigkeit ordnete er sich selbst unter. Das war auch beim Vertrag von Rapallo der Fall. Durch den von Reichskanzler Joseph Wirth und Außenminister Walther Rathenau im April 1922 mit Sowjetrussland ausgehandelten, die Beziehungen zwischen beiden Staaten normalisierenden Vertrag sah er seine außenpolitische Leitlinie torpediert, durch beharrliche Verhandlungen mit den Alliierten zu versuchen, die Last der Reparationen zu reduzieren und letztlich Deutschland wieder in den Kreis der gleichberechtigten Nationen zu führen. Für ihn geschah die Unterzeichnung zur Unzeit, glaubte er doch (mit gutem Grund) durch die ohne sein Wissen getroffene Übereinkunft das Verhältnis zu den Westmächten belastet. Als Inhaber des außenpolitischen Vertretungsrechts fühlte er sich glatt überrumpelt. Dennoch wollte er keine Regierungskrise heraufbeschwören und unterließ es, mit Kanzler und Außenminister einen verfassungsrechtlichen Konflikt auszufechten oder sie öffentlich zu desavouieren. Intern dürfte es gewiss sehr heftig hergegangen sein. Aber nach außen drang nichts von den dauerhaften sachlichen und schließlich auch persönlichen Verstimmungen zwischen Ebert auf der einen, Wirth und Rathenau auf der anderen Seite. Der Präsident ließ von Beginn an keinen Zweifel daran, dass öffentlich die völlige Einmütigkeit gewahrt werden müsse. So bezeichnete er gegenüber der Presse den Vertrag mit den von ihm misstrauisch beäugten Bolschewiki als erforderlich.[22]

Sorgte er mit dem Verzicht auf eine Auseinandersetzung im Fall Rapallo für rasche Beruhigung auf Regierungsebene, so erwies sich das nahezu verabsolutierte Prinzip der Einigkeit mitunter auch als Knebel des eigenen Agierens. So wollte Ebert die von vielen als Skandal empfundenen überaus milden Militärgerichtsurteile gegen die Mörder von Rosa Luxemburg und Karl Liebknecht nicht bestätigt sehen und die Verfahren neu aufrollen. Für ihn war es schlichtweg Mord. Doch fügte er sich im Oktober 1919 der Mehrheit im Kabinett, sodass der zuständige Reichswehrminister Gustav Noske den Urteilen Rechtskraft verlieh. Hier hätte sich Ebert hartnäckiger zeigen und seiner Überzeugung vielleicht auch durch öffentlichen Weckruf mehr Nachdruck verleihen müssen. Er tat dies nicht, und so konnte der unbeweisbare Verdacht einer Verstrickung in den Meuchelmord vom Januar 1919 bis in die heutigen Tage immer wieder aufgekocht werden.[23]

---

22 Mühlhausen, Reichspräsident, S. 486 ff.
23 Ebd., S. 148 f. Dies widerspricht der Behauptung, Ebert hätte im Verein mit Noske seine Zustimmung zur Ermordung von Luxemburg und Liebknecht gegeben, wie sie u. a. zu finden ist bei: Klaus Gietinger/Karl Heinz Roth, Die Verantwortung

Nicht entschieden genug verfolgte Ebert, vom hohen Maß der Schuld Deutschlands am Ersten Weltkrieg überzeugt, eine auch von ihm zunächst geforderte Kampagne der Ehrlichkeit in Sachen Kriegsschuldfrage. Es hätte Entlastung der republikanischen Regierung bedeutet, wenn über eine Aufklärung der Juli-Ereignisse von 1914 dem alten kaiserlichen Regime mit Fug und Recht eine Hauptverantwortung am Weltkrieg zugewiesen worden wäre. Damit hätte die Republik den Bruch mit dem Kaiserreich und die Verurteilung des monarchistischen Machtstrebens deutlich gemacht. Ebert hatte dies zwar erkannt, aber nicht mit Entschiedenheit die klare Distanzierung der republikanischen Regierung von der wilhelminischen Außenpolitik eingefordert oder durch veröffentlichten Appell provoziert. Hier ordnete er sich der Mehrheitsmeinung unter.[24] Nach der Übergabe der in seinen Augen ungemein harten und ungerechten Friedensbedingungen und erst recht nach der notgedrungenen Unterzeichnung des Versailler Vertrages dürfte er an vertieften Erörterungen überhaupt kein Interesse mehr gehabt haben. In der nationalen Ehre getroffen, jeglicher Hoffnungen auf Entgegenkommen seitens der Alliierten beraubt, wollte er nicht noch der allgemeinen Entrüstung über den Vertrag mit einer amtlich forcierten Kriegsschulddiskussion ein innenpolitisches Konfliktfeld eröffnen. Die Kriegsschuldfrage wurde zum Mittel und Instrument der Außenpolitik. Wenn die Siegermächte aus dem Schuldvorwurf gegenüber Deutschland ihre

---

der Mehrheitssozialdemokratie für die Morde der deutschen Gegenrevolution im Jahr 1919. Eine Dokumentation, in: Sozial.Geschichte 22 (2007), H. 3, S. 82-102. Würde ein Mitschuldiger an einer abscheulichen Tat diese erneut untersuchen lassen und sich damit vielleicht gar selbst ins Visier der Untersuchung manövrieren? Schwerlich vorstellbar.

24 Nur mit einem frappierenden Ignorieren dieses Amtsverständnisses kann man zu dem irrigen Urteil von einer »fehlenden Durchsetzungskraft« Eberts gelangen; so Irmgard Zündorf, Akteure zwischen Monarchie, Diktatur und Demokratie. Die Ausstellungen der Politikergedenkstiftungen des Bundes, in: Thomas Hertfelder u. a. (Hg.), Erinnern an Demokratie in Deutschland. Demokratiegeschichte in Museen und Erinnerungsstätten der Bundesrepublik, Göttingen 2016, S. 81-105, hier S. 88.

harte Politik rechtfertigten, so musste andererseits die deutsche Seite im Bestreben um Revision des Vertrages diesen zurückweisen. So war später öffentlich ein ganz anderer Ebert als der im internen Regierungskreis vom Frühjahr 1919 zu hören. In apodiktischer Ausschließlichkeit sprach er bei der Gedenkfeier zum 10. Jahrestag des Kriegsausbruchs davon, Deutschland habe im August 1914 nur »zur Verteidigung der bedrohten deutschen Heimat [...] die Waffen ergriffen«.[25] Nur unter dieser Einschätzung ließ sich im Rückblick der von ihm bis zum Ende durchgehaltenen Burgfriedenspolitik ein Sinn verleihen und auch sein persönliches Schicksal ertragen, der Tod zweier seiner Söhne an der Front 1917. Unter der dauerhaften Belastung von Versailles, im Zeichen augenscheinlich existenzbedrohender Bedingungen, genoss die Einigkeit Deutschlands nunmehr oberste Priorität.

Neben der Einforderung von Einigkeit nach außen prägte konsequentes Handeln seine Politik. Angesichts der permanenten Krisensituationen erhob er es zum Prinzip, dass »die Leitung fest in den Händen der Regierung bleiben müsse«, wie er dies einmal 1921 am Kabinettstisch formulierte.[26] Das meinte hier immer auch politische Standfestigkeit. Ebert trug seinen Anteil dazu bei. In seiner Rolle als Hüter der Verfassung und Bewahrer der demokratischen Ordnung schöpfte er die Rechte des Staatsoberhauptes voll aus und formte das höchste Staatsamt zu einer machtvollen Institution im politischen Koordinatensystem der Republik. Auch wenn er bisweilen in der Anwendung von Artikel 48 an die Grenzen der weiten Verfassungsrechte stieß und die rechtlichen Möglichkeiten des Staatsoberhauptes dehnte, blieb die parlamentarische Demokratie mit dem Reichstag als höchstem Organ unverrückbare Norm. Zum Diktator taugte dieser Demokrat nun wahrlich nicht. Gegen das aus dem Volkswillen erwachsene Parlament die Machtfülle einzusetzen, die Verfassungsmöglichkeiten in geschickter Kombination zur Kaltstellung des Reichs-

---

25 Rede vom 3. August 1924 in: Mühlhausen (Hg.), Reden, S. 356 f.; vgl. ders., Reichspräsident, S. 250.
26 Ministerratssitzung vom 12. Oktober 1921, zit. in Mühlhausen, Reichspräsident, S. 513.

tages zu missbrauchen, wie es sein Nachfolger Hindenburg in der Existenzkrise der Republik tun sollte, stand für ihn außerhalb des Vertretbaren.

Eberts unbedingte Verfassungstreue korrespondierte mit einem hohen Maß an Pflichtgefühl. Wenn er 1922 vor Parteifreunden in Kiel davon sprach, Sozialdemokraten hätten gelernt, »dort stehen zu bleiben«, wohin sie gerufen worden seien, so handelte er danach und forderte dies auch von anderen ein.[27] Dieses hohe Verantwortungsethos, das umso mehr wiegt, als andere sich der Bürde des Amtes entledigten und manch eine Regierung vorschnell die Flinte ins Korn warf, stellte er bereits im September/Oktober 1918 unter Beweis, als die erste parlamentarische Regierung gebildet werden sollte. Trotz der sich abzeichnenden militärischen Niederlage drängte Ebert, der in der Kriegszeit zu einem auch über die eigene Partei hinaus beachteten Politiker aufgestiegen und im Herbst 1918 zur Schlüsselfigur in dem durch den totalen Kriegseinsatz geschwächten Reich geworden war, seine Partei gegen Widerstände zum Eintritt in die Regierung von Reichskanzler Max von Baden. Es sei, so mahnte er am 23. September 1918 seine Partei, »verdammte Pflicht und Schuldigkeit«, sich in die »Bresche zu werfen«, um den ersehnten Frieden herbeizuführen, die Revolution (gar nach russischem Muster) zu vermeiden und die Monarchie zu demokratisieren.[28] Daran hielt er auch fest, als unter dem Eindruck des militärischen Offenbarungseides von der unausweichlichen Niederlage am 2. Oktober in der Fraktion sich die Zahl derer mehrte, die am Sinn eines Eintritts in ein nach Ansicht Scheidemanns bankrottes Unternehmen[29] zweifelten, wie Otto Wels gegenüber Ebert klar machte: »Bist Du von Gott verlassen, lass doch zum Teufel den Frieden diejenigen schließen, die den Krieg geführt und Verantwortung getragen und den Waffenstillstand gefordert haben.« Von Gott verlassen war Ebert

---

27 Siehe Anm. 1, ⟶ S. 50.
28 Das Folgende mit Nachweis der Zitate bei Mühlhausen, Reichspräsident, S. 100 ff.; s. auch Lothar Machtan, Prinz Max von Baden. Der letzte Kanzler des Kaisers. Eine Biographie, Berlin 2013, S. 378 ff.
29 Scheidemann, Memoiren, Bd. 2, S. 190.

keineswegs; er sah mit kühlem Kopf die Notwendigkeit, in die Bresche zu springen, um das Kapitel Krieg zu einem einigermaßen erträglichen Schluss zu bringen und die Chance zu mehr Mitbestimmung in der Regierung zu nutzen.

Ebert konnte die Mehrheit in der Fraktion für diesen Schritt hinter sich bringen. Gewiss wäre es für ihn und seine Partei bequemer gewesen, außen vor zu bleiben und »die Hände in Unschuld zu waschen«. Doch das entsprach nicht seinem politischen Grundverständnis: »Wir sind in die Regierung hineingegangen, weil es heute um das ganze Volk, um seine Zukunft, um Sein oder Nichtsein geht. […] Wir wissen, was wir mit unserem Schritt gewagt haben.«[30] Damit umriss Ebert am 22. Oktober vor dem Reichstag das hohe Maß an Bereitschaft seiner Person und seiner Partei zur Verantwortung für das Schicksal Deutschlands. Er demonstrierte Entschlusskraft und Festigkeit.

Das galt ebenso, als die revolutionäre Welle die fürstlichen Kronen fortspülte und er die von Prinz Max eigenmächtig am Mittag des 9. November angetragene Reichskanzlerschaft annahm. Mit sicherem Machtinstinkt sprang Ebert in die Verantwortung. Darin spiegelte sich auch seine während des Krieges immer stärker gewordene Identifikation mit der Nation und ihrem Schicksal wider. Genau dieses war das Fundament der von Ebert bis Kriegsende verfochtenen Burgfriedenspolitik, als er und mit ihm weite Teile der SPD in der Zustimmung zu den Kriegskrediten ihren Frieden mit der Nation schlossen und damit die schon vor 1914 in vielem offensichtliche Entwicklung vollendeten. Die SPD am Vorabend des Ersten Weltkrieges war im Grunde schon eine nationale Partei, die das Schicksal der Nation – nicht der wilhelminischen Ordnung – mit dem eigenen verknüpfte. So war der 4. August 1914 für Ebert und die Mehrzahl seiner Genossen kein Wendepunkt, sondern ein Markstein auf dem Weg der SPD in die bestehende Nation. Mit dem Bekenntnis zur

---

30 Friedrich Ebert, Schriften, Aufzeichnungen, Reden. Mit unveröffentlichten Erinnerungen aus dem Nachlaß, Bd. 2, Dresden 1926, S. 90, dort auch das vorstehende Zitat »Hände in Unschuld«.

Landesverteidigung stellte die Sozialdemokratie ihre Integrationsfähigkeit in das Reich unter Beweis.[31] Das war auch Voraussetzung für Eberts entschlossenes Zupacken im Herbst 1918.

4 Regierungspraxis in der Demokratie: Koalition und Kompromiss

Als Reichspräsident war Ebert stets darum bemüht, die Funktionstüchtigkeit des demokratisch-parlamentarischen Systems zu gewährleisten. So setzte er sich immer für eine breite und stabile Regierungsmehrheit ein, getragen von der Ansicht, dass für das Überleben der Demokratie die Kooperation von sozialdemokratischer Arbeiterschaft und demokratischem Bürgertum unerlässlich sei. Nach den ersten Wahlen zur Nationalversammlung war für Ebert und die große Mehrheit der SPD die Weimarer Koalition aus SPD, katholischer Zentrumspartei und linksliberaler DDP alternativlos (zumal die DDP nicht allein mit der SPD eine Regierungsmehrheit bilden wollte). Zum einen reichte es mit der 1917 abgespaltenen USPD nicht zur Mehrheit, zum anderen wirkten die für Ebert nachhaltig negativen Erfahrungen mit den Unabhängigen in der Revolutionszeit nach.

Als die mit komfortabler Mehrheit ausgestattete Regierung bei den Reichstagswahlen 1920 diese Position eingebüßt hatte und in die Minderheit geraten war, drängte Ebert auf Einbezug der rechtsliberalen DVP Stresemanns in das bestehende Dreierbündnis, mit den späteren Worten von 1922: »Ich habe nie verhehlt, dass ich entschiedener Vertreter des Gedankens der Großen Koalition bin, aus staats-

---

31 Zur nationalen Verortung der SPD nach der Jahrhundertwende zuletzt: Walter Mühlhausen, »Völker, hört die Signale«? Internationalismus und Nationalismus der SPD am Vorabend des Ersten Weltkrieges, in: Detlev Mares/Dieter Schott (Hg.), Das Jahr 1913. Aufbrüche und Krisenwahrnehmungen am Vorabend des Ersten Weltkriegs, Bielefeld 2014, S. 169-192.

politischen Notwendigkeiten heraus.«[32] Dabei warb er für die Einsicht, dass der Kompromiss zwischen Interessengruppen und Parteien zum Fundament einer parlamentarischen Demokratie gehöre. Er hielt die ideologisch-programmatischen Hürden zwischen den Parteien für überwindbar und forderte stets die Unterordnung parteitaktischer Ziele unter das abstrakt formulierte Wohl des Staates ein. Doch dem stand die Segmentierung in eine Vielzahl von in ihren Milieus verhafteten Parteien entgegen.

Manche Regierungsbildung wuchs sich zu einem unerquicklichen »Eiertanz« aus, was Ebert nicht goutieren konnte und wollte, weil es das Ansehen der parlamentarischen Demokratie beschädigte. So scheute er sich in festgefahrenen Situationen nicht, ungewöhnliche, aber verfassungsrechtlich durchaus gedeckte Wege zu beschreiten. Im Herbst 1924 löste er – in Übereinstimmung mit der Regierung und weiten Teilen des Parlaments – den Reichstag auf, weil die Fronten nach den unter den Nachwirkungen der Inflationskrise leidenden Maiwahlen 1924 verhärtet waren und ein vernünftiges Regieren nicht mehr möglich erschien. Nach dem Scheitern des Kabinetts Wirth im November 1922 berief er im Moment der politischen Erstarrung, als die Parteien kaum Anstalten machten, den Kanzler zu stellen oder zumindest ins Kabinett einzutreten, andererseits der Ruf nach dem parteiunabhängigen »Fachmann« immer lauter erklang, den parteilosen (am ehesten wohl DVP-nahen) Direktor der Hapag-Reederei Wilhelm Cuno an die Spitze eines sogenannten »Geschäftsministeriums« mit ungebundenen »Fachleuten«. Diese Kanzlerwahl, ein deutliches Symptom der Krise des parlamentarischen Parteienstaates, stellte sich im Nachhinein als Fehlgriff heraus. In der Kanzlerkür bewies der Präsident sich jedoch mitunter als gewiefter Taktiker, wenn er bei Hängepartien den Druck auf die Beteiligten und die Parteien erhöhte. So geschehen 1920 bei der Berufung des Zentrumspolitikers Constantin Fehrenbach, als Ebert angesichts der schleppenden Kanzler- und Koalitionsfindung mit Rücktritt drohte und

---

32 Besprechung mit Parteiführern am 18. November 1922; vgl. Mühlhausen, Reichspräsident, S. 586 f.

den zaudernden Kandidaten ebenso wie dessen zögerliche Zentrumsfraktion unter Zugzwang setzte.

Doch machte er auch die Erfahrung mit seinen begrenzten Möglichkeiten. Fehrenbachs überstürzten Rücktritt im Mai 1921 kurz vor dem Londoner Ultimatum konnte Ebert nicht verhindern. Während er von Wirths Entschlossenheit bei den beiden Regierungsbildungen 1921 und 1922 beeindruckt war, irritierte ihn dessen Schlingerkurs und Wankelmütigkeit im Herbst 1922: Der Zentrumsmann ließ sich ohne Not zum Versuch einer Erweiterung der seit der Wiedervereinigung von SPD und USPD im September 1922 wieder über eine parlamentarische Mehrheit verfügenden Weimarer Koalition drängen, was zu seinem hochgradig selbst verursachten Sturz führte. Vergeblich versuchte Ebert nach den Reichstagswahlen im Dezember 1924 Reichskanzler Wilhelm Marx (Zentrum) und seine bürgerliche Regierung zu halten, um einen weiteren Rechtsruck zu verhindern. Nahezu ohnmächtig musste er hinnehmen, dass Stresemann den Einbezug der antidemokratischen DNVP unter dem vermeintlich parteilosen (DVP-nahen) Hans Luther als Reichskanzler erfolgreich betrieb und somit eine erste Regierung geschaffen wurde, in der Männer saßen, die der Republik ablehnend gegenüberstanden. Für Ebert war dies ein Widersinn, aber dagegen ausrichten konnte er nichts mehr. Das gehörte zu den bitteren Erfahrungen mit dem limitierten Einfluss eines das demokratische Spiel spielenden Präsidenten, wenn Parlament und Parteien sich als handlungs- und kooperationsfähig – auch gegen das Staatsoberhaupt – zeigten.

5 Nation und Volksgemeinschaft

Die bei Ebert mit der parteipolitischen und staatspolitischen Verantwortung wachsende Identifikation mit der Nation, die auch seine Reden als Reichspräsident immer stärker durchzog, und ein über die eigene Partei hinausreichendes Verantwortungsethos waren die beiden zentralen Elemente, die sein Handeln im Revolutionskabinett und als Staatsoberhaupt prägten. Die Forderung nach

Einheit und Einigkeit nach außen, vor 1918 auf die Partei bezogen, wurde nun auf die Nation übertragen. Als die Entscheidung über den im Mai 1919 von den Siegermächten überreichten Entwurf eines Friedensvertrages, dessen Bedingungen Ebert wie die Mehrheit der Deutschen schlichtweg für unannehmbar hielt, gefällt werden musste und die erste Reichsregierung unter Scheidemann zurücktrat, hegte auch der Präsident, dem psychischen Zusammenbruch nahe, Gedanken an Rücktritt. Doch rang er sich zur unvermeidlichen Annahme durch und blieb in der Erkenntnis im Amt, dass nach der Demission des Kabinetts sein Rücktritt eine Staatskrise auslösen musste. Wenn Ebert nach dem Ja zu Versailles durch die Nationalversammlung öffentlich dazu aufrief, dass »Vertragserfüllung« oberstes Gebot sei, und »alle« zur Mithilfe anhielt[33], so war dies zugleich Mahnung zur inneren Einheit.

Dabei beschwor er fast schon gebetsmühlenartig die »Volksgemeinschaft«. Mit dem damals noch nicht völkisch-nationalistisch aufgeladenen Begriff meinte er die Gemeinschaft über trennende politische Anschauungen hinweg. Ebert appellierte an die klassenübergreifende Solidarität, das Einstehen für das Gemeinwohl, die Unterordnung der Parteiinteressen unter das große Ganze. Er sprach dabei von »Volksgenossen«, womit er Gleichheit und Einheit der Bevölkerung herstellen wollte. Ebert forderte die Zurückstellung der Gruppeninteressen zugunsten des Allgemeinen, um so die durch den Krieg vergrößerte gesellschaftliche Kluft zu überwinden.

Es ging ihm um eine Gesellschaft, in der die politischen und wirtschaftlichen Kräfte zusammenstanden im Dienste der Republik. Dies war für ihn nicht nur angesichts der permanenten, die Innenpolitik in höchstem Grade beeinträchtigenden außenpolitischen Belastungen unbedingtes Erfordernis. Die Idee der Volksgemeinschaft war ideologisches Surrogat, das die sich verschärfenden Interessengegensätze zwischen Kapital und Arbeit eben nicht reflektierte und nicht der harten Wirklichkeit von Weimar entsprach. Ebert konnte nicht so blauäugig sein und die klassenübergreifende Volksgemein-

---

33 Aufruf vom 24. Juni 1919 in: Ebert, Schriften, Bd. 2, S. 170.

schaft angesichts der gesellschaftlichen Zerrissenheit als ein unmittelbares Ziel für realisierbar halten. Aber der Reichspräsident durfte ruhig Visionen von einer auf gemeinsamen demokratischen Fundamenten und Werten beruhenden Gesellschaft entwickeln, ja er fühlte sich geradewegs dazu verpflichtet.

Dabei beherrschte Ebert, der nimmermüde Appellierende, ganz und gar die Gemeinsamkeitsrhetorik: Im Zeichen von Ruhrbesetzung und Staatskrise 1923 mahnte er am Verfassungstag zur nationalen Einheit: »Das Unglück verbindet. Mannesfaust schlägt ein in Mannesfaust, Frauenhand fasst Frauenhand.« Das deutsche Volk werde »auch diese trüben Stunden überwinden,« wenn es standhaft bleibt in treuem Zusammenhalten, in Gemeinsinn, Ordnung, Arbeit und Opferwilligkeit«.[34] Das war das Credo seiner öffentlichen Äußerungen, in denen er den Ruf nach Einigkeit auf den alten Leitspruch der Arbeiterbewegung reduzierte: »Einer für alle, alle für einen.«[35] Zum Teil waren von ihm mit fortschreitender Amtszeit angesichts der wenig entgegenkommenden Haltung der Siegermächte ausgesprochen nationale Töne zu hören. Vor allem während der Ruhrbesetzung war solch nationalistische Klaviatur Tribut an »Volkes Stimme«, aber auch Ausdruck der eigenen Befindlichkeit.

6 Repräsentation und Integration

Öffentlich präsentierte sich Friedrich Ebert als Mahner der Einigkeit und Künder der Einheit. Seine betont zurückhaltende, nachgerade als nüchtern zu bezeichnende Repräsentation grenzte sich ab von den waffenklirrenden Inszenierungen Wilhelms II. Ohne gestelzte Posen und triefendes Pathos nahm Ebert die Aufgabe wahr, als Symbol der Einheit des Reiches und unparteiischer Sachwalter der übergeordneten Interessen von Nation und Reich zu agieren, um so zu einem Gravitationszentrum der Integration zu wachsen. Er tat dies,

---

34 Aufruf zum Verfassungstag 1923; Ebert, Schriften, Bd. 2, S. 313.
35 Rede in Hamm am 18. März 1923; Mühlhausen (Hg.), Reden, S. 309.

auch wenn die Repräsentation für den sozialdemokratischen Parteiführer, als er in das höchste Staatsamt trat, ein weitgehend unbekanntes Terrain darstellte.

Dabei wurde der Massenmarkt der Massenmedien nur (zu) zögerlich genutzt. Das entsprach weitgehend auch den Grundsätzen der eigenen Partei, die die Verlängerung der Amtszeit des nicht vom Volk gewählten Reichspräsidenten über ein verfassungsänderndes Gesetz im Oktober 1922 mit den Worten kommentierte: »Nicht Personen feiern wir, sondern Ideen. Und darum rufen wir nicht: ›Es lebe der Reichspräsident‹, sondern: ›Es lebe die Republik!‹«[36] Solches hätte auch von Ebert stammen können, dem von Naturell und Selbstverständnis her jeglicher Personenkult fernlag. In der milieusegmentierten Weimarer Gesellschaft war das integrierende Staatsoberhaupt gefordert. So war er kein republikanischer Trommler, hielt sich sehr, mitunter doch zu sehr zurück. Er verließ nicht die Linie des bedingungslosen Kompromisses, wollte in seinen öffentlichen Reden nicht polarisieren, nicht die Republikgegner an den Pranger stellen. Er glaubte nur in dieser werbenden Zurückhaltung die Unentschlossenen, den politischen Treibsand, für die Republik gewinnen, die Milieus zusammenführen und einigen zu können.

Einigen und zusammenleimen wollte Ebert auch Reich und Länder. Auf seinen wenigen Reisen durch die Lande warb der bekennende Süddeutsche um Verständnis für die Erfordernisse des Reiches, erkannte aber sogleich die »Stammeseigenschaften« der einzelnen Länder an. Einheit in der Vielfalt war seine Kunde. Er präsentierte sich, vor allem im Süden des Reiches, stets als ein um Ausgleich bemühter Herold, wenn er scharfe Angriffe gegen die Zentralmacht abwehrte mit der Versicherung, die Reichsregierung wolle die Länder nicht »in eine Art spanischen Stiefel« einschnüren.[37]

---

36 Vorwärts Nr. 504 v. 25.10.1922.
37 Rede in Dresden, 1. September 1919; Mühlhausen (Hg.), Reden, S. 113; für die Reisen vgl. Bernd Braun, Integration kraft Repräsentation – Der Reichspräsident in den Ländern, in: Eberhard Kolb (Hg.), Friedrich Ebert als Reichspräsident. Amtsführung und Amtsverständnis, München 1997, S. 157-187.

Trotz einer insgesamt zögerlichen Repräsentation fehlte es nicht an Initiativen, durch symbolische Akte die Identifikation mit der Republik zu fördern und der Gesellschaft ein aus den demokratischen Traditionen geschöpftes geistiges Fundament zu geben. Dazu zählten die Besinnung auf die Revolution von 1848 als Referenzort der Republik, die Proklamation des Deutschlandliedes zur Nationalhymne 1922 und sein Drängen auf Feiern zum Verfassungstag als Ersatz für den fehlenden Nationalfeiertag.

Ein Grund für seine insgesamt doch recht spärlichen öffentlichen Auftritte dürfte auch darin liegen, dass er als erster Mann im Staat immer Zielscheibe einer perfiden Diffamierungskampagne war, mit der die Demokratiegegner im blinden Hass gegen die Republik den Reichspräsidenten überzogen. Dem visuell weithin unbekannten neuen Staatsoberhaupt reiste bei seinen Besuchen draußen im Lande das berühmt-berüchtigte Badehosenbild von Ebert in der Ostsee voraus. Von der »Berliner Illustrirten Zeitung« just am Tag der Vereidigung im August 1919 publiziert, wurde es, variantenreich verfremdet, zum weidlich verwandten Motiv der Diskreditierung und schließlich das »wirkungsvollste, weil pöbelhafteste Argument gegen die Republik«, wie der Schriftsteller Joseph Roth schon im November 1923 schrieb.[38]

7 Präsident und Partei

Mehr als die Schmutzkampagne gegen ihn und sein Amt dürften Ebert die Dissonanzen zur eigenen Partei geschmerzt haben, die 1923/24 ihren Höhepunkt erreichten, ausgelöst durch das Vorgehen des Reiches gegen Sachsen: Ende Oktober 1923 hatte Ebert den auf Aktion drängenden Reichskanzler Stresemann zur Absetzung der SPD/KPD-Regierung in Dresden ermächtigt. Das stieß in der SPD

---

38 Walter Mühlhausen, Die Republik entblößt. Das Badehosen-Foto von Friedrich Ebert und Gustav Noske, in: Gerhard Paul (Hg.), Das Jahrhundert der Bilder – 1900 bis 1949, Göttingen 2009, S. 236-243.

auf eine ungewöhnlich scharfe Kritik an Ebert, den es wiederum enttäuschte, dass die SPD in der Entrüstung über die Reichsexekution gegen Sachsen aus der Großen Koalition austrat, denn er erblickte darin einen folgenschweren Fehler seiner Partei. Für den unbedingten Machtpolitiker Ebert war dies eine allzu leichtfertige Preisgabe der Regierungsteilhabe, fürchtete er doch einen dauerhaften Machtverlust. In der Tat verabschiedete sich die SPD für gut viereinhalb Jahre aus der Kabinettsrunde. Nicht die einzige Enttäuschung für ihn: Schon als sich die SPD nach dem Wahldebakel 1920 und dem Verlust der Mehrheit für die Weimarer Koalition der Regierungsverantwortung entledigte und zur Regeneration und Neuformierung auf die Oppositionsbänke zurückzog, lag das Ebert schwer im Magen, zumal von da an Kanzlerkür und Regierungsbildung immer diffiziler wurden. Da war er machtlos, äußerte jedoch auch Verständnis für den Schritt seiner Partei, mit der er nicht immer auf einer Linie lag.[39] Das war dem eingangs geschilderten Spannungsverhältnis von Staatsamt und Parteiinteresse geschuldet. Ebert hatte auch bitter zu registrieren, dass SPD und Gewerkschaften im März 1920 nach dem Kapp-Lüttwitz-Putsch gegen seinen Willen den Rücktritt von Reichswehrminister Noske durchsetzten und damit der von ihm befürchtete Verlust einer zentralen Position eintrat; denn in den eigenen Reihen fand sich schließlich kein Nachfolger für den Ministerposten.

Die Distanz zwischen Ebert und seiner Partei trat dann erneut beim Bruch der Großen Koalition unter Stresemann im Herbst 1923 zum Vorschein. Auf Unverständnis in der SPD stieß auch Eberts Berufung des Chefs der Heeresleitung, General Hans von Seeckt, zum Inhaber der vollziehenden Gewalt nach Verhängung des Ausnahmezustandes infolge des Hitler-Putsches im November 1923. Doch wurde dies letztlich zu einem gelungenen Schachzug Eberts, der den mit einer befristeten Diktatur liebäugelnden General von den umstürzlerischen Frondeuren abschnitt, an die Verfassung und damit an ihn als Staatsoberhaupt band. Das wurde in der SPD nicht von

---

39 Mühlhausen, Reichspräsident, S. 420 ff.

allen so gesehen. Über die zwischen Ebert und seiner Partei aufgebrochenen Gräben konnte auch der demonstrative Schutzkordon, den die SPD-Führung auf dem folgenden Parteitag im Juni 1924 bildete, nicht hinwegtäuschen, als sie Anträge vereinzelter unterer Parteiorganisationen, den einstigen Vorsitzenden Ebert aus der SPD auszuschließen, gar nicht erst zuließ.

Partei und Präsident übten sich dann im Schulterschluss, als in dem von Ebert angestrengten Verleumdungsprozess vor dem Landgericht in Magdeburg einen Tag vor Heiligabend 1924 das Urteil gesprochen wurde. Das Verfahren stellte den Höhepunkt von mehr als 200 Gerichtsverfahren dar, die Ebert gegen Demokratiegegner führte, die vor allem gegen ihn als Symbolfigur der neuen Ordnung eine Schmutzkampagne betrieben. Die Magdeburger Richter bestätigten den besonders verletzenden Vorwurf des Landesverrats, die auf Ebert gemünzte Fortsetzung der Dolchstoßlegende. Es war ein Schlag ins Gesicht des Patrioten. Der Republik haftete nun das juristisch bestätigte Odium der Geburt aus dem Verrat an.

Es will scheinen, dass der bis ins Mark getroffene Ebert unschlüssig war, bei der im Frühjahr 1925 anstehenden Volkswahl des Reichspräsidenten ins Rennen zu gehen. Von seiner Partei wäre er gewiss wieder auf den Kandidatenschild gehoben worden – wenn er denn gewollt hätte. Die Frage einer Kandidatur hatte er im Februar 1925 noch nicht entschieden, als ihn eine Blinddarmentzündung außer Gefecht setzte, die, zu spät erkannt und zu spät operiert, zu seinem frühen Tod im Alter von 54 Jahren führte.

8 Vom Milieupolitiker zum Staatsmann

Als Friedrich Ebert am 28. Februar 1925 starb, befand sich die Republik von Weimar nach Jahren der Krisen in ruhigerem Fahrwasser. Die Klippen waren umschifft, auch dank seiner Politik. So war die Rettung des im Herbst 1923 politisch und wirtschaftlich am Abgrund stehenden Reiches unter Aufbringung seiner ganzen präsidialen Macht gelungen. Ebert hatte im Revolutionskabinett und als Reichspräsident im Wesentlichen das getan, was er in einer gespaltenen, innerlich wenig befriedeten, äußerlich nachhaltig bedrängten Republik mit sozialen Schieflagen hatte tun können, wenn er sich dem parlamentarisch-demokratischen Ideal in aller Konsequenz verpflichtet fühlte. In der extremen Gemengelage, unter denkbar ungünstigen Rahmenbedingungen, war er als Volksbeauftragter in der Revolution und als erster Reichspräsident zum Handeln verdammt. Dabei war er gewiss nicht frei von Fehlern und Fehleinschätzungen. Doch mit seinem unausgesetzten Bemühen um Konsens und Ausgleich sowie dem Appell an den Kompromisswillen war er seiner Zeit voraus, überstrapazierte dabei jedoch die in wilhelminischer Epoche geprägten und bis 1918 im Vorhof der Macht gehaltenen Parteien. Machtwille, Beharrungsvermögen und Verantwortungsethos zeichneten ihn aus und machten ihn zum Prototyp eines modernen Politikers. So war er am Lebensende auf Reichsebene der letzte noch im Amte befindliche Mohikaner[40] aus der Phalanx der sozialdemokratischen Regierungsmitglieder der Umbruchszeit.

Ebert gelang im Gegensatz zu den meisten Entscheidungsträgern Weimars der Wandel vom Milieupolitiker zum Staatsmann. Anders als der Führer einer Partei, für den das Programm Richtmaß sein sollte, musste der Staatsmann, so urteilte Gustav Radbruch schon 1923,»die Fähigkeit haben, ein Prinzip über Bord zu werfen, wenn es die Idee dieses Staates fordert«. Ebert stimmte der Analyse ausdrücklich zu[41], glaubte er doch stets im Sinne des großen sozialdemokratischen Rechtsgelehrten gehandelt und dabei immer die eigenen Wurzeln und seine Herkunft als Folie für sein Agieren im Amt parat gehabt zu haben. So zeigte er sich in Kiel 1922 vor den Parteigenossen im Reinen mit dem eigenen politischen Gewissen: »Aber ich glaube, im Großen und Ganzen mein Amt so geführt zu haben, wie es das Interesse der Arbeiterschaft gebietet, das in diesen Jahren in Überein-

---

40 Detlef Lehnert, Die Weimarer Republik. Parteienstaat und Massengesellschaft, Stuttgart 1999, S. 132.
41 Artikel in: Schleswig-Holsteinische Volks-Zeitung Nr. 276 v. 26.11.1923; zustimmend Ebert an Radbruch, 8. Dezember 1923, zit. bei Mühlhausen, Reichspräsident, S. 909.

stimmung war mit den Interessen und Notwendigkeiten unseres ganzen Volkes.«[42] Daran kann wohl kaum ein Zweifel bestehen[43], auch wenn Ebert weder zu seinen Lebzeiten noch nach seinem Tod zu einem milieuübergreifenden Mythos wurde.[44]

---

42 Wie Anm. 1, ➡ S. 50.
43 S. auch das Resümee bei Helga Grebing, Die Rezeption Eberts im Wandel. Historiografische und persönliche Rückblicke, in: Mitteilungsblatt des Instituts für soziale Bewegungen 45 (2011), S. 153-162.
44 Vgl. zuletzt: Walter Mühlhausen, Friedrich Ebert in der politischen Erinnerung und in der historischen Forschung, in: Michael Dreyer/Andreas Braune (Hg.), Weimar als Herausforderung. Die Weimarer Republik und die Demokratie im 21. Jahrhundert, Stuttgart 2016, S. 159-174.

Christian Gellinek

Philipp Scheidemann (1865–1939): Reichsministerpräsident zwischen Nationalversammlung und »Versailles«

Philipp Scheidemann wurde am 13. Februar 1919 von der in Weimar (statt im unruhigen Berlin) tagenden Nationalversammlung zum Ministerpräsidenten des Deutschen Reiches gewählt, das auch damit zur demokratischen Republik neu konstituiert wurde. Nach der Kriegsniederlage und der Ablösung der Kaiserherrschaft gab es zunächst keine verfassungsrechtlich reguläre Kanzlerschaft mehr. Im Revolutionswinter 1918/19 amtierte eine Regierung der Volksbeauftragten, die Scheidemann – als einer der (M)SPD-Vertreter darin – mit der ihm eigenen Wortgewandtheit rückblickend als »sechsköpfigen Reichskanzler« bezeichnet hat.[1] Die »Bestallung« Scheidemanns zum Präsidenten des Reichsministeriums, wie der Kabinettschef jetzt hieß, hat allerdings mehrere Formlücken. Die Urkunde[2] erwähnt weder den Vornamen des Ernannten noch den

---
1 Philipp Scheidemann, Der Zusammenbruch, Berlin 1921, S. 211.
2 Christian Gellinek, Philipp Scheidemann. Eine biographische Skizze, Köln 1994, S. 119. Meine frühere Erstwürdigung konnte nur eine Skizze sein, eine so genau wie mögliche, philologisch fundierte, Beschreibung der Geschehnisse. Die Erin-

des ernennenden Reichspräsidenten. Links neben dem Namen Ebert durfte ein Stempel nicht fehlen. Er ist klein, rund und lautet wenig geschäftsordnungsmäßig: Reichs*kanzlei*. Dies sind Auffälligkeiten, die darauf hindeuten können, zu welcher Epoche jene Zeit gehörte: nämlich kulturell zum *Expressionismus*[3], dem damals offenbar auch politisch vorherrschenden Zeitgeist. Sonst hätte wohl die vollständige Nennung der ganzen bürgerlichen Namen urkundlich dazugehört. Wir betrachten also die etwas improvisierte Amtseinführung dieses Reichsministerpräsidenten als einen Antritt *sui generis*. Der erste sozialdemokratische Not-Kanzler Deutschlands, Philipp Scheidemann, wurde unangefochten aus zwei Kandidaten ausgewählt. Sein einziger Konkurrent, Friedrich Ebert, war zwei Tage vor ihm (mit etwas weniger Zuspruch bei der Abstimmung als Scheidemann danach) mit Dreiviertelmehrheit in sein Amt zum Reichspräsidenten gewählt worden.

Eine Transkription der Vorentscheidung zwischen den beiden Ämtern auf der Fraktionsebene wird nachträglich auf Reichstagskopfbögen – allerdings auf solchen nur lückenhaft – vermerkt, die erst seit 1920 benutzt sein konnten.[4] Die Geschäftsgrundlage zu Scheidemanns Ernennung bildet das gerade verabschiedete Gesetz über die vorläufige Reichsgewalt vom 10. Februar 1919, das während seiner gesamten (vier ein Drittel Monate dauernden) Amtszeit Gültigkeit behielt. Nach § 8 dieses Gesetzes bedurfte der vom Reichspräsidenten Ernannte des Vertrauens der Nationalversammlung, das durch Abstimmung zum Ausdruck kam. Nach § 9 Abs. 2 war er für die Führung seiner Amtsgeschäfte dieser Versammlung als *Primus inter Pares* verantwortlich. Beachtenswert ist, dass der allseits bekannte »Redeminister« und Volkstribun bei dieser feierlichen Gelegenheit vor der Nationalversammlung eine Regierungserklärung

---

nerung an Scheidemann konnte, zwölf Jahre später, als aus dem Kopenhagener Exil zurückblickendes Vermächtnis, auf der Grundlage weiteren Archivmaterials neu beschrieben werden.
3   Zur Orientierung Thomas Anz, Literatur des Expressionismus, Stuttgart 2002.
4   Zentrales Parteiarchiv SED-PDS II/145/8; Gellinek, Scheidemann: Skizze, S. 57, Anm. 52.

verlas, in der es heißt: »Das erste Wort der ersten verantwortlichen Regierung der Deutschen Republik muß ein Bekenntnis zu dem Gedanken der Volksherrschaft, den diese Versammlung verkörpert, sein. Aus der Revolution geboren, ist es ihr Beruf, das geistige Gut der Revolution vor Verschleuderung zu bewahren und zum dauernden Besitz des ganzen Volkes zu machen.«[5]

Es war Ebert, der in sichtbarer Symmetrie zu seiner Eintagskanzlerschaft am 9. November 1918, für alle Regie führend, noch vor seiner bevorstehenden Amtswahl zum Reichspräsidenten vom Balkon des Weimarer Nationaltheaters am 6. Februar 1919 eine Rede sozusagen »An sein Volk« hielt. Ikonografisch bezeichnend: Nur der Abstand zu Scheidemann, nicht den Abgeordneten und Notabeln, ist deutlich weiter.[6] Auf den Reichspostkarten während des Ersten Weltkriegs, die in den Schützengräben und den Erinnerungsblättern zu der Gründung der Deutschen Republik zirkulierten, sitzt Ebert neben Scheidemann. Auf den sog. Kettenbildern sitzt er (vermutlich auf Anordnung Eberts) an den Flügel oder den Rand verschoben. Dieser veränderte Bildaufbau im Postkartenformat und die dahintersteckende Regie Eberts geben eine wachsende innerparteiliche Rivalität preis. Eine solche hatte sich schon im November zwischen den beiden sozialdemokratischen Volksbeauftragten angebahnt. Ein Vorgespräch[7] über die erfolgte Ämterverteilung soll, wie in Scheidemanns »Erinnerungen eines Sozialdemokraten« berichtet, im Herbst 1918 stattgefunden haben. Drei Jahre nach Eberts Tod zieht Scheidemann dort einen fast etwas polemisch abgrenzenden Ämtervergleich zugunsten Eberts, nachdem Scheidemann es sich eher so vorstellte: »der sozialdemokratische Reichspräsident ist der rote Wimpel, der über dem Schiffe flattert und nicht viel zu bedeuten hat. Der Reichskanzler dagegen wäre dem Kapitän oder dem Steuermann vergleichbar.« Die Auffassung des Gesprächspartners über die Rollenverteilung sei aber eine andere gewesen: »Was Ebert unter diesen

---

5   Zit. n. Philipp Scheidemann, Erinnerungen eines Sozialdemokraten, Bd. 2, Dresden 1928, S. 355.
6   Abbildung in: Detlef Lehnert, Die Weimarer Republik, Stuttgart 1999, S. 17.
7   Gellinek, Scheidemann: Skizze, S. 55.

Aufgaben verstand, war wirklich nur so zu formulieren: der Reichspräsident bestimmt die Politik und der Reichskanzler deckt sie.«[8]

1 Aus welchen Gründen wurde Scheidemann kanzlerministrabel?

So wurden Scheidemanns parlamentarischer Aufstieg und Machtübernahme begleitet: Als er 1917 abermals zum 1. Vizepräsidenten des Reichstags gewählt wurde, vollendete der angesehene Bildhauer und Rodin-Schüler Karl Albiker eine Kleinbronze auf einem Marmorsockel vom Kopf des Mitvorsitzenden der SPD[9] – ein Symbol der gewachsenen Bedeutung als politischer Repräsentant. Ebert, auf der anderen Seite, betrieb seine Wahl zum Reichspräsidenten auf der Basis seiner bereits seit 1913 organisationspolitisch als ein Nachfolger August Bebels in der SPD gewachsenen Macht. Scheidemanns Integrationsfähigkeit innerhalb der sozialdemokratischen Hierarchie wurde dadurch unterstrichen, dass er im Dezember 1913 den Fraktionsvorsitz mit übernommen hatte.[10] Vorher wurde er mit einer zweieinhalb Monate dauernden deutschsprachigen Agitations- und Erkundungsreise in die USA belohnt. Er hielt in 15 Staaten und in Washington/D. C. vor der *German Language Federation* 27 Ansprachen und schrieb darüber Berichte für die New Yorker Volkszeitung, die im Herbst 1913 veröffentlicht wurden. Seine amerikanischen Erfahrungen werden in seinen Reisebericht »Zwischen den Gefechten«

---

8 Scheidemann, Erinnerungen eines [deutschen] Sozialdemokraten, Bd. 2, in: Philipp Scheidemann Sammlung, Hg. Christian Gellinek, Bd. 3, Münster i. Westf. 2010, S. 354. Für moderne Leser konnte ein Sammelwerk seiner Hauptveröffentlichungen möglichst fehlerfrei in fünf Bänden mit identischer Paginierung zum Nachlesen digitalisiert werden. Diese umfangreiche Arbeit gelang dank zweier Hilfskräfte der Universität Vechta und eines Druckkostenzuschusses der Friedrich-Ebert-Stiftung.
9 Wie abgebildet in ebd., S. 137.
10 Zu biografischen Informationen über Scheidemann vor diesem Karrieresprung vgl. den Beitrag von Bernd Braun in diesem Band.

1920 im Verlag für Sozialwissenschaft übernommen. In einer Onlinebiografie über ihn wird übrigens behauptet, er wäre später über die USA nach Dänemark ausgewandert, was nicht stimmt. Er beschreibt den Reiseabschnitt seiner Flucht über Polen genau in seinem Nachtragsband »Den Bestien entschlüpft« (XII) 1937-38 in Kopenhagen.[11]

Noch im Mai 1914 hatte er die Baseler Deutsch-Französische Verständigungskonferenz mitorganisiert, die aber keinen nachweisbaren Einfluss auf die beiderseitige Haltung zum Kriegsausbruch entfaltete. Die allmählich sich verschärfenden Gegensätze bis hin zur Parteispaltung von MSPD und USPD zu Ostern 1917 trafen ihn schwer. An beiden Misserfolgen nahm Scheidemann großen inneren Anteil und reifte daran, »die Exekutivgewalt an zentraler Stelle des Reiches« zu übernehmen.[12] Es besteht so die Gewissheit, dass dieser Mehrheitssozialdemokrat für geeignet gehalten wurde, das Amt des Regierungschefs zu übernehmen. Während der bürgerkriegsähnlichen Zeit der ersten Monate seit Wahl der Nationalversammlung am 19. Januar 1919 galt er als flexibel genug und wurde zunächst auch von Ebert für unersetzbar gehalten, dieses Amt auszufüllen. Zum Neubeginn im Februar 1919 war Scheidemann, wie Bernd Braun feststellt, »der natürliche Kandidat der SPD für politische Spitzenämter«.[13] Seine Regierung, die durch sein Kabinett verkörpert wurde, war parlamentarisch abgesichert. Das historisch schwerer wiegende Kanzlerformat lag seiner Ernennung noch nicht zugrunde. Aber gerade das beweglichere Notformat kam Scheidemanns genossenschaftlichem Naturell entgegen. Er wurde, wie die beiden ihm 1919/20 folgenden Kanzler, nicht durch sein Elternhaus politisch geprägt, weil sein Vater früh verstarb, sondern reifte durch Selbststudium von August Bebels und Ferdinand Lassalles Reden und Schriften zum Sozialisten.

Wegen der täglichen Änderungen in den Amtsaufgaben brauchte ein Richtungsgeber, wie es der Reichsministerpräsident sein konn-

---

11 Scheidemann Sammlung Bd. 1: Schriften von Kassel nach Kopenhagen, S. 1-67.
12 Horst Lademacher, Die deutschen Kanzler von Bismarck bis Merkel, Berlin 2007, S. 210-230, Zitat S. 226.
13 Bernd Braun, Die Reichskanzler der Weimarer Republik, Stuttgart 2013, S. 56.

te, nur als Moderator aufzutreten, und nicht wie ein hierarchisch aufgestellter Vorgesetzter, welcher er nach der vorläufigen Geschäftsordnung nicht sein durfte. Dies wird in der Denkschrift des Ministerialdirektors Anton Meyer-Gerhard vom 20. Februar 1919 als Dokument Nr. 1 in den Akten der Reichskanzlei zum Kabinett Scheidemann bestätigt.[14] Bei dieser Ausgangslage ist es nachvollziehbar, dass der Ministerpräsident es verstehen musste,»Vertrauliches vertraulich zu behandeln«, wie Dr. Hermann Pachnicke (MdR/DDP) rückblickend im *Berliner Tageblatt* vom 9. Januar 1921 ihm und Ebert schon aus früheren Erfahrungen bescheinigte. Das Regierungstandem Ebert-Scheidemann, das dieser Koalitionsregierung Vertrauen stärkend vorstand, sollte krisenentschärfend handeln. Stattdessen mussten sich die starren Friedensbedingungen als krisenverschärfend auswirken. Jene Regierungsbildung, zumal sie wegen des Einflusses der stark mittelständisch geprägten DDP und katholischen Zentrumspartei als nicht hinreichend arbeiterfreundlich tätig werden konnte, erwies sich als nicht widerstandsfähig genug. Denn Scheidemanns Koalitionsregierung setzte sich aus drei Parteien zusammen: erstens, der SPD (sieben Ministerien bei 163 Sitzen); Ressorts: Ministerpräsident, Justiz, Reichswehr, Arbeit, Wirtschaft, Ernährung, ohne Geschäftsbereich (und Kriegsschuldfrage); zweitens, der linksliberalen DDP (3 Ministerien bei 75 Sitzen); Ressorts: Inneres, Finanzen und Schatz; drittens, dem katholischen Zentrum (3 Ministerien bei 91 Sitzen); Ressorts: Post, Verkehr, ohne Geschäftsbereich (und Waffenstillstand); viertens, aus einem parteilosen Außenminister.

Vier Politiker in Schlüsselressorts, Otto Landsberg, Gustav Noske, Hugo Preuß und Matthias Erzberger, ragten hervor. Die Durchsetzungskraft dieser Regierung war von Anfang an gehemmt durch separatistische Bewegungen sowie Aufstände und Streiks mit Blutvergießen (allein 1.200 Tote im Berliner Raum). Der »Gestaltungsspielraum« war dafür zu klein, das Tempo der von den Alliierten geforderten Unterwerfung unter das Versailler Diktat unerklärt tief

---

14 http://www.bundesarchiv.de/aktenreichskanzlei/1919-1933/0000/sch/sch1p/kap1_2/para2_1.html.

sitzend. Hätten die Alliierten Machthaber der ersten Weimarer Koalition einen massenpsychologisch und wirtschaftlich machbaren Neuanfang eingeräumt, so wäre nach rückblickender Einschätzung Scheidemanns die Entwicklung wohl anders verlaufen, als »daß fünfzehn Jahrgänge der deutschen Jugend in übelster nationalistischer (nicht nationaler) Gesinnung direkt zum Völkerhass erzogen worden sind. Nicht zuletzt war das die Folge der Kompromisse in Weimar.«[15]

Scheidemann blieb auch in diesem Ausnahmezustand nicht nur ministrabel, sondern in einem unbestritten hohen Maße kanzlerbefähigt. Andererseits hatte er schon vor seinem Amtsantritt, noch in den letzten Tagen als Volksbeauftragter mit dem Briefkopf seiner vorausgegangenen Tätigkeit als Staatssekretär, aus der Wilhelmstraße 74 seinen erwachsenen Töchtern am 26. Januar 1919 mitgeteilt: »Ich möchte lieber heute als morgen aus der Regierung heraus.«[16] Es liegen zwar keine Anzeichen vor, dass sich Scheidemann zu diesem Amt gedrängt hätte. Er ist aber auch nicht daraus verdrängt worden, sondern resignierte schon wegen des Versailler Vertrags am 20. Juni 1919. Sein Außenminister, Ulrich Graf von Brockdorff-Rantzau, soll in seinen eigenen Sterbetagen (1928) bemerkt haben, er wäre schon in Versailles gestorben. Ebert stand einschließlich der Amtszeit Gustav Bauers tatsächlich zwei Kabinetten vor, Scheidemann amtierte in dieser Phase unter seinem übergeordneten Reichspräsidenten.

Der Unterschied war zuvor: Ebert machte eine bezahlte Parteikarriere durch und stieg darin hoch auf, Scheidemann betrieb an den Universitäten Marburg und Gießen, wie Lademacher es nennt, »private sozialdemokratische Studien«[17]; er überbrückte mit ihrer Hilfe den Abstand zwischen seinem Schriftsetzerberuf und dem eines Publizisten, der künftig Bücher verfassen konnte, die ins Französische oder Englische und Amerikanische übersetzt wurden. Dieser fundierte Bildungsschub kam ihm bei seinem Eintritt in die Leitungsaufgaben zur Hilfe, zuerst vorübergehend ab 1912 als Erster Vize-

---

15 Scheidemann Sammlung, Bd. 4: Kopenhagen 1936–1939, Die Schulfrage, S. 72.
16 Brief im Privatbesitz des Autors (Kopie mit dem Zitat liegt den Hg. dieses Bandes vor).
17 Lademacher, Kanzler, S. 161-175, Zitat S. 163.

präsident des Reichstags, auf einen Posten, aus dem er wegen Unbotmäßigkeit gegen den Kaiser (Verweigerung des »zu Hofe gehenden« Antrittsbesuchs) abgewählt wurde. Der Verlag für Sozialwissenschaft des Dr. Helphand-Parvus griff 1926 seinen Ruf als bekannter politischer Stilist wieder auf und bewarb ihn in seiner Anzeige als Geschichte(n) erzählenden »Plauderer«. Seine Widersacher verunglimpften ihn seit Kriegsbeginn wie einen Volksverräter. In seiner Broschüre »Es lebe der Frieden«, die auf einer Reichstagsrede vom 9. Dezember 1915 basiert, heißt es: »Für uns Sozialisten ist es selbstverständlich, daß wir immer und immer wieder für den Frieden unsere Stimme erheben. Wir würden aufhören, die Partei des Völkerfriedens zu sein, wenn wir es nicht täten.«[18]

2 Was machte der Politiker Scheidemann als Ministerpräsident?

Sein Kabinett, das sich im Schnitt jeden zweiten Tag und im Ganzen 75-mal versammelte, arbeitete in diesen Sitzungen fieberhaft an der Lebensmittelbeschaffung und -verteilung für die Hungernden; dann auch immer von neuem an Streikauflösungen und an der Abwehr von Kriegsfolgen wie Bürgerkriegseindämmung, vor allem im Ruhrgebiet und Berlin, und der Übernahme der übrig gebliebenen Eisenbahnen durch das Reich. Da seine Behörde nicht direkt bestimmen konnte, war der Kabinettschef auf die Kollegialität seiner Minister angewiesen. Die Reichsminister bedurften in ihrem Amt des Vertrauens der Nationalversammlung; deshalb musste je nach Sachgebiet oft »laviert« werden. Nach den unvollständigen Sitzungsprotokollen zu urteilen, hat sich der Chef als Vorsitzender meist zurückgehalten und nicht ständig das Wort ergriffen. Jedoch lenkte er die Diskussionen (wie schon vor ihm Prinz Max von Baden in dessen sehr kurzer Amtszeit oder erst recht Ebert im Rat der Volksbeauftragten) auf souveräne Manier. Das Großprojekt einer Neugliederung der Länder des Reichs musste wegen unüberwindlicher Schwierigkeiten auf-

---

18 Scheidemann Sammlung, Bd. 5: Vorblatt, »Es leben der Frieden!«, Dritter Teil, S. 1.

gegeben werden. Konservative Parteigänger erwarteten: die SPD mit Scheidemann und Ebert sollte »die Folgen des Krieges liquidieren«. Dies war aber eine Aufgabe, welche nach Einschätzung Scheidemanns letztlich nicht gelingen konnte, denn der sich abzeichnende Strafcharakter der Versailler Bestimmungen konnte von den Verwaltungsaufgaben als heilenden Kräften nicht eingeholt werden. Dieser letztlich in einen Abgrund führende Widerspruch war den Alliierten Siegermächten gleichgültig, so lange sie Wiedergutmachungsgelder herausziehen konnten.

In dieser Zwangslage waren sich Ebert, Scheidemann und das Kabinett zunächst einig: solch ein Friedensoktroi musste abgelehnt werden, weil er nicht der komplexeren historischen Wahrheit entsprach. Schließlich entschloss sich Ebert dennoch zur Unterschriftleistung. Scheidemanns Ehrgefühl machten ihm und Graf Brockdorff-Rantzau eine Mitverantwortung unmöglich. Entsprechend führte seine Unterschriftsverweigerung als letzter Akt zur Demission des Kabinetts Scheidemann. Politisch enthielt diese ein dekonstruktives Misstrauensvotum der SPD, denn der Gewerkschaftsführer und Kabinettsminister Gustav Bauer stand vor Eberts Auge als Nachfolger einsatzbereit. Schon am 23. Juni hielt er zur Annahme des Versailler Vertrags vor der Nationalversammlung seine sogenannte Ehrabschneidungsrede: »Wehrlos ist nicht ehrlos«.[19] Ob der Ministerpräsident Scheidemann vor ihm, vom Standpunkt der folgenden politischen Reichsgeschichte aus betrachtet, das Richtige getan hat, kann hier nicht auseinandergesetzt werden. Das soll aber nicht bedeuten, dass der ganze »Versailles«-Komplex nachträglich bagatellisiert werden darf. Er muss vielmehr u. a. den Militär- und Diplomatiegeschichtlern überlassen bleiben und fällt darin außerhalb meines Kompetenzrahmens.

Unter den Qualifikationen Scheidemanns für sein hohes Amt stellen seine Verhandlungen zur Amtsübernahme, wie auch deren Beendigung, Wendepunkte dar. Das Bedrohliche einer Wiederaufnahme Alliierter Kampfhandlungen, und zwar auf dem Reichsgebiet

---

19 Dazu näher der Beitrag von Tim B. Müller zu Gustav Bauer in diesem Band.

selbst, wurde auch von Befürwortern der Friedensunterzeichnung teilweise für tragbar gehalten. Matthias Erzberger, der 1921 ermordet wurde, vertrat zunächst die Meinung: »Wer den Krieg verliert, verliert den Frieden«. Die DDP als dritter Koalitionspartner lehnte die Unterzeichnung ab und schied aus. Scheidemann wollte nicht am Ende seiner Amtszeit im Juni 1919 als Bestatter der Volksherrschaft in die deutsche Geschichte eingehen. Er wollte also nach seinen eigenen Worten »nicht der *Gerichtsvollzieher* der Entente-Imperialisten sein«. Er wiederholte diese Umschreibung, die er zuerst in einer Rede vom 12. Mai 1919 vor der Nationalversammlung gebraucht hatte, brieflich aus dem Schweizer Ferienort Vulpera am 25. Juli 1919 an Otto Wels.[20] Er verwendete sie auch in einem Interview, das er einem damals bekannten Journalisten, Hans Roger Madol alias Gerhard Salomon, am 4. Mai 1932 gab; es wird in dessen Nachlass aufbewahrt.[21] Der tapfere Otto Wels hielt dann im Reichstag des März 1933 die Anti-Ermächtigungsgesetz-Rede namens der SPD wiederum mit der »wehrlos, aber nicht ehrlos«-Formulierung; sie war etwa sechsmal so umfangreich wie Scheidemanns Ausrufungsrede 1918 in der kürzeren Version.

3 Wie ist Scheidemanns Ministerpräsidentschaft zu bewerten?

Die Würdigung eines Notkanzlers der Weimarer Republik muss zunächst einen negativen historischen Hintergrund in Betracht ziehen. Die Kanzlerinhaber von 1919 bis 1921 regierten nur wenige Monate. Immerhin übernahm das Kabinett Bauer die Hälfte der Minister Scheidemanns, das Kabinett Müller I fünf, wenn auch z. T. in anderen Ressorts. Scheidemann nahm seit dem Waffenstillstand das vielversprechende Friedensprogramm Präsident Wilsons ernst.[22] Scheidemann war selbst ein Schöngeist von einer in Deutschland jenseits des

---

20 Christian Gellinek, Philipp Scheidemann. Gedächtnis und Erinnerung, Münster i. Westf. 2006, S. 65-68.
21 Bundesarchiv, Zentrale Datenbank Nachlässe Nr. 35311.
22 Dies wird in meinen erwähnten Scheidemann-Studien weiter ausgeführt.

liberalen Bildungsbürgertums selten so gebündelten Stärke. Seine Friedenspolitik kam der SPD-Fraktion im Reichstag zugute.

Diese Frage muss jetzt noch beantwortet werden: Woran ist er aus heutiger Sicht 1919 reichspolitisch gescheitert? Politisch als unrealistischer Reformgeist am Rachedurst Clemenceaus? Nein, er scheiterte unter Eberts Präsidentschaft, als dieser im letzten Moment seine Meinung änderte und darauf eine neue Koalitionsregierung einsetzte, als deutscher Regierungsverantwortlicher in einer Notsituation des Reichs an der Kompromisslosigkeit der Alliierten Sieger. Die Einleitung zur Edition der Protokolle des Kabinetts Scheidemann gelangt jedenfalls zu einem sonst freundlichen Tenor seiner kurzen Amtszeit:

»Daß Scheidemann für dieses Amt unter diesen Bedingungen und in diesem Augenblick jedenfalls nicht schlecht geeignet war, geht nicht zuletzt aus den Kabinettsprotokollen und den Ergänzungsdokumenten dieses Bandes hervor: er sah anscheinend seine Rolle, durchaus in Übereinstimmung mit der derzeitigen verfassungsmäßigen Konstruktion, als eine Art von Diskussionsleiter des Kabinetts; er griff hauptsächlich ein, wenn Kompromisse zwischen divergierenden Standpunkten gesucht, wenn Ressortstreitigkeiten oder auch ganz persönliche Gegensätze überwunden werden mußten, er vermittelte, wenn die Debatten ins Grundsätzliche, Programmatische hinüberwechselten, wie er sich überhaupt bemerkenswert pragmatisch und undogmatisch gab«.[23]

In der Diskussionsrunde der Tagung zum vorliegenden Band wurde nach diesem Vortrag die auch in manchen Geschichtsdarstellungen anzutreffende Behauptung aufgestellt, Scheidemann wäre als politischer Verwalter wohl eher »unfähig« gewesen. Das hätte sich abermals erwiesen, als er am Ende seiner Oberbürgermeisterzeit 1920–1925

---

[23] Das Kabinett Scheidemann (1919), Bearb. Hagen Schulze, Boppard a. Rh. 1971, S. XXVI. Nun auch online verfügbar: http://www.bundesarchiv.de/aktenreichskanzlei/1919-1933/10a/sch/sch1p/kap1_1/para2_2.html.

von seinen eigenen Parteigenossen durch Abwahl praktisch aus dem Amt gejagt worden wäre. Es sei ja bekannt, dass er in seiner Vaterstadt während seiner Amtszeit nicht viel zustande gebracht hätte. Daran ist fast nichts wahr: Als Oberbürgermeister Kassels ließ er eine Markthalle bauen, ein öffentliches Schwimmbad, ein Krematorium, ließ 2.300 Apartments für verarmte Familien freimachen, er erweiterte den städtischen Grundbesitz, ließ eine Entbindungsanstalt bauen, ein Kinderbetreuungszentrum, ein Jugendgesundheitsamt, ein Jugendamt, einen Sportplatz, mehrere Spielwiesen und ein Wohlfahrtsamt. Und er hat die zweite hessische Radiostation nach Frankfurt am Main eingerichtet. Das Weitere liegt außerhalb unseres Themas. Daher genügt es hier, darauf hinzuweisen, dass Kassel eine der wenigen Städte in Deutschland war, die 1924 mit einem kleinen Budgetüberschuss abschließen konnten.[24] Unter der Leitung von Oberbürgermeister Scheidemann, der zusammen mit Konrad Adenauer Vorstandsmitglied des Deutschen Städtetags gewesen ist, blühte Kassel auf – gemessen an den besonders schwierigen Jahren seiner Amtszeit, noch weitgehend vor der relativen Stabilisierung der wirtschaftlichen Verhältnisse seit dem Herbst 1924.

4 Eine späte Würdigung

Nunmehr ist also eine späte Würdigung möglich, beschreibbar und kritisch nachvollziehbar. Der Reichsministerpräsident hatte in früheren Phasen sicherlich keine niedrige Meinung von sich selbst gehabt. Seine Charaktereigenschaften, die der Herausgeber der Reichskanzlerakten über den erwähnten moderierenden Pragmatismus hinaus unter Verweis auf Zeitzeugnisse gelobt hatte, nämlich dass er »witzig«, ein »schlagfertiger Redner«, ein »persönlich mutiger Mann« gewesen sei[25], konnten ihm jetzt weniger beistehen. Immer noch galt er, wie dann auch der erfolglose Reichskanzler Wilhelm Cuno 1922/23 nach

---

24 Gellinek, Scheidemann: Gedächtnis, S. 44-48.
25 Zit. n. Kabinett Scheidemann, S. XXVII.

ihm, als »schöner Mann«, als öffentlich vorzeigbare Repräsentationsfigur. Der Quellenwert seiner Eigenwürdigung in seinen zwei übersetzten Büchern war durchaus hoch, das hat Erich Matthias, *Zwischen Räten und Geheimräten* (Düsseldorf 1970), an mehrfachen Belegstellen bestätigt. Ungebeugt durch Ausbürgerung und Exilnot, unter dem dänischen Namen Henrik Philipps und seiner unfreiwilligen Isolierung, schreibt er in seinem Nachlassband 1938, einem anonymen Manuskript, über das Thema »Hitlers Politik führt zum neuen Weltkrieg« (1938/V. Band). Darin nennt er sich einen »europäischen Staatsmann«. Vergeblich schickt er es nach New York zum Übersetzen und Veröffentlichen. Im Vergleich zwischen den zwölf Kanzlern der Weimarer Republik ergibt sich unserer Einschätzung nach, dass Scheidemann an Statur z. B. seinem Nachfolger Bauer und zuletzt Brüning »ebenbürtig« war, während er Papen und Schleicher überragte.

Wir schätzen die Ausrufung der Republik als Stegreifrede[26] höher als er selbst und als die vergangene Epoche symbolkräftig ablösend ein. Er erreichte damit einen hohen Bekanntheitsgrad. Diese Rede wurde amtlich nicht mitstenografiert, die Szene nicht fotografiert. Es existieren nur eine Fotomontage der »Berliner Illustrirten Zeitung« vom 24. November 1918 (auf der er ein Blatt in der linken Hand hält)[27] und mindestens zwei Studio-Metallversprungplatten vom Januar 1920. Scheidemann erwähnt diese Ausrufung der Republik in seinem quellenkritischen Buch *Der Zusammenbruch* von 1921 überhaupt nicht. Anders im Zweiten Memoirenband von 1928. Dort heißt es zwar: »Ich sprach nur wenige Sätze, die mit großem Beifall aufgenommen wurden.« Er zitiert dort eine Version, die in Wirklichkeit kürzer ausgefallen sein muss. Ich glaube nicht, dass er Ebert namentlich erwähnt hat. Ich glaube auch nicht, dass man hier von einer erweiternden Verfälschung sprechen sollte; sondern es handelt sich wohl eher um einen Akt nachträglicher Hochachtung vor dem verstorbenen Reichspräsidenten.

---

26 Begriff nach dem Vorblatt der Broschüre, »Es lebe der Frieden!« Berlin 1916 (Rede vom 9. Dezember 1915).
27 Für den Hinweis auf den genauen Fundort danke ich Prof. Lothar Machtan (Universität Bremen).

Heutzutage würde ich ihn im Vorfeld der »besseren« Kanzler wie Hermann Müller, Joseph Wirth und Wilhelm Marx neu einzuordnen versuchen, obwohl die Stellung eines Kanzlers 1919 in der Weimarer Republik verfassungsrechtlich gegenüber einem selbstbewusst Kompetenzen wahrnehmenden Reichspräsidenten »geschwächt« war. Dass Scheidemann über eine prinzipielle Frage von der Hohen Bühne abtrat, war seinem Ansehen auf die Dauer nicht abträglich, weil er im Reichstag weiterhin, bis zur Mitwirkung bei einem Kabinettsturz 1926 (Zentrumskanzler Marx wegen Enthüllungen zur Kooperation zwischen Reichswehr und Sowjetunion), sehr einflussreich geblieben ist. Schon mehrere Jahre vor dem Zentrumskanzler Joseph Wirth (nach dem Mord an Außenminister Rathenau 1922) gab er mit einer Rede in der Nationalversammlung am 7. Oktober 1919 und ihrer anschließenden Veröffentlichung als Broschüre die Parole aus: »Der Feind steht rechts« (Berlin 1919); dies wohlbemerkt etliche Monate vor dem Kapp-Putsch unter besonderem Hinweis auf die Gefahren aus restaurativen Tendenzen im Militär. Fast hundert Jahre nach seinem Rücktritt leidet sein Nachruhm nicht länger.

In der Endbetrachtung darf insbesondere festgehalten werden, dass der Ministerpräsident täglich Notmaßnahmen ergreifen musste. Aus der Rückschau vom 25. Juli 1919 schrieb er Otto Wels[28], dass er »aus Kameradschaft und Kollegialität sicherlich mehr geschwiegen [hatte], als sachlich vielleicht gut gewesen wäre«. Hat er durchschaut, dass seine Arbeit im ständigen Notfall, also die ihm anvertraute verkürzte Kanzlerschaft unter einem Präsidenten Ebert vom Modell her scheitern musste? In einem vertraulichen Brief vom 27. Juni 1918 an den dänischen Staatsminister Thorvald Stauning lautete sein Credo, von dem er später nicht abweichen konnte: »Keine Annexionen, keine Kontributionen, Selbstbestimmungsrecht der Völker«[29]. Scheidemann zerlegte die tiefer liegenden Strukturprobleme der sich aufbauenden Weimarer Republik aus der Rückschau nicht analytisch,

---

28 Gellinek, Scheidemann: Gedächtnis, S. 65-68.
29 Arbejderbevaegelse. Socialdemokratiet Arkiv.Kopenhagen, Nr. 500. Kassa 541, laeg 1.

sondern interpretierte sie lediglich als verfehlt gelaufene Praxis. Er rügte zwar die mangelnde »Prinzipientreue« und beschrieb die Entfremdung der Arbeiterschaft von der SPD mit Missbilligung. Er monierte auch die verfehlte Koalitionspolitik ohne genaue Absprachen und die Neigung zu Kompromissen. Er hielt aus seiner Kopenhagener Sicht 1935-1939 die Übernahme der Regierungsverantwortung von 1919 durch die SPD rückwirkend überhaupt für »fehlerhaft«.

Es fragt sich heute, ob die Tandemregierung Ebert-Scheidemann eine sich ergänzende Herrschaft zweier Ämter (oder gar als Vorstufe einer Ämtervereinigung?) dargestellt hat, in der beide Teile *einer* Regierung zusammenwirkten. Die auch zuvor neben Ebert als Volksbeauftragte herausragenden parlamentarischen Innenpolitiker der SPD, Ministerpräsident Scheidemann und sein Justizminister Landsberg, konnten letztlich der Kapitulation vor dieser kaum lösbaren Aufgabe nicht ausweichen. Deshalb traten sie zurück, das ist als historische Tatsache zu respektieren. Zwanzig Jahre später lauteten seine letzten, testamentarisch gemeinten Worte vom 3. April 1939 an Hans Peter Sørensen (Kopenhagens späteren Oberbürgermeister), der Scheidemanns ausgegrabene Urne nach Kassel brachte: »Hundertfacher Fluch den Verleumdern und Ehrabschneidern, […] die an der Spitze ihres Verbrecherstaates als dessen Führer standen.«[30] Wir würdigen Scheidemann heute zugleich als namhaften Antifaschisten.

5 Nachwort

Nur eine Sache ist noch nicht im Lot. Im Dezember 1954 wurde die Urne Philipp Scheidemanns in Kassel in einem *Sepulcrum asylum* beigesetzt, weil es damals nicht möglich war, sie dort zu begraben, wo der Kanzler bestattet werden wollte. Wo? Neben seiner Frau Johanna geb. Dibbern (1864-1926) auf dem Südwestkirchhof in Stahns-

---

30 Ablichtungsbrief im Universitätsarchiv Vorlass, zit. n. Gellinek, Scheidemann: Skizze, S. 73.

dorf, bei Berlin in Brandenburg, auf DDR-Gebiet.[31] Der Vorsitzende der SPD, Otto Wels, sagte an ihrem Grabe: »Sie war die treueste Gefährtin ihres Gatten, sie machte seine Entwicklung und seine Kämpfe mit, sie stand ihm in den langen Jahren schweren Lebenskampfes, wie in der kurzen Zeit sonnigen Glücks einfach, schlicht, aber tätig und entschlossen zur Seite.«[32] Die vielen Droh- und Schmähbriefe hatten ihre Nerven so zerrüttet, dass sie am 1. September 1926 an einem Schlaganfall starb.

Der Friedhofsverwaltungsleiter teilte mir auf Anfrage mit, dass »das Denkmal in einem außerordentlich guten Zustand ist«. Die digitalisierte Abbildung zeigt zwei miteinander verbundene Stelen im Stil Neuer Sachlichkeit, etwa der Richtung des Architekten Max Taut. Die rechte Stele ließ einen Platz für die Einmeißelung des Namens von »Philipp Scheidemann 1865–1939« frei. Es ist ein verwaistes Familiengrab, das »Exzellenz Scheidemann« unter der Lfd. Nr. 25769 für sich mit reservieren ließ. Es ist ein Grab, das sich gegenüber dem von Eberts Witwe 1925 in Auftrag gegebenen christlichen Grabplatz in Heidelberg künstlerisch deutlich unterscheiden wollte. »Des großen Sohnes der Stadt Kassel« wird in Kassel seit 1954 mithilfe eines Prunkgrabs für Scheidemann gedacht. Dabei wurde in Kassel zu Pfingsten 1922 während seiner Oberbürgermeisterzeit auf ihn (begleitet von Tucholsky mit einem zweideutig besungenen Gedicht) ein Blausäureattentat begangen. Die bürgerliche Presse verhöhnte ihn zwei Jahre später als Narr, der die Regierungsfäden nicht auseinanderhalten konnte, mit einem Schafskopf und der Aufforderung: »Zerreißt das Narrenseil«.[33]

Sollten die berufenen Vertreter des historischen Erbes der Weimarer und Exil-SPD zu der Empfehlung kommen, dass die sterblichen

---

31 Die Johanna Scheidemann-Stele steht im Ehepaar Scheidemann Grabplatz auf diesem Friedhof im Block Charlottenburg, Gartenblock 2, 125.
32 Gellinek, Scheidemann: Gedächtnis, S. 62.
33 Flugschriftensammlung des Stadtarchivs Kassel. Flugblatt zur Stadtverordnetenwahl 1924. Auf diese Kasseler Zeit muss hier nicht näher eingegangen werden; vgl. dazu Walter Mühlhausen, »Das große Ganze im Auge behalten«. Philipp Scheidemann: Oberbürgermeister von Kassel (1920–1925), Marburg 2011.

Überreste Scheidemanns nach seinem Willen neben seine Gattin nach Berlin-Stahnsdorf hingehören, so könnte auch der Autor diese Empfehlung an die richtigen Stellen weiterleiten. Die Friedhofsverwaltung wäre, wie ihm mitgeteilt wurde, an dieser verspäteten Wiedervereinigung (etwa zum 9. November 2018?) interessiert. Auf diese bildhafte Weise erhielte der verdienstvolle Reichsministerpräsident eine wirklich bleibende Würdigung. Es könnte ein von der SPD angestoßenes kleines Volksfest mit Symbolcharakter für alle Deutschen werden. Denn es wüchse dann auch in Berlin-Stahnsdorf zusammen, was zusammengehört.

Johanna Scheidemann, geb. Dibbern, 1864–1926; daneben die noch leere Grabstelle ihres Mannes, Philipp Scheidemann, 1865–1939, in Stahnsdorf bei Berlin

Tim B. Müller

Gustav Bauer (1870–1944) und seine Zeitgenossen: Demokratische Visionen

Gustav Bauer gehört nicht zu den Figuren, die Historiker der Weimarer Republik mit besonderen Sympathien bedachten. Dafür finden sich Beispiele in unterschiedlichen Lagern einer Profession, die ihre politischen Motivationen und »Standortgebundenheit« lange Zeit recht unvermittelt zum Ausdruck brachte. Konservative Historiker der älteren Generation hielten Bauer vor, er habe die berechtigten Warnungen vor »Verstaatlichungsexperimenten« stets »in den Wind« geschlagen und damit die deutsche Wirtschaft umso schutzloser den Reparationsforderungen ausgeliefert. Für seine demokratischen Vorstellungen hatten sie nur Spott übrig: »So träumten verantwortliche Behördenleiter unmittelbar nach Unterzeichnung des Versailler Vertrags.«[1] Kaum milder aber urteilte der Großmeister einer sozialdemokratisch orientierten Weimar-Forschung, Heinrich August Winkler. Zum Rücktritt des Reichskanzlers Bauer kurz nach dem Kapp-(Lüttwitz-Ludendorff-)Putsch und der Amtsübernahme durch Hermann Müller am 27. März 1920 merkte er an: »An die Stelle des farblosen Reichskanzlers Bauer, der durch den Putsch weiter an Ansehen verloren hatte, trat der bisherige Außenminister Hermann Müller, neben Otto Wels einer der beiden Vorsitzenden der SPD. Sein politisches Geschick und seine geistigen Fähigkeiten machten ihn seinem Vorgänger weit überlegen.«[2] Am schärfsten jedoch fiel die Kritik unter Historikern aus, die sich links der Sozialdemokratie ein-

---

1 Walther Hubatsch, Entstehung und Entwicklung des Reichswirtschaftsministeriums 1880–1933, Berlin 1978, S. 21.
2 Heinrich August Winkler, Weimar 1918–1933. Die Geschichte der ersten deutschen Demokratie, München 1998, S. 128.

ordneten. Die bislang einzige Biografie Bauers stammt aus diesem Umfeld und geriet so zur Abrechnungsschrift.³

Der Lebensweg Gustav Bauers, der am 6. Januar 1870 in Ostpreußen geboren wurde und dort aufgewachsen ist, seine Krankheit und die Amputation eines Beins, die frühen Berufsjahre als Angestellter in Rechtsanwaltskanzleien in Königsberg und Berlin, in denen er sich zum Bürovorsteher hocharbeitete, verdient Aufmerksamkeit. Das gilt erst recht für sein langjähriges gewerkschaftliches Engagement, 1908 schließlich der Aufstieg zum zweiten Vorsitzenden der Generalkommission der Freien Gewerkschaften, zum Mann neben und oft an der Stelle von Carl Legien, und seine von 1912 bis 1925 währende Karriere als SPD-Reichstagsabgeordneter (bzw. Mitglied der Nationalversammlung). Doch dies alles steht hier, wenn vorrangig der erste Reichskanzler unter Geltung der Weimarer Verfassung behandelt werden soll, nicht im Mittelpunkt.⁴

Den Zugang zu Gustav Bauers Politik sucht dieser Beitrag zunächst über die Wahrnehmung seiner Zeitgenossen. In einem zweiten Schritt werden Bauers politische Vorstellungen rekonstruiert, die er als Reichskanzler vertrat – er amtierte vom 21. Juni 1919 bis zum 26. März 1920 (bis zum August 1919 lautete die Amtsbezeichnung Reichsministerpräsident oder Präsident des Reichsministeriums) –, teils auch in der Zeit als Minister unmittelbar zuvor. Denn Bauer war bereits am 4. Oktober 1918 vom Reichskanzler Max von Baden mit der Leitung des Reichsarbeitsressorts betraut worden; er wurde damit noch im Kaiserreich »der erste sozialdemokratische *Fach*minister in der deutschen Geschichte überhaupt und der erste Minister des damals ins Leben gerufenen und bis heute bestehenden Arbeitsministeriums«.⁵

Hinweise auf Bauers politische Haltung im Kaiserreich und im Krieg machen verständlich, warum er sich schon früh den Zorn der

---

3   Karlludwig Rintelen, Ein undemokratischer Demokrat: Gustav Bauer. Gewerkschaftsführer – Freund Friedrich Eberts – Reichskanzler. Eine politische Biographie, Frankfurt a. M. 1993.
4   Als konzise biografische Einführung vgl. Bernd Braun, Die Reichskanzler der Weimarer Republik, Stuttgart 2013, S. 25, 27 f., 36 f., 48 f., 57 f., 80-82 u. 124-126.
5   Ebd., S. 58.

äußersten Linken zugezogen hatte, der noch im Ton seines einzigen späteren Biografen durchbrach. So hielt Bauer auf dem Jenaer Parteitag der SPD 1913 das Gegenreferat zu Rosa Luxemburg, der er nicht nur »Organisationsverachtung« vorwarf, sondern Schädigung der Parteiinteressen und ein »va banque«-Spiel mit dem Massenstreik, während das Reichstagswahlrecht und viele Landtage ausreichend Spielraum für eine Veränderung der politischen Ordnung böten. Vorrang hatte für Bauer die »Versicherung gegen Arbeitslosigkeit«, die viel dringender war »als alle Diskussionen über Massenstreiks«. Das Profil des künftigen Reichsarbeitsministers und Kanzlers Bauer ist in dieser programmatischen Aussage bereits zu erkennen. In Kontinuität dazu stand auch seine erklärte Gegnerschaft zu jeglichem Rätegedanken auf dem Weimarer Parteitag im Juni 1919, die ihm keine Sympathien auf der Linken eintrug.[6]

Dass Bauer sich der »Reinigung der Partei von allem Marxismus« verschrieben hätte und stets der Strohmann oder Vollstrecker Eberts gewesen sei, insinuierend, dass Freundschaft zwischen Politikern stets verdächtig sei – das sind die zwei Grundpfeiler der Bauer-Deutung durch seinen Biografen.[7] Doch diese Politikerfreundschaft war daran beteiligt, die Fundamente der deutschen Demokratie zu legen. Es steht außer Frage und war für die Zeitgenossen sichtbar, dass Bauer Ebert nahestand – noch kurz vor seinem Tod 1944 hing ein Bild Eberts in seinem Haus –, der ihn zum Regierungschef machte, und dass er zugleich im Kabinett hinter starken Persönlichkeiten wie Finanzminister Matthias Erzberger ein wenig im Schatten stand, was aber nicht nur als Makel betrachtet wurde.[8]

Ein weiteres Problem traditioneller Bauer-Deutungen, das sich bei seinem Biografen in zugespitzter, aber symptomatischer Form manifestiert, ist das unhistorische Festlegen von Demokratiemaßstäben

---

6 Detlef Lehnert, Krise des Kaiserreichs – Weltkrieg und Spaltung der SPD – Revolution und demokratische Republik (1913–1922), in: Ders. (Hg.), SPD und Parlamentarismus. Entwicklungslinien und Problemfelder 1871–1990, Köln 2016, S. 123-163, hier S. 127 f. u. 153.
7 Rintelen, Demokrat, S. 155-167.
8 Vgl. Braun, Reichskanzler, S. 58 u. 80.

nach dem Gutdünken des jeweiligen späteren Betrachters, ohne die zeitgenössischen Begriffe, Vorstellungen und Erwartungen der Demokratie zu rekonstruieren. Seinem Biografen zufolge habe Bauer einen nur taktischen Demokratiebegriff vertreten, um der Parteilinken die Demokratie zu verweigern. Das macht bereits der Titel »Der undemokratische Demokrat« deutlich. Aber über die politischen Vorannahmen hinaus treten auch professionelle Schwächen hervor, Unkenntnis von politischer Sprache und Kontexten der Zeit etwa, wenn über Bauers Demokratierhetorik als Kanzler das Urteil gefällt wird: »Es muss bezweifelt werden, dass dies die Vision einer demokratischen Gesellschaft ist.« Diese Polemik wird noch ausgedehnt, jedoch nicht auf der Grundlage von Quellenkenntnis: »Jedenfalls ist sie [diese Vision] weit entfernt von dem Bild einer pluralistischen Gesellschaft, in der Individuen und Interessengruppen unter dem Schutz einer von Legislative und Jurisdiktion kontrollierten Exekutive sich entfalten können und in der die jeweilige Minderheit zur Mehrheit werden kann, um *ihre* Vorstellungen von ›Allgemeinwohl‹ durchzusetzen.«[9] Stattdessen werden Bauers Vorstellungen von Demokratie als eine Variante des Kriegssozialismus dargestellt, als ein zum Zweck der Arbeit formiertes antipluralistisches soziales Kollektiv. Nebenbei werden ihm noch Revanchismus und Nationalismus vorgehalten.[10] Es kann aber Gustav Bauer nicht verstehen, wer ihn nicht auch als Demokraten und Exponenten relevanter Demokratievorstellungen jener Jahre versteht.

1 »Buhmann« Bauer

Die Genealogie einer bis zur Verachtung reichenden Bauer-Kritik führt auf zeitgenössische Stimmen zurück. Seine politischen Gegner befanden sich nicht nur auf der äußersten Linken, sondern auch auf der extremen Rechten. Albrecht von Graefe, 1918 Mitgründer der DNVP und 1922 der Deutschvölkischen, 1923 am Hitlerputsch be-

---

9   Rintelen, Demokrat, S. 199.
10 Vgl. ebd., S. 198-204 u. passim.

teiligt, dann Abgeordneter der Nationalsozialisten, hielt Bauer im Juli 1919 im Namen der Deutschnationalen seine »Phrasen« vor, den fehlenden »Inhalt«, seine bei anderen so kritisierte Neigung zum »Schießen und Erschießen« politischer Gegner und auch, dass Erzberger »die eigentliche Seele dieses Ministeriums ist und ihm den eigentlichen Stempel gibt«. Auf Erzberger richteten sich Graefes Attacken vor allem, und Erzbergers Erwiderung ist legendär, eine der berühmten Reden der Republik.[11] Was die Revolution und die Regierung Bauer angerichtet hätten, nannte Graefe den »Scherbenhaufen der Illusionspolitik« – ein Deutungsmuster, das sich in der späteren Geschichtsschreibung häufig findet. Graefe wählte zwei weitere effektvolle Angriffspunkte: Er setzte eine frühe Form der Dolchstoßlegende in Umlauf[12] und bestritt – die Sprache des demokratischen Aufbruchs simulierend – der Republik die demokratische Legitimität, während er eine »ehrliche Demokratie« für einen monarchistischen Nationalismus reklamierte. Aber er argumentierte nicht nur völkisch-massenpartizipatorisch im Ton der neuen Zeit. In die deutschnationale Entgegnung auf die Regierungserklärung Bauers mischte sich auch traditionelle Herablassung des *Ancien Régime* gegenüber dem neuen Personal: »Der Herr Ministerpräsident Bauer hat neulich sehr richtig darauf hingewiesen, daß jedes Handwerk seine Lehrzeit voraussetze. Ja, Herr Bauer, diese Lehrzeit hat man aber sonst immer vor der Übernahme des Meisterpostens verlangt. In der neuen Republik scheint das anders zu sein.« Graefe bezweifelte, dass Arbeitersekretäre, Metallarbeiter, Gastwirte oder Parteikassierer »genügend vorgebildet« seien für ihre neuen politischen Ämter.[13]

---

11 Klaus Epstein, Matthias Erzberger und das Dilemma der deutschen Demokratie, Frankfurt a. M. 1976, S. 370.
12 Vgl. dazu Boris Barth, Dolchstoßlegende und politische Desintegration, Düsseldorf 2003.
13 Verhandlungen der verfassunggebenden Deutschen Nationalversammlung, Stenographische Berichte (im Folgenden: Verhandlungen), Bd. 328, 66. Sitzung, 25.7.1919, S. 1912-1925, hier S. 1912-1914, 1916, 1920 u. 1922; zu Graefe vgl. Barry A. Jackisch, The Pan-German League and Radical Nationalist Politics in Interwar Germany 1918–39, Farnham 2012, S. 54-67.

Ähnlich jedoch, und in der Rezeption folgenreicher, klang es auch in den Kreisen des die Republik bejahenden, aber die republikanischen Politiker verachtenden elitären wilhelminischen Liberalismus. Dafür steht der so häufig zitierte und infolgedessen für die historische Deutung so wirkungsmächtige Harry Graf Kessler, dem in Weimar alles zu wenig glanzvoll und elegant, viel zu provinziell und kleinbürgerlich erschien.[14] Selbst Bauers näher zu betrachtende große Demokratierede vom Juli 1919 hielt Kesslers kritischem Urteil nicht stand, und feine politische Differenzierungen schien er nicht zu erkennen: »Sachlich kündigt sie einen mir höchst widerwärtigen Staatssozialismus an.«[15] Über Erzberger, den Vizekanzler – bis zum 3. Oktober 1919, als Eugen Schiffer diese Rolle übernahm –, ergoss sich sein Spott: »Erzberger mit seiner Spiessergestalt, seinem klobigen Dialekt, seinen grammatischen Sprachfehlern«[16], obwohl ihm die rhetorische Gewalt Erzbergers in der Erwiderung auf den Deutschnationalen Graefe zunächst Respekt abnötigte, bis er kurz darauf jedoch alles wieder als billigen Bluff abschrieb.[17] An der Vereidigung Eberts bemängelte er am 21. August 1919 den Mangel an Stil: »Ebert im schwarzen Bratenrock, klein und breitschulterig mit einer goldenen Brille kam nach einem Orgelvorspiel auf die Bühne vor gefolgt vom hinkenden Reichskanzler Bauer [...] Als Ebert den Eid leisten soll, fehlt das Manuscript. Es muss erst gesucht werden. Peinliche Pause, da die Orgel aufgehört hat zu spielen [...] Die Republik sollte Zeremonien aus dem Weg gehen; diese Staatsform eignet sich nicht dazu. Es ist wie wenn eine Gouvernante Ballett tanzt. Trotzdem hatte das Ganze Etwas Rührendes und vor allem Tragisches. Dieses kleinbürgerliche Theater als Abschluss des gewaltigen Krieges und der Revolution!«[18]

---

14 Vgl. zu Kessler Laird M. Easton, Der rote Graf. Harry Graf Kessler und seine Zeit, Stuttgart 2005.
15 Harry Graf Kessler, Das Tagebuch. 1880–1937, Bd. 7: 1919–1923, Stuttgart 2007, 23.7.1919, S. 250.
16 Ebd., 25.7.1919, S. 252.
17 Ebd., 26.7., 27.7. u. 28.7.1919, S. 253.
18 Ebd., S. 265.

Es wurde für Kessler auch nicht besser. Am 27. März 1920 notierte er: »Das Kabinett Bauer, das sich umbilden u. am Ruder halten wollte, ist im letzten Augenblick von den Gewerkschaften herausgeschmissen worden. Hermann Müller (!) hat jetzt einen Ersatz, der kaum besser ist, zubereitet. Man fühlt vor Allem die unheilbare Unfruchtbarkeit und Schwäche dieser Berliner Scheinregierung.«[19] Die Idee einer modernen, sozialen Massendemokratie, die Bauer und Erzberger leitete, erkannte dieser Chronist mit Hang zum Snobismus offenkundig nicht. Auch 1922, während der Konferenz von Genua, hatte sich Kesslers Bild nicht geändert. An einer Stelle zielte Kessler zwar auf Joseph Wirth, schloss aber die vor diesem amtierenden Kanzler folgendermaßen an:

»Wenn ich an Fehrenbach (den Männergesangsverein Vorstand), Hermann Müller, Bauer, Scheidemann denke, so kann die deutsche Republik mit ihren Reichskanzlern wirklich keinen Staat machen. Vielleicht ist die heutige Form der Demokratie nicht geeignet, andre Männer an die Spitze zu bringen.«[20]

2 Bauer, Erzberger und die Etablierung der Demokratie

Zwar versuchte der Biograf, den Gewerkschafter Bauer als intellektuell minderbemittelt darzustellen, als einen, der von anderen verfasstes »bürgerliches Pathos und unverstandenes Bildungsgut« vorgetragen habe.[21] Doch seine Schlagfertigkeit erschließt sich, wenn man seine Beiträge zur Parlamentsdebatte verfolgt; auch als Büroleiter einer Großkanzlei und Gewerkschaftsführer musste er über eine gute Auffassungsgabe und sprachliche Gewandtheit verfügen.[22] Bauers Äußerungen zeugen von politischer Reflexion. Gegenüber

---

19 Ebd., S. 296 f.
20 Ebd., 13.4.1922, S. 455 f.
21 Rintelen, Demokrat, S. 197.
22 Vgl. Braun, Reichskanzler, S. 37; aber auch die Aussage ebd., S. 57, Bauer sei »kein großer Redner« gewesen.

Graefe ging er in die Offensive und benannte die Quellen der Verachtung, die ihm von der Rechten – und eben auch von Teilen der intellektuellen Elite wie Kessler – entgegenschlug: »Was ihn zu seinen Ausfällen reizt, [...] ist die Tatsache, daß heute Arbeiter, – gewöhnliche Arbeiter, sogenannte kleine Leute in der Regierung sitzen [...] Wir sind ihm nicht feudal genug. Sein Kastenbewußtsein sträubt sich dagegen, daß die ›Kanaille‹, wie die Herren Junker ja in seligeren Zeiten zu sagen pflegten, sich erlaubt, mitreden zu wollen«.[23]

Aber es fanden auch andere, interessantere Reaktionen innerhalb der intellektuellen Elite statt, mit Anerkennung und sogar Wertschätzung der politischen Leistung des Kabinetts Bauer trotz instinktiver Abneigung gegen den Stil und das Auftreten der Regierung. Verbunden war das mit der Einsicht, dass dieses scheinbar Mittelmäßige für die Demokratie entscheidend und notwendig war. Eine solche Perspektivöffnung lässt sich anhand des evangelischen Theologie- und Philosophieprofessors Ernst Troeltsch (als DDP-Spitzenkandidat 1919 im preußischen Landesparlament sowie dann Kultusstaatssekretär) zeigen, und sie wird noch deutlicher sichtbar, wenn man die in der zeitgenössischen Kritik übliche Verschmelzung von Bauer und seinem Vizekanzler Erzberger berücksichtigt.

Im August 1919 schrieb Troeltsch in seinen viel beachteten *Spectator*-Briefen (ab November 1920 *Berliner Briefe* genannt) noch über die neue Regierung: »hinter allen diesen Aktionen steht Herr Erzberger, der einzige ›starke Mann‹ des schwächlichen oder geschäftsfremden Kabinetts. Worauf seine Stellung fußt, ist nicht zu erfahren: sein bekanntes Büro, seine immer bereite Arbeitskraft, seine Entschlossenheit und Schlauheit, seine volkstümliche Banalität, seine Skrupellosigkeit, seinen Sieg über Brockdorff, seinen Zentrumsanhang, alles das kann man zur Erklärung heranziehen, aber für mein Gefühl reicht es nicht aus. Aber dem sei, wie es wolle, Erzberger ist der Herrscher des Kabinetts, und fragt man nach der kommenden Diktatur, so ist vielfach die Antwort: Wir haben sie schon, es ist die Diktatur Erzbergers.« Troeltsch charakterisierte den Bauer-Erzber-

---

23 Verhandlungen, Bd. 328, 68. Sitzung, 28.7.1919, S. 2018.

ger'schen Regierungsstil nach dem Modell des Prinzipats als Ämterhäufung und präsentierte den Zentrumskatholiken Erzberger als Agitator eines erneuerten, umgekehrten Kulturkampfes.²⁴

Im Februar-Brief 1920, verfasst am 12. Januar, stellte er seiner Klage über den mangelnden Einfluss der eigenen Partei in der Regierung Bauer das bereits differenziertere Bedauern gegenüber, »dass das Kabinett zum guten Teil rein menschlich beherrscht ist durch die umstrittenste Persönlichkeit der deutschen Gegenwart, durch Herrn Erzberger, den seine Gegner neben allzu berechtigten Vorwürfen mit den unerhörtesten Verleumdungen überschütten und den seine Freunde, deren er in Zentrum und Sozialdemokratie reichliche und begeisterte hat, für den deutschen Lloyd George halten […] So ist die Stellung der Regierung, die überdies von den Feinden so schlecht wie möglich behandelt wird und auf die dadurch auch die Feinde noch allen Groll und alle Scham der Patrioten losjagen, ganz ungeheuer schwierig. So schwierig wie die Stellung sind die zu lösenden Aufgaben.« Dabei waren »Ordnung und Recht« wesentliche Merkmale guten Regierens, was Gustav Noske lobende Erwähnung eintrug, an erster Stelle aber standen die Herkulesaufgaben der »Ordnung der Finanzen« und damit die »Erzbergerschen Finanzpläne«, deren Wirkung Troeltsch zufolge auch die Fachleute nicht einschätzen könnten. Eine Ahnung stand am Ende des Artikels: Sollte die Regierung auf die Forderung eingehen, potenzielle Kriegsverbrecher an die Kriegsgegner auszuliefern, sei, wie Troeltsch den konservativen Staatsrechtler Heinrich Triepel zitierte, »die Kugel schon ausgemacht […], die Herrn Erzberger zur Strecke bringt«.²⁵ Nur wenige Tage später, am 26. Januar 1920, traf den, wie das alldeutsch-rechtsnationalliberale DVP-nahe Blatt »Tägliche Rundschau« spottete, »kugelrunden, aber nicht kugelsicheren« Erzberger beim Verlassen der Gerichtsgebäudes in Moabit zum ersten Mal eine Kugel, »während«, wie Troeltsch empört be-

---

24 Ernst Troeltsch, Kritische Gesamtausgabe, Bd. 14: Spectator-Briefe und Berliner Briefe (1919–1922), Hg. Gangolf Hübinger, Berlin 2015, S. 138; zur Bedeutung dieser Artikel vgl. die Einleitung, ebd., S. 1-20.
25 Troeltsch, Spectator-Briefe, S. 231 f. u. 237.

merkte, »Herr Helfferich seine moralischen Kugeln auf diesen rätselhaften Helden der Revolution abschoß«.[26]

Nach der Niederschlagung des Kapp-Putsches und vor dem Rücktritt des Kabinetts Bauer verfasste Troeltsch am 23. März 1920 eine umfassendere Würdigung der Regierungsarbeit und ihrer Bedeutung für das Selbstverständlichwerden und die Stabilisierung der Demokratie in Deutschland. »Die eigentlichen Träger der Regierung sind also in Wahrheit die Sozialdemokraten«, betonte er, um die sozialdemokratischen Minister dann in zwei Gruppen zu unterscheiden: »in solche, die aus der Gewerkschaftsleitung hervorgegangen sind, die die psychologischen Voraussetzungen des Herrschens, wenn auch freilich in der Beschränkung auf die Behandlung von Arbeitermassen und auf die wirtschaftlichen Lebensbedingungen der kleinen Leute recht wohl verstehen und handhaben, und in solche, die aus der sozialdemokratischen Journalistik und Parlamentarierlaufbahn hervorgegangen sind, die also sozusagen die Sprechminister und geistigen Vertreter der neuen Ordnung sind [...] Die ersteren haben sehr erhebliche Verdienste um die Wiedergewinnung geordneter Verhältnisse. Herr Ebert und Herr Bauer sind Männer, deren Leistungen in dieser Richtung, deren nüchterne Einsicht und taktische Gewandtheit alle Anerkennung verdienen.« Kritik unterblieb zwar nicht, vor allem an der intellektuellen Seite der sozialdemokratischen Herrschaft, die über »keine Ideen« verfüge.[27] Aber dann kam Troeltsch auf das breitere Fundament der Demokratie, auf die Koalitionsregierung als Trägerin eines sozialdemokratisch-zentrumskatholischen Systems zu sprechen; seine eigene DDP spielte hier und auch später keine Rolle mehr in Troeltschs Beobachtungen:

> »Noch tiefer aber dringt man in den symptomatischen Charakter der Personalverhältnisse der gegenwärtigen Regierung ein, wenn man die Beziehungen der beiden herrschenden Parteien, der Sozialdemokratie und des Zentrums, erwägt. Ohne die Zusammenwirkung

---

26 Ebd., S. 240 (März 1920, verfasst am 6.2.1920).
27 Ebd., S. 251 (April 1920).

dieser beiden, allein über ihre Massen ideologisch und organisatorisch sicher verfügenden Parteien, gibt es heute überhaupt keine Ordnung und keine Regierung.« Zur Überbrückung der dennoch bestehenden ideologischen Kluft kam es auf Individuen an, auf Persönlichkeiten wie Erzberger, die dem System erst seine Stabilität gaben: »Von da aus löst sich, wie ich glaube, das Rätsel der bisherigen Herrscherstellung des Herrn *Erzberger*. Er ist die Person, *die das konnte* und die eben dadurch die inneren Schwierigkeiten einer Koalition dieser beiden Hauptparteien durch den sehr persönlichen Charakter seiner Stellung ausglich. Er ist ein scharfer Demokrat und Vertreter der kleinen Leute und lebt im Horizont der kleinen Leute. Vor allem ist er scharf antikapitalistisch, wie seine Steuergesetzgebung zeigt, und harmoniert nach dieser Seite hin völlig mit den Sozialdemokraten. Er ist der große Töter des Kapitalismus, den man braucht und dessen parlamentarische Macht ihm ermöglichte, in das Finanzministerium mit diesen Plänen einzuziehen.« Zugleich war er »strenger Katholik« und vertrat katholische Interessen. »So ist er den Sozialdemokraten der Garant der demokratisch-sozialistischen Zuverlässigkeit des Zentrums und dem Zentrum der der konfessionellen Zugeständnisse von Seiten der Sozialdemokraten. Beides kann nicht so leicht ein anderer leisten« – was funktionsbezogen gesprochen war; die persönlichen Eigenschaften und Eigenheiten Erzbergers zählte Troeltsch erst danach auf. Weil Erzberger den »Schlüsselpunkt der Vereinigung zwischen Sozialdemokraten und Zentrum so erfolgreich« besetzte, folgerte Troeltsch: »Insofern ist die Person Erzbergers eng verbunden mit dem System und ist die leidenschaftliche Kritik gegen Erzberger tatsächlich ein Kampf gegen den Schlüsselpunkt des Systems«. Darum stellte »Erzberger-Hetze« eine »ernste Bedrohung der Regierungsmöglichkeiten« dar und konnte »nur dem Freunde der völligen Zerrüttung aller Verhältnisse reine Freude bereiten«.[28]

Mehr als eineinhalb Jahre später, gut zwei Wochen nach der Ermordung Erzbergers am 26. August 1921, knüpfte Troeltsch an diesen

---

28 Ebd., S. 251-253.

Gedanken an: »Überall beklagte man die Ermordung der Person, erklärte aber, in der Bekämpfung des ›Systems Erzberger‹ unerschüttert fortzufahren. Dieses System Erzberger ist aber im Grunde die Reichsverfassung selbst, die mit dem Sozialismus ihren Kompromiß schließende Demokratie und die Außenpolitik der Erfüllung des Versailler ›Friedens‹.«[29] Nach der Ermordung Walther Rathenaus ein Jahr später erblickte Troeltsch in der Zentrumspartei der Ära des Kanzlers Wirth das Zentrum der Demokratie. Erzbergers Partei entwickelte sich ihm zufolge auch über dessen Tod hinweg zur christlich-demokratischen Partei, die sich konfessionell öffnete und zur Sammlungsbewegung aller »für eine konservative und die Religion erhaltende Demokratie Geneigten« wurde, unter dem Motto: »In der Republik, nicht gegen die Republik die Ordnungskräfte sammeln«.[30] So konnte verwirklicht werden, wofür Troeltsch sich einsetzte: die innere Ratifizierung der unabänderlich zur Selbstverständlichkeit und Notwendigkeit gewordenen Demokratie; die gesellschaftliche Kultivierung, gerade im Hinblick auf die radikalisierte Studentenschaft, »einer auch gefühlsmäßigen Entscheidung und Einsetzung für die Republik«, für eine Demokratie der »Menschwürde und Menschenrechte«, die zugleich angestammte und nur langsam sich wandelnde Traditionen achtete, für die Demokratie als »eine konservative, historisch geheiligte Institution [...], die große modern-politische Organisationsleistung«.[31] Sein Bild der Demokratie als »konservative« Institution zeigte bei Troeltsch die Orientierung an amerikanischen Vorstellungen von Demokratie.

Aus diesen Zitaten lässt sich zum einen die Abkehr von elitären Demokratiemodellen erkennen, vom Gedanken der Führerauslese durch Parlament und Politik, wie er von Max Weber prominent formuliert und bei vielen Liberalen anzutreffen war. Stattdessen waren mediokre, den Willen der Massen – der katholischen und sozialdemokratischen Wähler etwa – eher verkörpernde als lenken-

---

29 Ebd., S. 447 (Oktober 1921, verfasst am 12.9.1921).
30 Ebd., S. 561 (August 1922, verfasst am 7.7.1922).
31 Ebd., S. 584, 587 u. 586 (November 1922, verfasst am 7.10.1922).

de Figuren zentral für die Demokratie. Zum anderen erörterte Troeltsch immer wieder eine Art demokratischer Konvergenzthese, indem er beschrieb, wie die beiden Parteien der linken und rechten Mitte zwar ihre Milieus vertraten, aber sich einander annäherten und durch ihre »Zusammenwirkung« der Republik Stabilität gaben. Die Forschung zu den Weimarer Parteien, die eher von Versäulung und Segmentierung sowie der Abgrenzung von Milieus und Interessengruppen spricht, würde diesen Befund ablehnen oder modifizieren[32]; doch lässt sich seine Relevanz nicht nur bis 1923, sondern auf andere Weise auch für die späteren Jahre der Republik aufzeigen. Drittens ist in all diesen politischen Stellungnahmen offenkundig, dass die Demokratie zur Selbstverständlichkeit geworden war, die Sprache der Demokratie die politische Sprache strukturierte und die Etablierung eines demokratischen Erwartungshorizonts die Zukunftsperspektiven bestimmte – was Hand in Hand ging mit dem Bewusstsein der Fragilität dieser Ordnung und dem Plädoyer für ein permanentes Ringen um ihre Stabilität und Entwicklungsfähigkeit.

Damit werden Konturen der europäischen und atlantischen Demokratiegeschichte nach dem Ersten Weltkrieg sichtbar, denen sich die internationale Forschung derzeit stellt.[33] Die Geschichte der Weimarer Demokratie lässt sich in diese Demokratiegeschichte einordnen und ist kein untypischer Fall. Die neuere Historiografie der Demokratie hat die Vorstellung entkräftet, dass es ein bestimmtes Modell der Demokratie gab, das die eine Nation früher, die andere später

---

32 Die Forschungsliteratur beginnt mit Siegmund Neumann, Die deutschen Parteien. Wesen und Wandel nach dem Kriege, Berlin 1932; spätere Klassiker sind etwa Erich Matthias/Rudolf Morsey (Hg.), Das Ende der Parteien 1933, Düsseldorf 1960; M. Rainer Lepsius, Demokratie in Deutschland, Göttingen 1993, S. 25-50 (zuerst 1966); Detlef Lehnert/Klaus Megerle (Hg.), Politische Teilkulturen zwischen Integration und Polarisierung. Zur politischen Kultur in der Weimarer Republik, Opladen 1990; größere Konvergenz sehen Karl Rohe, Wahlen und Wählertraditionen in Deutschland, Frankfurt a. M. 1992; sowie v. a. Jonathan Sperber, The Kaiser's Voters, Cambridge/MA 1997.

33 Vgl. etwa Joris Gijsenbergh u. a. (Hg.), Creative Crises of Democracy, Brüssel 2012; Tim B. Müller/Adam Tooze (Hg.), Normalität und Fragilität. Demokratie nach dem Ersten Weltkrieg, Hamburg 2015; Philip Nord, The Republican Moment. Struggles for Democracy in Nineteenth-Century France, Cambridge/MA 1995.

erreichte, und untersucht vielmehr die Geschichte von Demokratien »*in the making*«, mit einer Vielfalt von Erscheinungsformen und Entwicklungsmöglichkeiten, als Geschichte eines anhaltenden »kollektiven Experiments«, des fortgesetzten Erkundens und Ausprobierens von Lösungen. Die im Rückblick geradezu eschatologisch anmutende Zeitverkürzung für die politisch Handelnden der Weimarer Demokratie nimmt der historischen Betrachtung allzu oft den Atem, dieses Experiment mit distanzierter Neugier zu studieren; und im Durcheinander der Konflikte, Krisen und Katastrophen nicht zu vergessen, dass politische »Vorstellungen [...] dabei ernst genommen werden [müssen]; sie bilden reale und mächtige Infrastrukturen im Leben von Gesellschaften aus«, selbst wenn ihre Wirkungen aufgrund kontingenter Umstände nicht langfristig beobachtet werden können.[34]

3 Demokratievorstellungen Bauers im Regierungskontext

Politische Begriffe sind in dieser Perspektive »Material zur Strukturierung gesellschaftlicher Erfahrung«. Wenn der Reichskanzler und Minister Gustav Bauer im Parlament seine Ideen der Demokratie darlegte, waren das nicht nur Worte, sondern »aktive« Vorstellungen, »die das Handeln leiten« und »das Feld des Möglichen durch das des Denkbaren begrenzen«.[35] Schon als Arbeitsminister hatte Bauer sich nicht nur für Betriebsräte, für den modern-praktischen Flachbau und die »Behebung der dringendsten Wohnungsnot« eingesetzt[36], sondern auch gegen die »revolutionäre Gymnastik« die Notwendigkeit verantwortlichen, geduldigen Regierens betont, verpflichtet dem einen Ziel, »die Demokratie sicher zu stellen«.[37] Seine erste »Erklärung der neuen Reichsregierung« stellte den Begriff der »Verantwortung« in den Mittelpunkt. Auch wenn die DDP vorübergehend aus der

---

34 Pierre Rosanvallon, Democracy Past and Future, New York 2006, S. 66, 68, 75 u. 72.
35 Pierre Rosanvallon, Für eine Begriffs- und Problemgeschichte des Politischen, in: Mittelweg 36, 20/6 (2011), S. 43-66, hier S. 55 f.
36 Verhandlungen, Bd. 326, 11. Sitzung, 19.2.1919, S. 174.
37 Ebd., 18. Sitzung, 1.3.1919, S. 440.

Regierung ausgeschieden war, um nicht den Versailler Vertrag unterzeichnen zu müssen, nannte Bauer die demokratischen Minister in seiner Erklärung »loyale und wertvolle Mitstreiter in diesem Kampf um eine neue Staatsform und einen neuen lebendigen Staatsgedanken«. In der Innenpolitik stellte er sich in Kontinuität zum Kabinett Scheidemann, zugleich betonte er aber in dieser dramatischen Situation den Primat der Außenpolitik. Die Norm der Demokratie erschien bereits als unverrückbar etabliert.[38] Bauers in der Literatur am häufigsten zitierte Rede am folgenden Tag gipfelte in dem Ausruf: »Unterschreiben wir! [...] Bedingungslos unterzeichnen! Ich will nichts beschönigen.« Noch vier Stunden blieben bis zum Ablauf des alliierten Ultimatums. »Einen neuen Krieg könnten wir nicht verantworten, selbst wenn wir Waffen hätten. Wir sind wehrlos. Wehrlos ist aber nicht ehrlos!«[39] Diese letzten Worte zitierte Otto Wels im März 1933 gegen Hitlers Ermächtigungsgesetz.

Die große »Programmrede« erfolgte am 23.7.1919. In dieser von Zeitgenossen viel und Historikern kaum beachteten Regierungserklärung legte er seine Vorstellungen der Demokratie am umfassendsten dar. Man muss diese in der Lektüre zwar analytisch ordnen, aber dabei kommt eine vergleichsweise komplex und konsistent gedachte Demokratie zum Vorschein.[40] Kernpunkte dieser Rede, die zentral ist für ein Verständnis von Bauers Kanzlerschaft, werden im Folgenden ergänzt um parallele Äußerungen aus anderen Reden in dieser historischen Phase. »Wir nehmen diesen Ruf von jenseits der Grenzen auf, wir sind einig im Glauben an die Unbesiegbarkeit der Demokratie, die nicht nur die Gleichheit zwischen den Volksgenossen, sondern auch die Gleichheit, Freiheit und Brüderlichkeit zwischen den Völkern, den Völkerbund erschaffen muß.« Mit diesen laut dem Protokoll von »lebhafte[m] Bravo und Händeklatschen« gefeierten Worten beendete er die Regierungserklärung. Darin verteidigte Bauer die Annahme des Versailler Vertrags, pries die unmittelbar vor ihrer

---

38 Verhandlungen, Bd. 327, 40. Sitzung, 22.6.1919, S. 1113-1115.
39 Ebd., 41. Sitzung, 23.6.1919, S. 1140.
40 Vgl. ausführlich zu dieser Rede Tim B. Müller, Nach dem Ersten Weltkrieg. Lebensversuche moderner Demokratien, Hamburg 2014, S. 74-113.

Verabschiedung stehende Verfassung und kündigte die große Steuerreform an. Aber wie der Schluss deutlich macht, verstand er die deutsche Demokratiegründung als Teil einer europäischen Entwicklung. Sein Begriff und sein Programm der Demokratie lassen die neue Normalität einer politischen und sozialen Demokratie nach dem Ersten Weltkrieg erkennen – nicht als Rückprojektion, sondern als das Projekt der Zeitgenossen, als unüberschreitbarer Erwartungshorizont.[41]

Stilistisch nötigte Bauers Regierungserklärung selbst Harry Graf Kessler Anerkennung ab, denn immerhin war sie »von Ulrich Rauscher gemacht, recht gut und wirkungsvoll«.[42] Rauscher war Journalist bei der »Frankfurter Zeitung« und im Krieg wie etliche liberale Intellektuelle Mitarbeiter des deutschen Propagandaapparats gewesen. Er wurde der Sekretär Scheidemanns, gewann Eberts Vertrauen, leitete und prägte das Reichspresseamt, bevor er Gesandter in Polen wurde und sich für den deutsch-polnischen Ausgleich einsetzte. Als brillanter Stilist und intellektueller Ghostwriter gerühmt, verkörperte Rauscher, der noch vor Kriegsende 1918 von den Linksliberalen zu den Sozialdemokraten wechselte, die von Troeltsch in der Sphäre verantwortlicher Politik in der Demokratie skizzierte Verflüssigung von im Kaiserreich noch verfestigten Parteilinien.[43]

Dass der Reichskanzler auch auf Redenschreiber zurückgriff, war ein Element modernen Regierens in der Massenkommunikationsgesellschaft, die sich seit der Jahrhundertwende ausgebildet hatte. Die Entstehungsbedingungen und der allgemeine Beifall erhöhen den historischen Reiz dieser Rede, weil neben ihrer Relevanz damit auch ihre über den Redner hinausreichende Repräsentativität untermauert wird. Sie wird zum Zeugnis des Denkens über Demokratie am Anfang der Republik, über die Umgebung Eberts und die Sozialdemokratie hinaus, symptomatisch für die breite Zone der linksliberal-sozialdemokratischen und (von Erzberger, Wirth und anderen in

---

41 Verhandlungen, Bd. 328, 64. Sitzung, 23.7.1919, S. 1843-1852. Daraus alle nicht nachgewiesenen Zitate im Folgenden.
42 Kessler, Tagebuch, 23.7.1919, S. 250; vgl. Rintelen, Demokrat, S. 197.
43 Vgl. Kurt Doß, Zwischen Weimar und Warschau. Ulrich Rauscher. Deutscher Gesandter in Polen 1922-1930, Düsseldorf 1984, S. 56 u. 59.

der Zentrumspartei vertretenen) christdemokratischen Konvergenz, die sich 1919 abzeichnete. Gerade, dass Bauer immer eher im Hintergrund zu stehen schien, gibt dieser Figur große Bedeutung, als Exponent einer sich ausbreitenden politischen Erwartung, ohne Anspruch auf individuelle Originalität, dabei mit Rücksicht auf die der Republik noch fernstehenden politischen und gesellschaftlichen Gruppen, die sich zögerlich mit der Demokratie abfinden konnten. Sein Handeln im Schatten Erzbergers oder Eberts machte Bauer für Weimarer Verhältnisse zu einem Kanzler wie andere auch: nicht immer ein »Macher«, aber ein Moderator und Weichensteller, der vieles anpackte und den Optimismus nicht verlor, ohne sich selbst in den Vordergrund zu spielen.

Die Vorstellungen von Demokratie, die Bauer in seiner Rede vertrat, wiesen vier Aspekte auf: *Erstens*, im fundamentalen politischen Sinne, Demokratie in ihrer parlamentarischen Repräsentation als Ausdruck der Volkssouveränität und Selbstherrschaft des Volkes: »Im neuen Deutschland bestimmt es [das Volk] selbst seine Geschicke und ist sein Wille das oberste Gebot«, erklärte Bauer, ähnlich wie auch kurz darauf im Namen seiner Regierung Innenminister Eduard David: »Der Wille des Volkes ist fortan das oberste Gesetz [...] Die Bahn ist frei für jede gesetzlich-friedliche Entwicklung. Das ist der Hauptwert einer echten Demokratie.«[44] Die Rolle der Parteien im Prozess der politischen Willensbildung in der parlamentarischen Demokratie vermittelte Bauer in Replik auf Deutschnationale so: Es gab nun eine »Parteiregierung, bei der die einzelne Partei erst durch die werbende Kraft ihrer Idee die Mehrheit des Volkes gewinnen muß. Innerhalb der einzelnen Parteien muß sich jeder den Weg nach aufwärts bahnen und verdienen. Früher war es nur die Krone, heute muß das Verdienst hinzukommen, das Vertrauen der Massen, die Kraft der Weltanschauung.«[45] Die untrennbare Verknüpfung von Demokratie und Parlamentarismus und das Inakzeptable des »Antiparlamentarismus« hob er auch nach der Massendemonstration vor

---

44 Verhandlungen, Bd. 329, 71. Sitzung, 31.7.1919, S. 2194.
45 Ebd., Bd. 328, 68. Sitzung, 28.7.1919, S. 2018.

dem Reichstag hervor, die im Januar 1920 zu etlichen Toten geführt hatte.[46] Hinter der Forderung nach parteipolitisch unabhängigen »Fachministern« verbargen sich für Bauer nur »reaktionäre Ziele«.[47]

Zudem kannte sein Verständnis parlamentarischer Demokratie einen konstruktiven Begriff von Opposition: »Jeder Staatsbürger und vor allen Dingen jeder Abgeordnete hat die Pflicht, seinem Lande dadurch zu dienen, daß er seinerseits sein Wissen und sein Können in den Dienst des Landes stellt und der Regierung, wenn sie unfähig ist – nach Meinung der Herren –, doch zeigt, wie es besser gemacht werden kann.«[48] Die politische Gleichheit der Bürger war erreicht, und besonderen Wert legte Bauers Kabinett auch auf die politische Gleichberechtigung der Frauen als Staatsbürgerinnen. Die Aussage: »Nirgends in der Welt ist die Demokratie konsequenter durchgeführt als in der neuen deutschen Verfassung«, versah sein Innenminister Eduard David – selbst eine der Führungsfiguren der SPD, der sich schon vor dem Ersten Weltkrieg für Frauenrechte und Sexualreform eingesetzt hatte und der Frauenrechtlerin Helene Stöcker damals verbunden war – mit drei Begründungen: dem Hinweis auf das Wahlrecht, auf die Möglichkeit zu Volksentscheiden und darauf, »daß die Frauen in Deutschland die volle staatsbürgerliche Gleichberechtigung errungen haben. (Bravo!) Die deutsche Republik ist fortan die demokratischste Demokratie der Welt.«[49] In der internationalen Wahrnehmung jener Zeit stachen die Stärke der deutschen Frauenbewegung, die konsequente Einführung des Frauenwahlrechts und die zentrale Bedeutung der Gleichberechtigung für die deutsche Demokratie hervor.[50] »Germany will have the honor of being the first Republic founded on the true principles of democracy, universal

---

46 Ebd., Bd. 331, 136. Sitzung, 14.1.1920, S. 4203.
47 Ebd., Bd. 332, 156. Sitzung, 18.3.1920, S. 4902.
48 Ebd., Bd. 330, 95. Sitzung, 10.10.1919, S. 3005.
49 Ebd., Bd. 329, 71. Sitzung, 31.7.1919, S. 2194.
50 Vgl. etwa Gisela Bock, Frauenwahlrecht. Deutschland um 1900 in vergleichender Perspektive, in: Michael Grüttner u. a. (Hg.), Geschichte und Emanzipation, Frankfurt a. M. 1999, S. 95-136; Angelika Schaser, Zur Einführung des Frauenwahlrechts vor 90 Jahren am 12. November 1918, in: Feministische Studien 1 (2009), S. 97-110; Hedwig Richter, Die »Natur der Dinge« im Wahllokal. Gründe für

equal suffrage for all men and women«, hieß es 1919 in der Zeitschrift der internationalen Frauenwahlrechtsbewegung, und ein prominenter deutscher Jurist erläuterte einem englischsprachigen Publikum noch in der späten Republik die »generally sympathetic feministic tendency on the part of the Weimar Constitution«.[51]

Zweitens betonte Bauer in seiner großen Rede das »sittliche Bewußtsein« oder den »Geist« der Demokratie, was die Demokratie als Lebensweise oder die politische Kultur der Demokratie bezeichnete. Worauf die Förderung einer demokratischen politischen Kultur letztlich zielte, drückte Bauer in der Sprache der demokratischen Revolutionen aus: »Brüderlichkeit«. Ohne Brüderlichkeit, Solidarität, Sinn für einen relativen Zusammenhang, Überwindung extremer sozialer Fragmentierung und Ungleichheit keine Demokratie; aber eine solche politische Kultur der Demokratie ließ sich durch die Demokratie – sowohl von ihrer staatlichen als auch von ihrer bürgergesellschaftlichen Seite – kultivieren. Dass diesem Feld in Deutschland besondere Aufmerksamkeit zu widmen war, begründete Bauer weniger mit langfristigen Fehlentwicklungen als mit der im Vergleich zu den anderen Demokratien schwierigeren Ausgangslage, die der Krieg geschaffen hatte: Die Niederlage führte zur Demokratie als Regierungsform, was die Demokratie als Lebensform belastete. Die Integration der Demokratiegegner war eine größere Aufgabe als in den west- oder nordeuropäischen Demokratien, obwohl auch dort die konservative Rechte noch keineswegs ihren Frieden mit der Demokratie gemacht hatte.

Dieser »Geist« der Demokratie fand seinen Ausdruck auch im enthusiastischen Bekenntnis zur internationalen Zusammenarbeit. Die Aufnahme in den Völkerbund, einschließlich des damit verbundenen Verzichts der Staaten »auf einen Teil ihrer Souveränität«, galt der Regierung Bauer als »das höchste Ziel« der Außenpolitik. Innen-

---

Exklusion und Inklusion der Frauen beim Wahlrecht in den USA und in Preußen 1800–1920, in: Gabriele Förster (Hg.), Gender im Fokus historischer Perspektiven, Frankfurt a. M. 2016, S. 177-208.
51 Ius Suffragii. International Woman Suffrage News 13/4 (Januar 1919), S. 1, für diesen Hinweis danke ich Hedwig Richter; Herbert Kraus, The Crisis of German Democracy, Princeton 1932, S. 138.

und Außenpolitik wurden dabei miteinander verzahnt: »Wir brauchen die völkerbündliche Gesinnung auch unter uns Volksgenossen, in unseren Partei- und Lohnkämpfen, in unserer ganzen Stellung zueinander. Und wir brauchen sie vor allem im Hinblick auf die Zukunft.« Völkerbund und Volksgemeinschaft – oder wie es in anderen seiner Reden hieß: die »deutsche Schicksalsgemeinschaft«[52] – waren der nationale und der internationale Inbegriff der Demokratie. Gemäßigter Nationalismus und internationale Kooperation schlossen sich nicht gegenseitig aus, sondern gingen Hand in Hand. Schon das Bekenntnis zu Völkerbund und Volksgemeinschaft zugleich widerlegt spätere Deutungen, die in jedem Volksbegriff ethnische Exklusion und in jedem Gemeinschaftsbegriff eine antipluralistische Stoßrichtung erkennen wollten. Solche Missverständnisse hat auch die neuere Forschung entkräftet. Mit dem Ersten Weltkrieg wurde in der deutschen politischen Sprache »Volk« zum »Allgemeinbegriff, an dem alle politischen Lager partizipieren mussten«. Dessen »explosive Verwendung« verwies auf einen »unumkehrbaren Trend zur ›Demokratisierung‹, und zwar quer durch die Regierungsformen«.[53] Es gab in der Weimarer Republik nicht nur homogene, holistische und exklusive, sondern auch und vor allem heterogene, pluralistische und inklusive Volks- und Volksgemeinschaftsbegriffe sowie vieles, was dazwischenlag.[54]

Bauers Nationalismus war ein sich öffnender Kulturnationalismus, selbst wenn er mit der Intention, auch die gemäßigte Rechte zu integrieren, an »Landsleute, Blutsverwandte, Deutsche« appellierte; jedes

---

52 Verhandlungen, Bd. 327, 40. Sitzung, 22.6.1919, S. 1115; Bd. 329, 71. Sitzung, 31.7.1919, S. 2193.
53 Reinhart Koselleck u. a., s. v. Volk, Nation, Nationalismus, Masse, in: Otto Brunner u. a. (Hg.), Geschichtliche Grundbegriffe. Historisches Lexikon zur politisch-sozialen Sprache in Deutschland, Bd. 7, Stuttgart 2004, S. 141-431, hier S. 390.
54 Vgl. etwa Wolfgang Hardtwig, Volksgemeinschaft im Übergang. Von der Demokratie zum rassistischen Führerstaat, in: Detlef Lehnert (Hg.), Gemeinschaftsdenken in Europa. Das Gesellschaftskonzept »Volksheim« im Vergleich 1900-1938, Köln 2013, S. 227-253; Marcus Llanque, Demokratisches Denken im Krieg. Die deutsche Debatte im Ersten Weltkrieg, Berlin 2000; Jörn Retterath, »Was ist das Volk?« Volks- und Gemeinschaftskonzepte der politischen Mitte in Deutschland 1917-1924, Berlin 2016.

nationale Programm war mit einem Bekenntnis zur internationalen Kooperation verbunden. Die Politik der »deutschen Wiedergeburt« sollte im Geiste universaler Humanität und internationaler Zusammenarbeit verfolgt werden, »in der Arbeit für die höchsten nationalen und menschheitlichen Güter der Kultur«.[55] Wenn Bauer »das Gefühl der nationalen Zusammengehörigkeit« beschwor und von den »deutschen Stammesgenossen« in den abgetretenen Ostgebieten sprach, ging dies einher mit einem Lob des Ausgleichs mit Polen und einem Bekenntnis: »Für den friedlichen Aufbau, für die Völkerverständigung, gegen die gewissenlosen Brunnenvergifter des Chauvinismus!« Die so exklusiv ethnisch anmutende Stammeszugehörigkeit war durch den Einschluss des Begriffs der Menschheit potenziell kosmopolitisch geöffnet; dass es sich um einen Kultur- und Staatsbürgernationalismus handelte, machte Bauers Beschreibung nationaler Zusammengehörigkeit deutlich, die »auf allen Gebieten der Kultur, im Reiche der Wissenschaft, auf sozialem Gebiete« konstituiert wurde. Den völkischen, radikal-nationalistischen Verweigerern internationaler Kooperation hielt er einen Satz entgegen, der an Erzbergers Spott über die Alldeutschen 1917[56] erinnerte: »ist das überhaupt noch Politik oder nur noch Irrenhaus?«[57]

Der Regierungserklärung zufolge existierte die politische Kultur der Demokratie in drei Zeitdimensionen gleichzeitig. Ihre *Vergangenheit* war in Deutschland die große demokratische Tradition der Revolution von 1848, in diese Linie stellte sich die Regierung. In der *Gegenwart* sollte engagiert die demokratische Kultur ausgebaut, die Demokratie im Alltag und in den Gewohnheiten verankert werden, beginnend mit Schule, Erziehung und Bildung. Das höchste Ziel der Bildung sollte Bauer zufolge sein, die Bürger für die Selbstregierung auszurüsten, ihnen »die Erwerbung dieser Sachkenntnis und Erfah-

---

55 Verhandlungen, Bd. 329, 71. Sitzung, 31.7.1919, S. 2193 u. 2195 (David).
56 Vgl. Wilhelm Ribhegge, Frieden für Europa. Die Politik der deutschen Reichstagsmehrheit 1917–18, Berlin 1988, S. 174: »Man möge sich dabei gar nicht um die 25.000 Alldeutschen kümmern, sondern die Leute ruhig verrückt werden lassen. Sanatorien für sie zu bauen, sei viel billiger, als den Krieg noch ein Jahr fortzuführen.«
57 Verhandlungen, Bd. 330, 92. Sitzung, 7.10.1919, S. 2881 f.

rung« zu ermöglichen, die zum Regieren notwendig sind, »damit die Demokratie in der deutschen Republik keine Äußerlichkeit, sondern der Geist des Volkes werde«. Und die Demokratie hatte eine großartige *Zukunft*, sie war unumkehrbar und zum universalen Erwartungsbegriff geworden. Als »lächerlich« bezeichnete er wenig später die Idee, man könne das Rad der Zeit hinter die Demokratie zurückdrehen.[58] Seine Regierungserklärung beendete er mit dem bereits zitierten Satz: »Wir sind einig im Glauben an die Unbesiegbarkeit der Demokratie« – dieser war in seinem Kontext nicht als Sprechakt gegen die Antidemokraten gerichtet, sondern selbstbewusster Ausdruck demokratischer Erwartungen, die sich zu einer pathetischen Personifizierung der Demokratie kristallisierten: »Die Demokratie selbst erhebt sich und leuchtet heute über der neuen Republik […] Kein anderes Volk kann sich solch reiner Demokratie rühmen.«

Nach dem Kapp-Putsch nahm dieses in die Zukunft gerichtete Demokratiepathos noch einmal zu. Bauer sprach vom »Sieg der Demokratie auf der ganzen Linie!« Der Beweis war demnach erbracht: »Die Demokratie in Deutschland ist die einzige tatsächliche Macht in diesem Land, und ich glaube, daß selbst Demokraten in anderen Ländern mit bewunderndem Neid gesehen haben, wie wir mit unseren Militaristen, unseren Nationalisten fertig zu werden vermögen.« Diese Ansicht vertrat auch sein Vorgänger Scheidemann an diesem Tag: »Fester als vorher stehen politische Freiheit und gleiches Recht gesichert in Deutschland da.«[59]

Drittens spielten der demokratische Staat und die Demokratisierung der Verwaltung eine wichtige Rolle in diesen Demokratievorstellungen. Demokratie und Staat gehörten dabei zusammen, und Staat bedeutete nicht nur Verwaltung, sondern auch politisches Handeln der Bürger. Man darf diesen Staatsbegriff nicht etatistisch oder paternalistisch verengen. Bereits die demokratische Diskussion während des Krieges hatte betont, dass der Weg zur Demokratie – zum »Volksstaat« sowohl »der bürgerlichen Gleichberechtigung« als

---

58 Verhandlungen, Bd. 328, 68. Sitzung, 28.7.1919, S. 2017.
59 Verhandlungen, Bd. 332, 156. Sitzung, 18.3.1920, S. 4908.

auch »der sozialen Gerechtigkeit« – über die »demokratische Durchdringung des Staates« führte. Freiheit und soziale Gerechtigkeit glaubten deutsche Sozialdemokraten am besten durch die Verbindung von »parlamentarischem System« und »demokratisch-sozialistischem Verwaltungsstaat« gewährleisten zu können.[60] Die Identität von Bürgern und Staat bekräftigte Bauer eine Woche nach seiner großen Rede, als er über die Verfassung sagte: »Das ist die wahre Geburtsurkunde des freien Staatswesens, das von nun an Form und Träger des deutschen Volkswesens bilden soll.«[61]

Was alles zu einem solchen demokratischen Staat gehörte, machte Gustav Bauers Rede anschaulich. Der »Ausbau des neuen Staatshauses« hatte eine konstitutionelle Ebene, die Verfassung. Der demokratische Staat musste jedoch auch seine eigene Regierungskunst entwickeln – ein »verantwortungsvolles« Regieren –, das demokratisch in den Zielen und pragmatisch in der Methode war: »Ganz sicher ist noch das eine oder andere zu tun und zu bessern […] Jedes Handwerk setzt eine Lehrzeit voraus und das Regieren erst recht«; das war der Satz, den der Völkische Graefe aufspießte. Um ihren Aufgaben gerecht werden zu können, griff die Regierung auf ihren effizienten und erfahrenen, doch zu ergänzenden und zu reformierenden Verwaltungsapparat zurück: »Das erneuerte Beamtentum muss in die Demokratisierung unseres gesamten öffentlichen Lebens einbezogen werden.«

Aber der Verfassungs- und Verwaltungsstaat war nur dann mehr als ein institutionelles Gefüge, wenn er sich Handlungsgrundlagen verschaffte, die in der Gesellschaft auch Wirkung zeigten; Bauer zufolge die Hoheit über Verkehrswesen, Energieversorgung und Steueraufkommen. Die Steuerverwaltung war neu geschaffen worden, und die große Steuerreform kündigte Bauer in seiner Regierungserklärung bereits an. Nicht nur Haushaltsdeckung, sondern auch Umverteilung war das erklärte Ziel dieser Reform. Das ganze System der Besteue-

---

60 Wolfgang Mager, s. v. Republik, in: Brunner u. a. (Hg.), Geschichtliche Grundbegriffe, Bd. 5, S. 549-651, hier S. 642 f. Zu diesen Diskussionen vgl. Llanque, Demokratisches Denken.
61 Verhandlungen, Bd. 329, 71. Sitzung, 31.7.1919, S. 2193.

rung sollte »bewußt und planvoll auf das Ziel eines Vermögensausgleichs« hinwirken.

Viertens beschrieb Bauer im Einklang mit diesem Ziel eine soziale und wirtschaftspolitisch aktive Demokratie. In Fortführung von Bauers Argumentation am 31. Juli 1919, als die Verfassung angenommen wurde, sprach sich sein Innenminister David unmittelbar im Anschluss an Bauers Rede dagegen aus, »die politische Demokratie« gegen die »wirtschaftliche Demokratie« auszuspielen – beide seien in der Verfassung »verankert«. Es war, in seinen Worten, die »Verfassung einer sozialen Demokratie. Das deutsche Volk ist das erste Volk, das diesen Gedanken, diese Wegweisung zum sozialen Frieden in seine Grundrechte aufgenommen hat. Es hatte hierfür kein Vorbild. Es ist seine eigenste Leistung und es ist eine Leistung besten deutschen Geistes, des Geistes von Weimar, der in der Geistes- und Kulturgeschichte der Welt ein so hohes Ansehen sich errungen hat.« Auch dieser sozial- und wirtschaftspolitische Zusammenhang war gemeint, als David wie bereits erwähnt für die Regierung erklärte: »Nirgends in der Welt ist die Demokratie konsequenter durchgeführt als in der neuen deutschen Verfassung.«[62]

Bauers Regierungserklärung vom 23. Juli 1919 sprach von einem Wirtschaftsprogramm, »das nicht negativ in der Ablehnung der sogenannten ›Planwirtschaft‹ bestehen darf, sondern positiv zu planvoller, zielklarer Wirtschaftspolitik führen muß«. Wie weit Reformen der kapitalistischen Wirtschaftsordnung im Zeichen des »Allgemeininteresse[s]« reichen sollten, war Bauer zufolge als Ausdruck der Demokratie immer wieder neu zu diskutieren und zu bestimmen: »Wen das Volk in die Regierung einsetzt, der kann sein Wirtschaftsideal verwirklichen, soweit sich Ideale verwirklichen lassen [...] Nach den politischen werden wir auch die wirtschaftlichen Schicksalsbestimmungen in die Hand des Volkes selbst legen.« Stabilisierung war demnach aber nicht das einzige Ziel der Wirtschaftspolitik. Ihm ging es dabei auch um die Demokratie, um ihre Normen und Traditionen – nicht nur die der Revolution von 1848, sondern auch der Französischen

---

62 Ebd., S. 2194.

Revolution: Es war ein konstitutiver Akt der demokratischen Republik, auch das »Wirtschaftsleben« umzugestalten, »weil politische Freiheit und wirtschaftliche Unterdrückung nicht miteinander vereinbar sind, weil Gleichheit und Freiheit nicht länger Redensarten bleiben dürfen, und weil wir glauben, daß aus ihrer Verwirklichung schließlich das dritte erwachsen muß, was uns in dem latenten Bürgerkrieg unserer Tage am bittersten fehlt: die Brüderlichkeit.« Geschaffen wurde so ein »regulierter«[63] oder »demokratischer«[64] Kapitalismus, für die meisten Sozialdemokraten als Durchgangsstation, für andere als Endpunkt. Auf die variablen Details dieser Wirtschaftspolitik kommt es dabei hier nicht an.[65] Bauer formulierte die Erwartungen an eine demokratische Wirtschaftspolitik in einer Sprache, die an die Rhetorik des »empowerment« in unserer Gegenwart erinnert: »Aber wenn es wirklich noch da und dort fehlt, so ist es nicht ein Fehlen von Rechten des Volkes, sondern vielmehr ein Fehlen von Fähigkeiten, diese Rechte in vollem Umfang auszuüben.« Die soziale Demokratie und die politische Demokratie gehörten demnach untrennbar zusammen.

4 Die große Steuerreform

An dieser Stelle, an der das materielle Herzstück der Demokratie berührt ist, bleibt abschließend der Blick auf die nackten Zahlen, auf die große Steuerreform, die Bauer und Erzberger in Gang setzten – bevor die Regierung Bauer nach dem Kapp-Putsch am 26. März 1920 zurücktrat, unter dem Druck der Gewerkschaften und der SPD-Fraktion[66],

---

63 Troeltsch, Spectator-Briefe, S. 547 (Juni 1922).
64 Moritz Julius Bonn, Das Schicksal des deutschen Kapitalismus, Berlin 1926, S. 31.
65 Vgl. etwa Werner Abelshauser u. a. (Hg.), Wirtschaftspolitik in Deutschland 1917-1990, Bd. 1: Das Reichswirtschaftsministerium der Weimarer Republik und seine Vorläufer, Hg. Carl-Ludwig Holtfrerich, Berlin 2016; Tim B. Müller, Demokratie und Wirtschaftspolitik in der Weimarer Republik, in: Vierteljahrshefte für Zeitgeschichte 62 (2014), S. 569-601.
66 Vgl. Braun, Reichskanzler, S. 82; Rintelen, Demokrat, S. 213-223; auch Epstein, Erzberger, S. 373.

die ihr das Versäumnis einer Demokratisierung von Verwaltung[67] und Reichswehr[68] vorhielten. Die Reform gilt bis heute als einer der größten finanzpolitischen Würfe und als Fundament des deutschen Steuersystems.[69] Dem Biografen Bauers, den vor allem der Kampf gegen links interessierte, war sie keine Analyse wert. Eine gute zeitgenössische Einschätzung findet sich bei dem Finanzexperten der Zentrumsfraktion, Paul Beusch, der früh starb und damit den Aufstieg Heinrich Brünings erleichterte.[70]

In Deutschland sorgte zwar erst die Demokratie für eine nationale Einkommensteuer. Aber das Thema war seit etwa 1900 international in der Diskussion. Auch Großbritannien, Frankreich oder die USA führten in jenen Jahren ein modernes Steuersystem ein.[71] Im kaiserlichen Reichsschatzamt waren bereits Pläne entworfen worden, die u. a. mit dem Namen von Erzbergers späterem Staatssekretär Stephan Moesle verbunden sind.[72] Schon im Kabinett Scheidemann wurde

---

67 Die Demokratisierung der Verwaltung wird heute als weitreichender betrachtet; vgl. als Beispiele etwa Claus-Dieter Krohn/Corinna R. Unger (Hg.), Arnold Brecht 1884–1977. Demokratischer Beamter und politischer Wissenschaftler in Berlin und New York, Stuttgart 2006; Müller, Demokratie und Wirtschaftspolitik; Margit Seckelmann, »Mit Feuereifer für die öffentliche Verwaltung«. Fritz Morstein, Marx – Die frühen Jahre (1900–1933), in: Die Öffentliche Verwaltung 66 (2013), S. 401-415.
68 Vgl. diese Kritik stützend etwa Thilo Vogelsang, Reichswehr, Staat und NSDAP, Stuttgart 1962; Wolfram Wette, Gustav Noske, Düsseldorf 1987; Demokratisierungschancen betonen neuere Forschungen wie etwa Peter Keller, »Die Wehrmacht der Deutschen Republik ist die Reichswehr«. Die deutsche Armee 1918–1921, Paderborn 2014; Benjamin Ziemann, Veteranen der Republik. Kriegserinnerung und demokratische Politik 1918–1933, Bonn 2014.
69 Vgl. etwa Erhard Eppler, Demokratie in Deutschland, in: Süddeutsche Zeitung, 26.8.2014, S. 15; Epstein, Erzberger, S. 379; Hans-Peter Ullmann, Der deutsche Steuerstaat. Geschichte der öffentlichen Finanzen vom 18. Jahrhundert bis heute, München 2005, S. 101.
70 Vgl. Paul Beusch, Die Neuordnung des deutschen Finanzwesens, M. Gladbach 1920.
71 Vgl. Pierre Rosanvallon, Die Gesellschaft der Gleichen, Hamburg 2013, S. 198-203 u. 218-222.
72 Zum Folgenden vgl. Epstein, Erzberger, S. 373-391; allgemein zum administrativen Reformpotenzial auch Bärbel Holtz/Hartwin Spenkuch (Hg.), Preußens Weg in die politische Moderne. Verfassung – Verwaltung – politische Kultur zwischen Reform und Reformblockade, Berlin 2001.

eine umfassende Steuerreform beraten, die demokratischen Finanzminister Eugen Schiffer und Bernhard Dernburg, Erzbergers Amtsvorgänger, hatten konkrete Vorschläge ausarbeiten lassen.[73] Erzbergers Großtat war es, zum einen diese Pläne gebündelt und schnell durch die Nationalversammlung zu bringen und zum anderen – und hier trafen sich in der Praxis wie in der Rhetorik Erzberger und Bauer – diese Finanzreform in die Sprache der Demokratie zu kleiden, sie zum Fundament der Republik zu erklären und aus der Ebene des Technischen zu lösen.[74] »Steuergerechtigkeit« wurde eine Vokabel der demokratischen Sprache; die Erbschaftsteuer und das zentrale Element, die neue Reichssteuer auf Einkommen, Kapitalerträge und Gewinne von Kapitalgesellschaften, zeichneten sich durch steile Progression aus: Bei der Einkommensteuer stiegen die Sätze von 10 auf 60 % an. Zudem stärkte die Reform so, wie Erzberger sie durchführte, enorm die Stellung des Reiches; beim Zentralstaat lief nicht nur beinahe das gesamte Steueraufkommen ein, das dann prozentual an Länder und Kommunen verteilt wurde, auch die Steuerverwaltung wurde nicht föderal, sondern als reichseigene Struktur aufgebaut: »Erzbergers Reformen gaben Deutschland ein modernes, leistungsfähiges, wirtschaftliches Steuersystem, das die Probe der Zeit bestanden hat. Das neue System stellte den größten Schritt zur nationalen Einheit dar, der seit 1867 getan worden war, und Erzberger pries es als eine mächtige Klammer für das Reich«.[75]

---

73 Für Hinweise auf Pläne zur Steuerreform unter den Ministern Schiffer und Dernburg vgl. Akten der Reichskanzlei. Das Kabinett Scheidemann, Hg. Karl Dietrich Erdmann/Wolfgang Mommsen, Boppard a. Rh. 1971, S. 256, Nr. 58, Kabinettssitzung vom 2.5.1919, Punkt 7 mit Anm. 10; auch ebd., S. 49 f., Nr. 14a, Kabinettssitzung vom 15.3.1919, Punkt 6; S. 112, Nr. 26, Kabinettssitzung vom 28.3.1919, Punkt 5; S. 175, Nr. 43, Kabinettssitzung vom 16.4.1919, Punkt 2; S. 378, Nr. 86, Kabinettssitzung vom 26.5.1919, Punkt 13; sowie: »Der künftige finanzielle Bedarf des Reichs und seine Deckung«, Denkschrift des Reichsfinanzministers, 5.8.1919, in: Verhandlungen, Bd. 338, Anlagen zu den Stenographischen Berichten, Nr. 760, S. 601-604.
74 Vgl. Epstein, Erzberger, S. 377.
75 Ebd., S. 379; ähnlich Ullmann, Steuerstaat, S. 102: »Nicht mehr der Zentralstaat hing künftig finanziell von den Bundesstaaten ab wie zur Zeit des Kaiserreichs, sondern die Länder waren zu ›wenig mehr als Provinzen eines zentralisierten

Die größte Schwachstelle im neuen Steuersystem war allerdings seine Verwundbarkeit durch die in ihrer Gefährlichkeit noch nicht durchschaute Inflation, die das Kaiserreich mit seiner Finanzpolitik ausgelöst hatte.[76] Die vom Kabinett Bauer vorgelegten Steuergesetze kalkulierten die Folgen der Inflation nicht ausreichend ein und konnten auch nicht flexibel darauf reagieren. Entgegen der erklärten Intention der Bauer-Regierung verschärfte die Reform, nachdem die Inflation zwischen Frühjahr 1920 und Mitte 1921 wegen einer von den USA ausgehenden internationalen Rezession fast zum Stillstand gekommen war, danach die soziale Ungleichheit; denn es boten sich vor allem für höhere Einkommen und Vermögen Möglichkeiten, die Zahlungen von Steuerschulden lange hinauszuzögern, was sie weginflationierte. Kapitalflucht und Steuerhinterziehung vermögender Schichten nahmen in den ersten Jahren nach der Steuerreform erheblich zu. Die niedrigen Einkommen trugen die Hauptlast bei der Finanzierung der Republik. Nachbesserungen schafften stets nur kurzzeitig Abhilfe: »Die Inflation galoppierte der Steuerreform samt allen ihren Nachbesserungen davon.« Infolgedessen stieg die Neuverschuldung des Reiches, die man zuvor gerade auf 50 % der Gesamteinnahmen zu senken geschafft hatte, wieder enorm an, bis auf über 90 % im Jahr der Hyperinflation 1923. Diese »defizitbedingte Geldvermehrung« hätte nach dem Urteil der meisten Finanzhistoriker allein jedoch nicht zur Hyperinflation geführt. Den »steigenden Inflationserwartungen« und der »Flucht aus der Mark« konnte sich aber irgendwann keine reguläre Finanzpolitik mehr entgegenstemmen. Erst die Sanierung der Währung im Herbst 1923 ließ dann die Steuerreform Erzbergers die erwünschten und von Bauer programmatisch angekündigten Umverteilungseffekte haben.[77] Eine langfristig große Tat also mit nicht intendierten kurzfristigen destabilisierenden Fol-

---

Staates‹ (Epstein), zu ›Reichspensionären‹ geworden. Das Finanzsystem förderte die Tendenz zum Einheitsstaat.«
76 Vgl. etwa Gerald D. Feldman (Hg.), Die deutsche Inflation. Eine Zwischenbilanz, Berlin 1982; ders., The Great Disorder. Politics, Economics, and Society in the German Inflation 1914–1924, Oxford 1997.
77 Vgl. Ullmann, Steuerstaat, S. 103-106.

gen – wie so oft in der Weimarer Politik steht die knappe Ressource Zeit einem abschließenden Urteil im Wege.

5 Schluss

Nach seinem Rücktritt als Kanzler war Bauer noch bis 1922 als Reichsschatzminister, Verkehrsminister und Vizekanzler an drei Kabinetten der Weimarer Koalition beteiligt. In den folgenden Jahren wurde er in einen Finanzskandal verwickelt, den berühmt-berüchtigten Barmat-Skandal, in dem er sich zwar nichts hatte zuschulden kommen lassen, der jedoch 1925 für das Ende seiner politischen Karriere und sogar für einen kurzzeitigen Ausschluss aus der SPD sorgte. Seiner Rehabilitierung zum Trotz kehrte Bauer nicht in die Weimarer Politik zurück. Stattdessen bewies er sein Talent als fähiger Organisator in der Geschäftsführung einer Berliner Wohnungsbaugenossenschaft, die er zu einem Konzern ausbaute. Die Nationalsozialisten vertrieben ihn 1933 aus dieser Position. Er zog sich in sein Häuschen am Stadtrand von Berlin zurück und starb am 16. September 1944 an den Folgen einer Operation.[78] Dieser bedeutende Kanzler der deutschen Demokratie nahm unter der NS-Diktatur ein einsames Ende. Er sollte nicht dem dauerhaften Vergessen anheimfallen.

---

78 Vgl. Braun, Reichskanzler, S. 124-126; zum Barmat-Skandal als politischer Waffe Stephan Malinowski, Politische Skandale als Zerrspiegel der Demokratie. Die Fälle Barmat und Sklarek im Kalkül der Weimarer Rechten, in: Jahrbuch für Antisemitismusforschung 5 (1996), S. 46-64.

Rainer Behring

Hermann Müller (1876–1931) und die Chancen der Weimarer Republik

Hermann Müller zählte zu den herausragenden und prägenden parlamentarisch-demokratischen Politikern der Weimarer Republik und war eine ihrer bedeutendsten Persönlichkeiten. Allein eine Aufzählung seiner wichtigsten Ämter lässt daran keinen Zweifel: Er war seit 1919 Vorsitzender der Sozialdemokratischen Partei Deutschlands und führte von 1920 bis 1928 ihre Reichstagsfraktion, amtierte 1919/20 als erster Außenminister der Weimarer Republik und 1920 kurzzeitig als Reichskanzler, um von 1928 bis 1930 erneut als Reichskanzler eines Kabinetts der Großen Koalition die Regierungsgeschäfte zu leiten. Müller hatte mit dem Friedensvertrag von Versailles und der Weimarer Reichsverfassung die beiden Basisdokumente der ersten deutschen Republik mitunterzeichnet und betrachtete das Gedeihen und die Verteidigung dieser Republik als seine politische Lebensaufgabe. Er formulierte die gedanklichen Grundlagen der Weimarer Außenpolitik als einer friedlichen Revisions- und Verständigungspolitik im Einvernehmen mit anderen Mächten, und er agierte maßgeblich auf dem staatstragenden und koalitionswilligen Flügel der deutschen Sozialdemokratie mit dem Ziel der Zusammenarbeit aller republikanischen Kräfte. Müllers

Rücktritt als Reichskanzler am 27. März 1930 steht symbolisch für das Ende der Weimarer Republik als parlamentarischer Demokratie wie auch für eine Abkehr von der spezifisch republikanischen Weimarer Außenpolitik. Anlässlich des Trauerzuges nach dem frühen Tod des am 20. März 1931 verstorbenen 54-jährigen Politikers säumten gemäß polizeilichen Schätzungen mehr als 400.000 Menschen die Straßen Berlins, um dem ehemaligen Reichskanzler und SPD-Vorsitzenden die letzte Ehre zu erweisen – eine bemerkenswerte Demonstration demokratisch-republikanischer Gesinnung weit über die SPD-Mitgliedschaft hinaus zu einer Zeit, in der die Weimarer Republik in weiten Kreisen der Bevölkerung bereits den Rückhalt verloren zu haben schien.

1 Ein vergessener Politiker im Urteil von Zeitgenossen und Nachlebenden

Gleichwohl bleibt Hermann Müller bis heute im öffentlichen Bewusstsein und selbst im Gedächtnis seiner Partei nahezu vergessen. Weiterhin gilt, was bereits Müllers Zeitgenosse, der linksliberale Historiker Erich Eyck, 1956 in seiner Geschichte der Weimarer Republik über den sozialdemokratischen Reichskanzler geschrieben hatte: »im deutschen Volk hat er nur ein schwaches Andenken hinterlassen«.[1] Ähnliches lässt sich für die deutsche wie für die internationale Geschichtswissenschaft konstatieren: Die wissenschaftliche Beschäftigung mit Müller erscheint marginal und notleidend. Gewiss liegen einige knappe Lebensbeschreibungen in Form von eher essayistischen Skizzen vor[2], und es existieren Bemühungen aus jüngerer Zeit etwa von

---

1 Erich Eyck, Geschichte der Weimarer Republik, Bd. 2, 4. Aufl. Erlenbach 1972, S. 315.
2 Ernst Deuerlein, Deutsche Kanzler von Bismarck bis Hitler, München 1968, S. 270-288; Martin Vogt, Hermann Müller (1878[sic!]–1931), in: Wilhelm von Sternburg (Hg.), Die deutschen Kanzler von Bismarck bis Schmidt, Königstein i. Ts. 1985, S. 191-206; Andrea Hoffend, Hermann Müller (1876–1931), in: Reinhold Weber/

Andrea Hoffend, Müller in monumentalistischer Manier in *das* Licht der Öffentlichkeit zu rücken, das er gewiss verdient[3], von Bernd Braun, einzelne Fragmente aus Müllers Leben und seinem Umfeld mit geschichtswissenschaftlicher Präzision auszuleuchten[4], oder von Rainer Behring, die Bedeutung von Müllers außenpolitischem Wirken in die Geschichte der Weimarer Republik und der deutschen Außenpolitik einzuordnen.[5] Doch weder haben die Ergebnisse solcher Bemühungen bislang Eingang in neuere Gesamtdarstellungen zur Geschichte des Deutschen Reiches, der Weimarer Republik[6] oder der internationalen Beziehungen in der Zwischenkriegszeit gefunden, noch ist eine grundlegende wissenschaftliche Biografie des Politikers Hermann Müller in Sicht.

Ines Mayer (Hg.), Politische Köpfe aus Südwestdeutschland, Stuttgart 2005, S. 126-136; Bernd Braun, Hermann Müller (1876–1931). Kanzler der Zeitenwende, in: Ines Mayer/Reinhold Weber (Hg.), Menschen, die uns bewegten. 20 deutsche Biographien im 20. Jahrhundert, Köln 2014, S. 42-51. Zur seriösen Erstinformation am besten geeignet: Martin Vogt, Müller(-Franken), Hermann, in: Neue Deutsche Biographie, Bd. 18, Berlin 1997, S. 410-414.

3   Andrea Hoffend, »Mut zur Verantwortung«. Hermann Müller. Parteivorsitzender und Reichskanzler aus Mannheim, Mannheim 2001.
4   Bernd Braun, »Solange man schnaufen kann, muss man kämpfen!« – Zu Krankheit und Tod von Reichskanzler Hermann Müller, in: Zeitschrift für die Geschichte des Oberrheins 157 (2009), S. 403-428; ders., Verfolgt im Nationalsozialismus – zur Geschichte der Familie des Reichskanzlers Hermann Müller, in: Ebd. 162 (2014), S. 403-429. Vgl. auch die wertvolle Fotodokumentation ders., Die Weimarer Reichskanzler, Düsseldorf 2011, hier S. 134-167.
5   Rainer Behring, Demokratische Außenpolitik für Deutschland. Die außenpolitischen Vorstellungen deutscher Sozialdemokraten im Exil 1933–1945, Düsseldorf 1999, S. 31-63; ders., Wegbereiter sozialdemokratischer Außenpolitik: Hermann Müller, in: Frankfurter Allgemeine Zeitung v. 26.4.2006, S. 8; ders., Hermann Müller und Polen. Zum Problem des außenpolitischen Revisionismus der deutschen Sozialdemokratie in der Weimarer Republik, in: Archiv für Sozialgeschichte 55 (2015), S. 299-320.
6   Der einschlägige Forschungsstand insbesondere für die Regierung der Großen Koalition unter Hermann Müller bewegt sich im Grunde immer noch im Horizont der 1980er-Jahre und wird dokumentiert durch die Synthese von Heinrich August Winkler, Der Schein der Normalität. Arbeiter und Arbeiterbewegung in der Weimarer Republik 1924 bis 1930, 2. Aufl. Berlin 1988, S. 521-823.

Woran mag das liegen? Eine an sich notwendige, in das Sozialpsychologische hineinreichende Erörterung der für Müller und seine Politik ungünstigen Rahmenbedingungen bundesdeutscher und insbesondere sozialdemokratisch orientierter Geschichtswissenschaft und -debatte nach dem Zweiten Weltkrieg kann hier nicht erfolgen. Den vorwiegend im liberal-konservativen Spektrum zu verortenden Interpreten der Außenpolitik der Weimarer Republik ist es nicht vorzuwerfen, wenn sie den Anteil sozialdemokratischer Politiker daran gering schätzen, während die SPD-nahe Historikerschaft nicht nur traditionell ihre Themen in strukturellen Problemen der innergesellschaftlichen und sozioökonomischen Entwicklung sucht; sie hat sich auch mit Vorliebe Persönlichkeiten und Gruppierungen zugewendet, die in Opposition zur staatstragenden Mitte der Weimarer Sozialdemokratie standen, zumal das Scheitern der Weimarer Demokratie für gewöhnlich den Fluchtpunkt der einschlägigen Darstellungen abgibt.[7]

Dagegen liegt die deplorable Materialgrundlage für jegliche Beschäftigung mit Hermann Müller auf der Hand: Während etwa im Auswärtigen Amt Hunderte von Aktenbänden das Wirken Gustav Stresemanns dokumentieren oder im Historischen Archiv der Stadt Köln ein Nachlass des Reichskanzlers Wilhelm Marx existierte, für den allein ein vier Bände umfassendes gedrucktes Findbuch erstellt und publiziert wurde, würde es kühn sein, die beiden Nachlasssplitter zu Müller im Archiv der Friedrich-Ebert-Stiftung in Bonn und im Bundesarchiv in Berlin als hinreichende Grundlage für eine Biografie anzusehen. Besonders schmerzlich für jeden Versuch einer Rekonstruktion der Entscheidungsfindung sozialdemokratischer Politik ist das Fehlen von Protokollen der SPD-Reichstagsfraktion für die Zeit der Weimarer Republik. Mit anderen Worten: Trotz der insbesondere von Martin Vogt erstellten Aktenbände zu Müllers Wirken

---

[7] Vgl. die zugespitzten Bemerkungen bei Rainer Behring, Polemische Überlegungen zu einem geschichtswissenschaftlichen und publizistischen Neuansatz, in: Bernd Faulenbach/Bernd Rother (Hg.), Außenpolitik zur Eindämmung entgrenzter Gewalt. Historische Erfahrungen der Sozialdemokratie und gegenwärtige Herausforderungen, Essen 2016, S. 55-68.

als Regierungspolitiker[8], trotz einer immerhin vorliegenden relativen Fülle von veröffentlichten Reden und Schriften Müllers – wenn auch zahlreiche seiner Zeitungsartikel in sozialdemokratischen Presseorganen ungezeichnet blieben –, würde es ein intensives und breit angelegtes wissenschaftlich-biografisches Bemühen erfordern, die Empfängerüberlieferung von Müllers Briefen systematisch zu überprüfen und zusammenzutragen. Dafür würden Mühe und Einsatz, Zeit und Geld vonnöten sein.

Doch diese Hinweise reichen nicht aus, um Müllers Irrelevanz im geschichtswissenschaftlichen und öffentlichen Bewusstsein zu erklären. Im Kern ist es einfach so, dass Müller als eine Nullität, als ein politisches und historisches Nichts erscheint. Die bekannten Quellen scheinen das ja auch reichlich zu belegen. Harry Graf Kessler, dessen Bedeutung vor allem darin begründet liegt, dass er selbstverliebte Tagebücher – im Umfang von neun dicken Bänden in der jüngst gedruckten Ausgabe – hinterlassen hat, fand Müllers Regierungserklärung als Reichsminister des Auswärtigen am 23. Juli 1919 »schwach und farblos«, zeigte sich mitsamt allen seinen Gesprächspartnern »von Müllers Rede und Auftreten enttäuscht«. Kessler gewann aus einer Unterredung mit Müller »den Eindruck eines etwas naiven, anständigen und frischen jungen Mannes, etwa von der Sorte, die ein solides mittleres Handlungshaus anständig leiten könnte« – zweifellos eine Anspielung des Aristokraten auf Müllers Ausbildung als Handlungsgehilfe. »Er ist auch fühlbar verlegen und unsicher im persönlichen Verkehr. Unsere Außenpolitik wird unter ihm keine großen Taten vollbringen. Il est un peu gaga!« Müller werde sich »mit der Zeit zweifellos auch von seiner eigenen Wichtigkeit und Unentbehrlichkeit überzeugen lassen«.[9] Der ungeachtet seiner ver-

---

8   Akten der Reichskanzlei. Weimarer Republik. Das Kabinett Müller I: 27. März bis 21. Juni 1920, Bearb. Martin Vogt, Boppard a. Rh. 1971; Das Kabinett Müller II: 28. Juni 1928 bis 27. März 1930, Bearb. ders., 2 Bde. ebd. 1970; zu Müllers Amtszeit als Reichsminister des Auswärtigen Das Kabinett Bauer: 21. Juni 1919 bis 27. März 1920, Bearb. Anton Golecki, ebd. 1980.
9   Harry Graf Kessler, Tagebücher 1918–1937. Hg. Wolfgang Pfeiffer-Belli, Frankfurt a. M. 1961, S. 189 f. (Eintrag vom 23. Juli 1919).

nichtenden Kritik an der Realität der ersten deutschen Demokratie hoch angesehene Schriftsteller Kurt Tucholsky hielt Müller gerne öffentlich für »harmlos, doof und leis« oder für »den dümmsten Bonzen«, »philiströs«, »ordentlich und brav«.[10] Beispielhaft ist die Einschätzung des Mediävisten Karl Hampe, da sie eindrücklich demonstriert, dass sie inhaltlich auf *nichts* gegründet ist. Hampe notierte am 22. Juni 1919 in sein Tagebuch: »Ein Ministerium: Bauer – Müller – Mayer – Schmidt ist fertig. Die Vulgarität der Namen ist bezeichnend. Es sind größtenteils mittelmäßige Dilettanten. Wie soll ein Herrmann (sic!) Müller unsre Außenpolitik leiten? Was wird da wieder neu verbockt werden!« Mitte November desselben Jahres ergänzte Hampe, »Hermann Müller, der Außenminister, wird als sehr minder beurteilt. Räte mittleren Ranges machten die Hauptsache im Auswärtigen Amt.«[11] Repräsentativ erscheint schließlich das biografische Porträt Müllers aus der Feder des linksliberalen Journalisten und Publizisten Erich Dombrowski aus dem Jahr 1920, der den amtierenden Reichsaußenminister als einen in jeder Hinsicht durchschnittlichen Menschen und Politiker darstellte: »Freundlich im Wesen. Behutsam beim öffentlichen Sprechen. Fähigkeiten im Organisieren. Das ist alles.« Auch als Journalist sei Müller nicht berühmt, »höchstens Durchschnitt«.[12]

Die Historiker von Gewerbe sind über solche Urteile im Wesentlichen nicht hinausgelangt. Eine typische Charakterisierung lautet etwa bei Hagen Schulze, Müller sei »ein Mann des Apparats« gewesen, »ein tüchtiger, integrer, verläßlicher Bürokrat ohne Ecken und Kanten und ohne einen Funken schöpferischer Begabung«.[13] Die von Reiner Marcowitz gewählte Variante liest sich so: »Müller war ein

---

10 Kurt Tucholsky, Gesammelte Werke in 10 Bänden. Hg. Mary Gerold-Tucholsky/ Fritz J. Raddatz. Bd. 4: 1925–1926, Reinbek 1975, S. 507 u. 569.
11 Karl Hampe, Kriegstagebuch 1914–1919. Hg. Folker Reichert/Eike Wolgast, München 2004, S. 881 (Eintrag vom 22.6.1919) u. S. 910 (Eintrag vom 15.11.1919).
12 Johannes Fischart (d. i. Erich Dombrowski), Hermann Müller, in: Ders., Das alte und das neue System. Neue Folge: Die Männer der Übergangszeit, Berlin 1920, S. 143–149, Zitate S. 144 f.
13 Hagen Schulze, Weimar. Deutschland 1917–1933, Berlin 1982, S. 305.

bewährter Funktionär und Organisator, dem indes jedes Charisma abging«.[14] Heinrich August Winkler billigt Müller immerhin ein ausgleichendes Wesen zu, persönliche Integrität und einen umfassenden Sachverstand. Doch »Müller war kein zündender Redner, geschweige denn ein charismatisch begabter politischer Führer«.[15] Nach einem politischen Konzept, nach Zielsetzungen des sozialdemokratischen Spitzenpolitikers Hermann Müller fragt keiner dieser Historiker.

Selbst in Sachen Integrität ist sich Winkler offenbar nicht ganz sicher. In seine vierbändige Weltgeschichte des »Westens« findet tatsächlich ein Hermann Müller Eingang, der auf dem Weimarer SPD-Parteitag von 1919 seinen Parteigenossen Eduard Bernstein in Sachen Kriegsschuldfrage »förmlich niedergemacht« habe, »besonders heftig und mit unüberhörbaren antisemitischen Untertönen«.[16] Tatsächlich hatte Müller, dessen erste Ehefrau praktizierende Jüdin gewesen war, gesagt, man dürfe »nicht alle Dinge unter dem Gesichtspunkt des Rabbiners von Minsk behandeln«. Außerdem bemängelte er, der Genosse Bernstein komme argumentativ her »wie ein Hosenhändler«, weil er sich in seiner Rede durch empörte Zwischenrufe aus den Reihen der Delegierten in seiner Einschätzung des Versailler Vertragswerkes, ungefähr 90 % der Bestimmungen seien unvermeidlich, auf 80 % gewissermaßen hatte herunterhandeln lassen.[17] Verweist man zusätzlich auf einen Reichskanzler, der sich Mitte April 1920 in einer hochdramatischen innen- und außenpolitischen Situation angesichts des Einmarsches französischer Soldaten in den Maingau vor der Nationalversammlung beklagte, »Senegalneger liegen in der Frankfurter Universität und bewachen das Goe-

---

14 Reiner Marcowitz, Die Weimarer Republik 1929–1933, Darmstadt 2004, S. 42.
15 Winkler, Schein der Normalität, S. 531.
16 Ders., Geschichte des Westens. Die Zeit der Weltkriege 1914–1945, München 2011, S. 180.
17 Debattenbeitrag Hermann Müllers vom 12. Juni 1919, in: Protokoll über die Verhandlungen des Parteitages der Sozialdemokratischen Partei Deutschlands, abgehalten in Weimar vom 10. bis 15. Juni 1919, Berlin 1919, S. 256 f.

thehaus«[18], dann wird der Abscheu des im 21. Jahrhundert urteilenden Nachlebenden perfekt sein: also vielleicht gar ein antisemitischer Rassist? Tatsächlich besteht kein Zweifel, dass Müller – der gewiss alles andere als ein Antisemit war – als Kind seiner Zeit damals übliche Denkweisen, Stereotypen und Begrifflichkeiten in sich trug und in seine Sprache einbrachte. Es würde geradezu erstaunlich sein, wenn das nicht so gewesen wäre; ein intellektueller Vorreiter politisch korrekter Sprachkultur war Müller naturgemäß nicht.

Angesichts der zitierten Einschätzungen verwundert es nicht, wenn Hermann Müller in dem von Michael Fröhlich herausgegebenen Porträt der Weimarer Republik in Biografien, das immerhin 35 Personen umfasst, wie selbstverständlich keine Berücksichtigung findet[19], oder wenn ein jüngst von der Akademie für Soziale Demokratie der Friedrich-Ebert-Stiftung betreuter Sammelband über 49 »Vordenkerinnen und Vordenker der Sozialen Demokratie« ebenso auf Müller verzichtet. Hier wird die Weimarer SPD immerhin etwa von Rudolf Hilferding, Friedrich Ebert oder Otto Wels vertreten – ausgerechnet Wels, der bestimmt alles andere als ein »Vordenker« war, so wie auch Eberts Meriten nicht primär im Programmatischen lagen.[20]

Dabei vermochte Hermann Müller wie nur wenige als Identifikationsfigur der ersten deutschen Demokratie zu dienen, und wie diese wenigen – Matthias Erzberger, Walther Rathenau, Friedrich Ebert und Gustav Stresemann – starb er frühzeitig, dahingerafft von den Folgen einer zur Jahreswende 1928/29 plötzlich auftretenden Erkrankung der Gallenblase, die er nie auskurierte, weil ihm der zermürbende Dienst an der Republik bis zuletzt wichtiger war. Welchen Rang Müller 1928 bis 1930 als Reichskanzler innehatte, beleuchtet ein Schreiben des Kölner Bankiers, Aufsichtsratsmultifunktionärs

---

18 Hermann Müller, Regierungserklärung vom 12. April 1920, in: Verhandlungen der verfassunggebenden Deutschen Nationalversammlung. Stenographische Berichte, Bd. 333, S. 5048-5053, hier S. 5048.
19 Michael Fröhlich (Hg.), Die Weimarer Republik. Porträt einer Epoche in Biographien, Darmstadt 2002.
20 Christian Krell (Hg.), Vordenkerinnen und Vordenker der Sozialen Demokratie. 49 Porträts, Bonn 2015.

und IHK-Präsidenten Louis Hagen, Mitglied der Zentrumspartei und gewiss kein geborener Sympathisant der Sozialdemokratie, an seinen Vertrauten Konrad Adenauer vom 25. Juli 1929. Müller schwebte nach einer ergebnislosen Operation gerade zwischen Leben und Tod und konnte sein Regierungsamt monatelang nicht ausüben. »Sehr grosse Sorge macht mir die innere Politik und ich finde es geradezu ein Verhängnis, dass der Reichskanzler Müller nun auch, für die nächsten Monate jedenfalls, ausgeschaltet werden muss. Es ist ja zweifelhaft – aber ich will hoffen, dass ich mich irre –, ob er mit dem Leben davon kommt. Es ist ein schweres Verhängnis, dass er an demselben Übel leidet und sich derselben Operation unterziehen mußte wie seinerzeit Ebert. Im Deutschen Reich sind nur zwei Menschen vorhanden, die im äussersten Falle berufen wären einzutreten, das sind Sie [also Adenauer; d. Verf.] und der [preußische] Ministerpräsident [Otto] Braun.«[21] Von Brüning oder einem präsidialen Notverordnungsregime als Alternative ist hier, Mitte 1929, keine Rede.

Tatsächlich hatte sich Müller spätestens während seiner zweiten Reichskanzlerschaft nicht bloß in der Sozialdemokratie, sondern gerade auch in den Kreisen seiner liberalen und katholischen Koalitionspartner und Mitarbeiter aus den »bürgerlichen« Parteien, bei politischen Weggefährten und Kontrahenten bis hinein in die Reichswehr hohe Anerkennung erworben. Diese Wertschätzung – gereicht es ihm als Regierungschef, als Fraktions- oder Parteivorsitzender zum Nachteil, wenn hier auch Männer wie Otto Geßler, Wilhelm Groener, Paul von Hindenburg, Hermann Pünder oder Heinrich Brüning zu nennen sind? – wurde ihm nicht zuletzt aufgrund seiner Verdienste um die deutsche Außenpolitik entgegengebracht, wie ein Nachruf aus der linksliberalen Berliner Presse auf den »Führer der deutschen Sozialdemokratie« exemplarisch zu erkennen gibt:

---

21 Louis Hagen an Konrad Adenauer, 25. Juli 1929, in: Günther Schulz (Hg.), Konrad Adenauer 1917–1933. Dokumente aus den Kölner Jahren, Köln 2007, S. 312-314, Zitat S. 313.

»Hermann Müller, der nach dem Krieg zweimal in kritischen Zeiten Reichskanzler gewesen ist, war ein entschlossener Kämpfer für Republik und Demokratie. Die Liquidation des Krieges und der Kriegsfolgen war der Leitgedanke sowohl für den Reichskanzler wie für den Parteiführer Hermann Müller. Wenn jetzt das deutsche Volk aus der Enge des Nachkriegs wieder hinaustritt ins Freie, so ist das nicht zuletzt ein Verdienst Hermann Müllers. Mit Zähigkeit hat er bei seiner gesamten öffentlichen Tätigkeit einen auf Bewahrung des Lebensrechts des deutschen Volkes und auf Ausgleich mit den ehemaligen Gegnern bedachten außenpolitischen Kurs gesteuert, und die von ihm geführte Sozialdemokratie ist in all den Jahren die stärkste Stütze dieser allein möglichen und aussichtsvollen Politik gewesen.«[22]

Dazu sowie zur Westorientierung seiner Außenpolitik und zu Müllers republikanisch-demokratischem Renommee passt es, wenn nicht nur zahlreiche Nachrufe auch in französischen, britischen und amerikanischen Zeitungen erschienen, sondern wenn an den Feierlichkeiten zu seiner Beisetzung der englische und der französische Botschafter teilnahmen, während sich die Vertreter Italiens und Ungarns verweigerten.

Die offenkundige Bedeutung des sozialdemokratischen Partei- und Regierungspolitikers Müller war jedenfalls unter den Zeitgenossen um das Jahr 1930 herum vollständig unbestritten, und noch das sozialdemokratische Exil während der 1930er-Jahre rühmte selbstbewusst Müllers erfolgreiche Außenpolitik. In Vergessenheit geriet er erst den Nachlebenden. Eine überspitzte These zum Anstoß einer geschichtswissenschaftlichen Neubewertung könnte lauten: Mit Hermann Müller gilt es einen ganzen Kontinent (wieder) zu entdecken. Dabei sollte man auf keinen Fall zögern, wie es Ulrich von Hehl im Resümee seiner umfangreichen Biografie über Wilhelm Marx mit seinem Protagonisten tut, Müller unter die sehr wenigen großen

---

22 Hermann Müller †. Der Führer der deutschen Sozialdemokratie, in: Berliner Morgenpost v. 21.3.1931; ebenfalls abgedr. in: Berliner Allgemeine Zeitung v. 21.3.1931.

Staatsmänner Weimars einzureihen, die »der Republik durch eigene Gedanken und tatkräftiges Handeln einen unverwechselbaren persönlichen Stempel aufgedrückt haben«, ein Zögern, das von Hehl übrigens von Heinrich August Winkler in Bezug auf Friedrich Ebert übernommen hat.[23] Problematisch mag allenfalls die Kategorie des »Staatsmannes« sein, mehr noch die Frage, inwiefern es in einer Republik die Aufgabe von Individuen sein kann, ihr einen unverwechselbaren persönlichen Stempel aufzudrücken, ja inwiefern das überhaupt in ihrem Vermögen liegt. Man muss vielmehr ganz sachlich die Frage stellen und zu beantworten suchen, welchen spezifischen Beitrag Müller für die Entwicklung der Weimarer Republik geleistet hat. Dabei sollte der Fluchtpunkt vom Scheitern dieser Republik weg auf ihr relatives Gedeihen, auf ihre Chancen und Zukunftsaussichten verlagert werden: Nur die Einsicht in die Offenheit der deutschen und internationalen Geschichte in den 1920er-Jahren vermag den Tatsachen gerecht zu werden und den historischen Horizont zu weiten.

Die Bewältigung der praktischen Aufgabe wirkt allerdings schlicht entmutigend. Wer sollte sich ernsthaft an die Arbeit machen, jemandem Bedeutung zu verschaffen, der in sämtlichen Darstellungen zur Geschichte der Weimarer Republik lediglich als Statist auftritt?[24] In diesen Werken heißt es für gewöhnlich en passant, Müller habe den Vertrag von Versailles unterzeichnet – offenbar eher zufällig und ohne dass über Müller als Reichsminister des Auswärtigen irgendetwas anderes zu berichten wäre –, während seine zweite, nahezu zwei Jahre umfassende Reichskanzlerschaft neben teilweise peinlich verlaufenden Auseinandersetzungen zwischen den und innerhalb

---

23 Ulrich von Hehl, Wilhelm Marx 1863–1946. Eine politische Biographie, Mainz 1987, S. 493.
24 Unter den ganz wenigen Ausnahmen sind bemerkenswert die Arbeiten von Gerhard Schulz, Zwischen Demokratie und Diktatur. Verfassungspolitik und Reichsreform in der Weimarer Republik. Bd. 2: Deutschland am Vorabend der Großen Krise, Berlin 1987, S. 364-366 u. 489-492, und ders., Aufstieg des Nationalsozialismus. Krise und Revolution in Deutschland, Frankfurt a. M. 1975, S. 263 f. u. 444-446.

der Koalitionsparteien über Fragen der Marinerüstung oder der Sozial- und Finanzpolitik überwiegend nur aufgrund ihres Scheiterns und der daraus resultierenden Folgen erwähnenswert scheint.[25] Es bedürfte des Mutes, den in Fernsehdokumentationen und anderen Formen populärer Geschichtsvermittlung beliebten Topos aufzugreifen, es gehe darum, »die Geschichte umzuschreiben« – ein geradezu absurdes Ansinnen. Wer würde angesichts des etablierten Narrativs einsehen wollen, dass die Konzeption der Weimarer Außenpolitik mit all ihren Erfolgen und ihrer Ergebnisoffenheit nicht auf Stresemann zurückzuführen ist, sondern, wenn überhaupt auf einen einzelnen parlamentarisch legitimierten Regierungspolitiker in Deutschland, auf Hermann Müller? Wer würde akzeptieren, dass Stresemann im Kern sozialdemokratische Vorstellungen in operative Außenpolitik umsetzte?[26] Das war übrigens in der SPD in der zweiten Hälfte der 1920er-Jahre ein Gemeinplatz. Reichsinnenminister Carl Severing etwa betonte 1929, es sei »keine Übertreibung, wenn man sagt, daß es der ursprüngliche Kurs der deutschen Sozialdemokratie ist, der heute in der deutschen Außenpolitik gesteuert wird, daß es der deutschen Sozialdemokratie zu verdanken ist, daß die zwingendste Gewalt in der deutschen Außenpolitik die Gewalt der Vernunft geworden ist«.[27]

Doch müssen es nicht zwingend starke Thesen sein, mit denen eine Neubewertung Müllers einzuleiten wäre. Mit dem »Umschreiben der Geschichte« wird man auch in ganz kleinen Details anfangen können, Faktoide ausräumen müssen, beispielsweise im Hinblick auf Müllers Fremdsprachenkenntnisse. Laut Winkler habe Müller

---

25 Symptomatisch für diese gerade auch in einer der Sozialdemokratie nahestehenden Historiografie vorwaltende Tendenz ist der Beitrag von Siegfried Weichlein, Das Scheitern der Großen Koalition unter Hermann Müller 1930, in: Bernd Faulenbach/Andreas Helle (Hg.), Menschen, Ideen, Wegmarken. Aus 150 Jahren deutscher Sozialdemokratie, Berlin 2013, S. 93-100.
26 Vgl. dazu ausführlicher Behring, Polemische Überlegungen, S. 58-62.
27 Carl Severing, Randbemerkungen zu den Richtlinien, in: Die Gesellschaft 6/I (1929), S. 197-205, hier S. 201.

»als junger Handlungsgehilfe einige Fremdsprachen gelernt«[28] – *einige*, also sogar mehr als zwei? Als Handlungsgehilfe? Später wird aus Winklers Müller sogar »der sprachkundige Hermann Müller«, ja »der mehrerer Fremdsprachen kundige bisherige Außenminister Hermann Müller«.[29] Tatsächlich war Müller lediglich in der Lage, einfache Briefentwürfe in französischer und englischer Sprache anzufertigen. Bei Müllers Reise nach Paris am Vorabend des Ersten Weltkriegs zu Gesprächen mit den französischen Sozialisten diente ihm der Belgier Hendrik de Man als Dolmetscher. Der britische Geschäftsträger in Berlin, Lord Kilmarnock, notierte nach seinem Antrittsbesuch bei Außenminister Müller im Januar 1920 – auch hier wird die Herablassung des Aristokraten gegenüber dem Emporkömmling deutlich: »He apparently speaks nothing but German though he essayed, not very successfully, a sentence in English.«[30] Das mögen Quisquilien sein, doch Winklers weitreichende Schlussfolgerung, Müller sei primär aufgrund seiner Fremdsprachenkenntnisse lange, bevor er im Juni 1919 zum Reichsminister des Auswärtigen berufen wurde, »bereits eine Art informeller Außenminister der deutschen Sozialdemokratie« gewesen[31], erscheint wenig plausibel und führt in die Irre, selbst wenn Müller bis 1914 als Vertreter der SPD auf einigen Treffen der Sozialistischen Internationale fungierte.

---

28 Winkler, Schein der Normalität, S. 531.
29 Ders., Geschichte des Westens, S. 179 u. 282.
30 Lord Kilmarnock an Lord Curzon, 16. Januar 1920, in: Documents on British Foreign Policy 1919–1939. First Series, Vol. IX, London 1960, Dok. Nr. 6, S. 7 f., hier S. 8.
31 Winkler, Schein der Normalität, S. 531.

2 Grundlegung der Weimarer Außenpolitik: Reichsminister des Auswärtigen und Reichskanzler 1919 bis 1920

Hermann Müllers Lebensweg und sein politisches Wirken bis 1918 sind nur in Ansätzen erforscht; ein biografischer oder sachlicher Zusammenhang zwischen seinem geradezu kometenhaften Aufstieg 1919 und seinem eher unauffälligen Wirken in den Jahrzehnten zuvor ist angesichts dieser Forschungslage wie auch der Evidenz nach kaum herzustellen. Müller wuchs als Sohn eines kleinen Fabrikanten in Mannheim und Dresden auf. Nach dem frühen Tod des Vaters musste er das Gymnasium verlassen und absolvierte eine Lehre als Handlungsgehilfe. Sein Beruf führte ihn nach Breslau, von wo er, inzwischen als Gewerkschafter und Sozialdemokrat organisiert, nach ersten journalistischen Erfahrungen bei sozialdemokratischen Parteiblättern nach Görlitz berufen wurde, um dort 1899 die redaktionelle Leitung der Görlitzer Volkszeitung zu übernehmen. 1906 ging er 30-jährig nach Berlin als neu gewähltes Mitglied des SPD-Parteivorstandes. Dort betrieb er Organisationsarbeit und unterhielt Kontakte zu den sozialistischen Bruderparteien im Ausland. Mit eigenen politischen Ideen oder Initiativen scheint er nicht hervorgetreten zu sein. Vielmehr vertrat er bis zum Ende des Ersten Weltkriegs – 1916 wurde er in einer wegen der Burgfriedenspolitik »sicheren« Nachwahl Mitglied des Reichstags – die Linie des sich orthodox-marxistisch gebärdenden Zentrums der SPD-Führung. Das lief auf eine theoretisch systemoppositionelle, spätestens in der Situation des Krieges jedoch auch staatstragende Haltung hinaus: Die Überzeugung, es gehe um die Verteidigung des Deutschen Reiches, schloss nun faktisch eine kriegsbejahende Einstellung und Politik ein. Müllers Karriere verlief bis dahin insgesamt wenig spektakulär; Herkunftsmilieu und Berufsweg waren für mittlere und höhere Parteifunktionäre der SPD nicht untypisch. Es lässt sich allenfalls vermuten, dass die altvorderen Parteivorsitzenden August Bebel und Paul Singer irgendetwas an dem jungen Mann im positiven Sinne bemerkenswert und vielversprechend fanden, das sie dazu motivierte, ihn in den Parteivorstand zu befördern.

Selbst in den Revolutionsmonaten 1918/19 trat Müller nicht wirklich auffallend in Erscheinung. Er diente als Vertrauensmann der SPD-Führung im Vollzugsrat der Berliner Arbeiter- und Soldatenräte sowie anschließend im Zentralrat der Arbeiter- und Soldatenräte Deutschlands. Er förderte dort eine Politik im Sinne Eberts, indem er sich für die rasche Einberufung einer verfassunggebenden Nationalversammlung nach allgemeinem gleichen Wahlrecht einsetzte und sich damit allen Versuchen zur Schaffung eines sozialistischen Rätesystems entgegenstellte. Immerhin erscheint Müller jetzt als »fertiger« Politiker mit einem klaren innenpolitischen Konzept, der zugleich mit den außenpolitischen Leitlinien seiner Partei vertraut war und sie seit 1917 etwa bei der Vorbereitung des letztlich gescheiterten internationalen Sozialistenkongresses von Stockholm gegenüber der Öffentlichkeit zu vertreten wusste. Eine Anlehnung an das liberale Modell einer Neuordnung der Staatenwelt im Sinne des US-Präsidenten Woodrow Wilson, inklusive des politischen Selbstbestimmungsrechts und eines Völkerbundes zur Verrechtlichung der internationalen Beziehungen, verband sich bei Müller mit dem bis Kriegsende aufrechterhaltenen Anspruch auf die territoriale Integrität des Deutschen Reiches und der Hoffnung auf ein militärisches Durchhalten der Mittelmächte bis zu einem Verständigungsfrieden.

Im Frühjahr 1919 erfolgte dann Müllers plötzlicher Karrieresprung, der seine Erklärung in erster Linie darin findet, dass er als Mitglied des Parteivorstands aus Anciennitätsgründen gleichsam an der Reihe war: Nach dem Verlust einiger Funktionäre durch die Abspaltung der USPD, nach der Übernahme verschiedener Regierungsämter durch führende Mehrheitssozialdemokraten in Reich und Ländern, insbesondere der vorläufigen Reichspräsidentschaft durch Ebert und des Amtes des Reichsministerpräsidenten durch Philipp Scheidemann, die beiden bisherigen SPD-Vorsitzenden, herrschte rasch ein spürbarer Mangel an befähigten Sozialdemokraten, die für die Übernahme wichtiger Aufgaben geeignet schienen. So wurde Müller, im Januar in die Nationalversammlung gewählt und bereits im Februar 1919 mit der provisorischen Führung der Parteigeschäfte beauftragt, auf dem Weimarer Parteitag der SPD Mitte Juni 1919 zum neuen ordentlichen Parteivorsitzenden gewählt. Er erhielt damals und bei den späteren Wiederwahlen stets deutlich mehr Delegiertenstimmen als sein Kollege Otto Wels.

Gleichzeitig traute man Müller in der Partei schon weitaus mehr zu, und hier wird deutlich, dass er inzwischen an Profil gewonnen hatte und zur Persönlichkeit mit eigenem politischen Gewicht gereift war; darüber hinaus genoss er offenkundig deutliche Sympathien im Funktionärskorps der SPD und erfreute sich der beständigen Förderung durch Ebert: In der Regierungskrise nach dem Zusammenbruch des Kabinetts Scheidemann, das sich mit seiner Weigerung, den Friedensvertrag von Versailles zu akzeptieren, selbst ins politische Abseits manövriert hatte, wurde Müller von der SPD-Fraktion in der Nationalversammlung die Übernahme der Reichskanzlerschaft, formal das Amt des Reichsministerpräsidenten, angetragen. Müller zögerte und übernahm schließlich im Kabinett des langjährigen hochrangigen Gewerkschaftsfunktionärs Gustav Bauer den Posten des Außenministers. Erst seitdem entwickelte sich der politische Generalist Müller zum herausragenden sozialdemokratischen Experten der Weimarer Sozialdemokratie für den Bereich der deutschen Außenpolitik und der internationalen Beziehungen.

Hermann Müller gab als erster parlamentarisch legitimierter Reichsminister des Auswärtigen, der noch dazu nicht dem diplomatischen Apparat entstammte, und als erster Außenminister der Weimarer Republik im Auswärtigen Amt rasch die Richtung vor und signalisierte damit einen Paradigmenwechsel in der Außenpolitik des Deutschen Reiches. Er hatte trotz der auch von ihm geteilten und mitunter recht aggressiv vorgebrachten Kritik an den Vertragsbestimmungen frühzeitig eingesehen, dass der Versailler Friedensvertrag vom Deutschen Reich angenommen und anerkannt werden müsse. Dafür hatte er in seiner Fraktion geworben, und das Amt des Außenministers übernahm er in dem Bewusstsein, dass er selbst diesen Friedensvertrag würde unterzeichnen müssen. Doch anders als die letztlich konzeptlosen Propheten einer heraufziehenden Katastrophe, etwa sein Amtsvorgänger Graf Brockdorff-Rantzau oder

Scheidemann, übrigens auch Stresemann, sah er in diesem Friedensvertrag nicht das Ende Deutschlands. Er erkannte vielmehr die Chancen, die dieser Frieden der deutschen Republik eröffnete, und hatte in Ansätzen bereits ein in sich geschlossenes Konzept erarbeitet, wie man über das Bemühen um Vertragserfüllung zur Zusammenarbeit mit den ehemaligen Kriegsgegnern und nunmehrigen Vertragspartnern sowie mittelfristig zur friedlichen und einvernehmlichen Revision unerfüllbarer oder für unerträglich gehaltener Vertragsinhalte gelangen würde: in zwischenstaatlichen Verhandlungen, auf dem Wege über den Völkerbund und nicht zuletzt mithilfe der sozialistischen Parteien in den anderen Ländern.

Einem breiten Publikum und der internationalen Öffentlichkeit stellte Müller sein außenpolitisches Programm in seiner bereits erwähnten Regierungserklärung vom 23. Juli 1919 im Plenum der Nationalversammlung vor. Müller forderte in seiner grundlegenden und wegweisenden Rede einen Dreiklang von freiheitlicher Demokratie, Frieden und Recht als Basis eines innen- und außenpolitischen Neuanfangs für die deutsche Republik im Rahmen der internationalen Beziehungen. Er plädierte für die Errichtung einer dauerhaften europäischen Friedensordnung, betonte die zentrale Rolle der deutschen Abrüstung und setzte auf den Ausbau von Völkerbund und Völkerrecht. Er verschwieg nicht die revisionspolitische Zielsetzung seines Ansatzes, legte deren Schwerpunkt auf die wirtschaftlichen und finanziellen Regelungen des Versailler Vertrages und betonte die außerordentliche Bedeutung einer Wiederherstellung des Welthandels und der Reintegration der deutschen Wirtschaft darin:

> Insgesamt liege in den Bestimmungen des Versailler Vertrages, so Müller, »eine große Möglichkeit«: »Trotz der schweren Niederlage, die Deutschland erlitten hat, [...] bleibt das Deutsche Reich auf die Dauer ein politischer und wirtschaftlicher Faktor, mit dem auch die Gegner rechnen müssen [...] Handel und Wirtschaft müssen wieder in Fühlung kommen.« Es müsse vor allem »versucht werden, die Fäden anzuknüpfen, die uns mit den Völkern der amerikanischen

Republiken, mit Italien und anderen Ländern verbanden« – die Bedeutung insbesondere der Vereinigten Staaten von Amerika für die wirtschaftliche Erholung Deutschlands hatte Müller früh erfasst. Kurzum: »Die auswärtige Politik wird in den nächsten Jahrzehnten in allererster Linie Wirtschaftspolitik sein müssen […] Auf kulturellem und wirtschaftlichem Gebiet werden wir zu zeigen haben, daß die Wurzeln unserer Kraft nicht verschüttet sind.« Müller zweifelte nicht daran, dass es möglich sein werde, »allmählich wieder unseren alten Platz in der Weltwirtschaft zu erringen«. Müllers betont realistischer, doch auch maßvoll optimistischer Blick in Deutschlands ökonomische Zukunft wurde ergänzt durch seine dezidierte Absage an die überkommenen Methoden deutscher Macht- und Kriegspolitik: Der Krieg mit seinen Millionen Toten habe »in dem deutschen Volke die Überzeugung gefestigt […], daß Streitigkeiten unter den Völkern nicht mehr mit Pulver und Blei ausgefochten werden dürfen«. Man müsse »allen militaristischen Gedankengängen endgültig entsagen«, »die Welt von unserem unerschütterlichen Friedenswillen überzeugen«, und sei bereit, »mit allen Völkern in Frieden zu leben«: »Begraben wir alle Methoden einer Machtpolitik, die ein für allemal der Vergangenheit angehört.« Stattdessen müsse die deutsche Außenpolitik dazu dienen, in Europa wieder eine Vertrauensatmosphäre zu schaffen. »Deutschland wird die Wiederherstellung seines Ranges unter den großen Völkern nur vom Fortschritte der demokratischen Idee bei uns und den anderen Völkern zu erwarten haben.«[32]

Diese Rede gehört als herausragendes Dokument eines friedlichen, die traditionelle preußisch-deutsche Großmachtpolitik überwindenden Neuansatzes republikanischer deutscher Außenpolitik nach dem Desaster des Weltkriegs in jede Quellensammlung zur Geschichte des Deutschen Reiches oder der Weimarer Republik. Sie

---

32 Hermann Müller, Programmrede vor der Nationalversammlung, 23. Juli 1919, in: Verhandlungen der verfassunggebenden Deutschen Nationalversammlung. Stenographische Berichte, Bd. 328, S. 1852-1859, Zitate S. 1852 f. u. 1858 f.

legte das gedankliche Fundament der spezifischen Weimarer Außenpolitik der Vertragserfüllung in Kombination mit der Zielsetzung einer maßvollen Revision der Versailler Regelungen auf dem Wege friedlicher Verständigung. Tatsächlich jedoch ist auch diese Rede Hermann Müllers, seine bedeutendste, der Vergessenheit anheimgefallen. Die hier von Müller als gültige Regierungspolitik formulierte und verfolgte Konzeption wurde 1921/22 zeitweilig von Reichskanzler Joseph Wirth und Außenminister Walther Rathenau übernommen – sie stehen zu Unrecht als die Urheber der Erfüllungspolitik in den orthodoxen Darstellungen –, schien aber in den Wirren der verlängerten Nachkriegszeit bis 1923/24 zunächst erfolglos. Sie prägte jedoch im Gefolge der Neuordnung des internationalen Systems seit 1924/25 erneut die deutsche Außenpolitik. Müller verkörperte in dieser Entwicklung auch als Oppositionsführer das Element der personellen Kontinuität: Als Reichskanzler konnte er dann 1928 nahtlos an seine Regierungspolitik der Jahre 1919/20 anknüpfen und in diesem Sinne die vorzeitige Räumung des Rheinlandes von alliierten Besatzungstruppen und eine Erleichterung der deutschen Reparationszahlungen durch die Annahme des Young-Planes herbeiführen.

Im Übrigen war Müllers erste Amtszeit als Regierungspolitiker durch eine Vielzahl von gravierenden Problemen gekennzeichnet, deren Wurzeln letztlich in der deutschen Kriegspolitik der Jahre 1914–1918 zu suchen sind. Es ging außenpolitisch um die konfliktbeladene, aber nach einem langwierigen Ringen letztlich erfolgreiche Rückholung der deutschen Truppen und Freikorps aus dem Baltikum. Neben der Auseinandersetzung mit der Regierung des neuen Staates Lettland handelte es sich dabei auch um die Durchsetzung des Primats der zivilen Führung im Reich gegenüber militärischen Autoritäten. Es gab zähe Verhandlungen mit den Siegermächten um die Auslegung von Waffenstillstands- und Friedensvertragsbestimmungen etwa in Sachen Lebensmittelversorgung bei anhaltender alliierter Blockade, wegen deutscher Kohlenlieferungen auf Reparationskonto, einer Rückführung der deutschen Kriegsgefangenen oder der Auslieferung von als Kriegsverbrechern zu belangenden deutschen Militärpersonen. Darüber hinaus interessierte sich Müller insbesondere für den Anschluss Österreichs an das Deutsche Reich, sah aber rasch ein, dass eine praktische Lösung dieser Frage in seinem Sinne vorerst nicht zur Debatte stand. Schließlich mussten die diplomatischen Beziehungen zu den wenigen Deutschland noch freundlich gesonnenen neutralen Staaten gepflegt, die zu den ehemaligen Kriegsgegnern und zu den neu geschaffenen Staatswesen (wieder)hergestellt und Bemühungen um eine personelle Neuaufstellung des Auswärtigen Amtes eingeleitet werden.

Die Regierung Bauer wurde nach gleichfalls anhaltenden innenpolitischen Auseinandersetzungen mit linken und rechten antidemokratischen Kräften im Frühjahr 1920 letztlich vom Kapp-Lüttwitz-Putsch hinweggefegt, dessen unbehinderte Vorbereitung man ihr und insbesondere ihrem sozialdemokratischen Reichswehrminister Gustav Noske anlastete. Müller wurde am 27. März zum Reichskanzler berufen mit dem Auftrag, die Folgen des Putsches zu bewältigen, Ruhe und Ordnung im Reich wiederzustellen und Reichstagswahlen vorzubereiten. Zur Bekämpfung der von kommunistischen und linksanarchistischen Gruppierungen geschürten Aufstände und bürgerkriegsähnlichen Unruhen im Ruhrgebiet, die sich aus der Abwehr des Kapp-Putsches entwickelt hatten, ließ auch Reichskanzler Müller ähnlich wie Noske Reichswehrtruppen und Freikorps einsetzen, die sich nicht nur wenig zimperlich bei der Niederwerfung jeglichen Widerstandes zeigten, sondern durch ihren von Müller genehmigten Einmarsch in die entmilitarisierte Zone rechts des Rheins auch französische Gegenmaßnahmen provozierten, nämlich die militärische Besetzung von Frankfurt am Main und des Maingaus. Müller musste erkennen, dass seine Vorstellungen von Verständigung und Verhandlungen mit den Siegermächten einstweilen noch weit von der Realität entfernt waren, wenngleich ihm aus Großbritannien und den Vereinigten Staaten Verständnis signalisiert, aber keine greifbare Unterstützung gewährt wurde.

Die Reichstagswahlen im Juni 1920 führten zu empfindlichen Verlusten der Mehrheitssozialdemokratie. Müller zog es mit seiner Partei vor, in die Opposition zu wechseln, und verzichtete in den folgenden Jahren darauf, ein Regierungsamt zu übernehmen. Als Oppositionsführer im Reichstag suchte er konstruktiv im Sinne der parlamentarischen Republik und sozialpolitisch für die Klientel der Sozialdemokratie zu wirken, etwa im Zusammenhang mit der Schaffung der Arbeitslosenversicherung. Außerdem förderte er das Gedeihen der praktischen außenpolitischen Bemühungen Stresemanns. Darüber hinaus arbeitete er publizistisch: Nicht zuletzt vertiefte er die gedanklichen Grundlagen einer demokratischen Außenpolitik. Von zentraler Bedeutung war für ihn in diesem Kontext die Errichtung und Stabilisierung einer dauerhaften Friedensordnung in Europa.[33] Die Fortsetzung einer Außenpolitik der friedlichen Verständigung stand für ihn stets an erster Stelle, wenn es um die Frage einer erneuten Regierungsbeteiligung der SPD ging.

3 Offene Zukunft: Reichskanzler 1928 bis 1930

Eine Neubewertung von Müllers zweiter Reichskanzlerschaft erfordert es, sie von ihrem Anfang und nicht von ihrem Ende aus zu betrachten. Die Situation erscheint bis in den Sommer 1929 hinein durchaus offen, ja chancenreich. Die meisten Menschen in Deutschland lebten nicht im Bewusstsein einer fortwährenden umfassenden Krise, sondern in einem relativen wirtschaftlichen und gleichsam mentalen Aufschwung nach den gravierenden Problemen und Krisen der Kriegs- und Nachkriegszeit. Auch das politische System befand sich in einer Phase der fortwährenden Stabilisierung: Die Reichstagswahlen vom 20. Mai 1928 hatten nicht nur der Sozialdemokratie eine relative Mehrheit von nahezu 30 % der Wählerstimmen und der Abgeordnetenmandate eingebracht; sie hatten auch die Grundlage für eine dauerhafte gemäßigt-republikanische

---

33 Vgl. zu diesem Aspekt Rainer Behring, Weltfriedensordnung durch Parlamentarisierung. SPD und Parlamentarismus in den internationalen Beziehungen 1923–1932, in: Detlef Lehnert (Hg.), SPD und Parlamentarismus. Entwicklungslinien und Problemfelder 1871–1990, Köln 2016, S. 163-184, hier S. 163-170 u. 181-183, sowie ders., Hermann Müller und Polen, S. 307-310.

Regierungsbildung geschaffen, ja sogar die Möglichkeit geboten, die unternehmerfreundliche DVP in die Opposition zu schicken. Der designierte Reichskanzler Müller verzichtete jedoch auf diese Möglichkeit der stärkeren Profilierung eines Regierungs- und eines Oppositionslagers im Sinne des parlamentarischen Systems, weil ihm die Einbindung des international renommierten DVP-Vorsitzenden Stresemann als Außenminister in sein Kabinett angesichts der anstehenden außenpolitischen Aufgaben wichtiger erschien: Es ging um die Verhandlungen über die Neuregelung der Reparationszahlungen und die möglichst rasche Räumung der im Westen des Reiches noch von vornehmlich französischen Truppen besetzten Gebiete, aber auch um die Kontinuität der deutschen Vertretung im Völkerbund und um zukunftweisende Projekte wie den vom US-amerikanischen Außenminister Kellogg vorangetriebenen internationalen Vertrag zur Ächtung des Angriffskrieges. Auf allen diesen Gebieten erzielte Müllers Regierung bis zu ihrem Rücktritt beachtliche Erfolge, die nicht nur das Vertragswerk von Versailles fortwährend zu deutschen Gunsten revidierten, sondern auch den Prozess der friedlichen Wiedereingliederung des Deutschen Reiches in ein sich festigendes Staatensystem beförderten.

Im Sinne dieser Prioritäten stand die Außenpolitik auch am Beginn der Regierungserklärung, die Reichskanzler Müller[34] am 3. Juli 1928 dem Reichstag vortrug: Müller betonte in Kontinuität zu seiner 1919/20 verfolgten Linie den »Willen zur friedlichen Verständigung [...] unter Verzicht auf den Gedanken der Revanche«. Von dieser Grundlage aus werde die Reichsregierung »das Ziel weiterverfolgen, Deutschland eine gleichberechtigte Stellung unter den Nationen zu sichern und in aufrichtiger Zusammenarbeit mit den anderen Regierungen auf die politische und wirtschaftliche Konsolidierung Europas hinzuwirken«. Erneut plädierte Müller für die »Begründung eines wirklichen Vertrauensverhältnisses zwischen den Völkern«. Es ist nicht

---

34 Hermann Müller, Regierungserklärung vor dem Reichstag, 3. Juli 1928, in: Verhandlungen des Reichstags. IV. Wahlperiode 1928. Stenographische Berichte, Bd. 423, S. 38-46; daraus die folgenden Zitate.

daran zu zweifeln, dass er und seine Minister es ernst damit meinten, und bis zum Ende seiner Regierung gab auch die Realität der internationalen Staatenpolitik wenig Anlass zu der Auffassung, eine solche Konsolidierung werde nicht möglich sein.

Müllers Regierungserklärung steht aber nicht nur sinnbildlich für die Chancen des Deutschen Reiches auf internationaler Ebene zehn Jahre nach Beendigung des Ersten Weltkriegs in einer historisch offenen Situation; sie bildet vielmehr auch im Hinblick auf die Lage im Innern Deutschlands einen Markstein in der kurzen Geschichte der Weimarer Republik: Sie demonstriert in ihren Inhalten wie in den Umständen, unter denen sie vorgetragen und debattiert wurde, und in ihrer Aufnahme durch die nationale und internationale Öffentlichkeit den Grad an Normalität, den die junge Demokratie nicht scheinbar, sondern tatsächlich erlangt hatte. Liest man ihren Text unvoreingenommen, dann findet sich darin kein Hinweis darauf, dass sich diese Republik zwei Jahre später auf den Weg in ihren Untergang begeben würde, oder dass einer der Handelnden in der Regierung daran gedacht hätte, diesen Weg einzuschlagen. Vielmehr hätten die letzten Reichstagswahlen und der ihnen vorausgehende Wahlkampf, so Müller, »bewiesen, daß das deutsche Volk nach den schweren Nachkriegsjahren in eine Periode ruhiger und stetiger Entwicklung getreten ist. Die Fundamente des neuen Staates, der deutschen Republik, stehen sicher und unerschütterlich.« Die Reichsregierung habe »die Aufgabe, auf dem nun festgefügten Grunde weiterzubauen und unablässig dahin zu wirken, daß die Wunden des Krieges und der Nachkriegszeit sich für immer schließen«. Es komme jetzt darauf an, dass »auf allen Gebieten entschlossene Reformarbeit geleistet wird; denn nur entschiedenes Weiterarbeiten auf dem Wege des sozialen und politischen Fortschritts entspricht dem Willen, den das deutsche Volk bei der Reichstagswahl bekundet hat«.

Es folgte ein überwiegend von den Ministerien zusammengestellter Katalog der praktischen Aufgaben, die die Regierung in den kommenden Jahren innenpolitisch angehen werde: eine Erweiterung und Präzisierung der Kartell- und Monopolgesetzgebung, um Regierung und Öffentlichkeit eine bessere Kontrolle von Konzernen zu ermöglichen, die Förderung des gewerblichen Mittelstandes, eine gesetzliche Neuregelung der Berufsausbildung, die stärkere Beteiligung der Arbeitnehmer an der wirtschaftlichen Entwicklung, die Unterstützung der Landwirtschaft in ihrem Bemühen um Entschuldung und Steigerung der Rentabilität der bäuerlichen Betriebe. Es ging um Arbeitsschutz und die Wiederherstellung des Acht-Stunden-Arbeitstages, um die Beziehungen zwischen Reich und Ländern, um Wahlrechtsreformen und Schulpolitik, Volksgesundheit und Modernisierung der Juristenausbildung – mit anderen Worten: um all die Probleme und Reformanliegen, die so oder ähnlich in jeder parlamentarischen Demokratie aufgeworfen und diskutiert wurden und werden und die in jeder Regierungserklärung zu erwarten sind; ein Bild vollkommener politischer Normalität. Herausragende symbolträchtige Projekte im Sinne einer weiteren Stabilisierung und Modernisierung der Republik waren sicher einerseits die Erhebung des Verfassungstages zum gesetzlichen Feiertag – Müller sprach in diesem Zusammenhang von der »vornehmste[n] Aufgabe der Reichsregierung«, auf der Grundlage der Reichsverfassung »unser Staatswesen im demokratischen Sinne auszubauen und für die Ehrung und Achtung der Republik und ihrer Symbole einzutreten« –, andererseits die Abschaffung der Todesstrafe im Rahmen einer umfassenden Strafrechtsreform; bis zur Erreichung dieses Zieles sollten die Länder dazu angehalten werden, bei Todesurteilen das Begnadigungsrecht anzuwenden. Die Notwendigkeit einer weiteren Republikanisierung der Wehrmacht, in der jeder Deutsche stolz »nur einen Helfer und Schützer sieht«, wurde nicht verschwiegen, diese Aufgabe wurde aber als mittelfristig nicht problematisch und grundsätzlich als realisierbar eingeschätzt.

Selbst der zweifache Hinweis auf das »Erfordernis sparsamster Finanzgebarung der öffentlichen Haushalte«, die »sparsamste Haushaltführung« als »unbedingtes Erfordernis«, findet sich in jeder ernsthaften Regierungserklärung eines demokratischen Staatswesens. Es wurde in Müllers Rede nicht wirklich deutlich, dass sich so etwas wie eine ungewöhnliche finanzielle oder wirtschaftliche Krise anbahne, doch verwies der Reichskanzler nicht ohne Sorge auf das von den Vorgängerregierungen überkommene strukturelle Haushaltsdefizit, auf mögliche »unerwartete Veränderungen in der Wirtschaftslage« und auf die »Stockung auf dem Arbeitsmarkt, die sich neuerdings bemerkbar macht«. Dem allen müsse man Rechnung tragen, bevor man an die an sich wünschenswerte Erleichterung der Steuerlast, »die insbesondere auf den mittleren und unteren Schichten der Bevölkerung liegt«, herangehen könne. Das eigentliche Problem der deutschen Wirtschafts- und Finanzpolitik liege nicht primär in den Reparationszahlungen begründet, die Müller nicht grundsätzlich infrage stellte, sondern in der weiterhin unvollkommenen Wiedereingliederung der deutschen in die Weltwirtschaft:

> »Die Reparationszahlungen können [...] auf die Dauer nur aus wirklichen Überschüssen der deutschen Wirtschaft geleistet werden. Die Weltwirtschaft krankt am Protektionismus. Die deutsche Wirtschaft bedarf zu ihrer vollen Entfaltung der Entwicklung und Vertiefung ihrer weltwirtschaftlichen Beziehungen. Infolgedessen wird die Reichsregierung alle Bestrebungen zu weltwirtschaftlicher Verflechtung unterstützen und selbst ihre Kraft daran setzen, durch Pflege und Erweiterung der weltwirtschaftlichen Betätigung die deutschen Wirtschaftskräfte zu stärken.«

Müller forderte insbesondere eine Ausweitung von bilateralen Handelsverträgen und die Senkung von Zolltarifen, solange eine umfassende Regelung durch Wirtschaftskonferenzen noch auf sich warten lasse. Auch mit diesen Überlegungen zu einer fortschreitenden Liberalisierung der Weltwirtschaft und einem darin integrierten Deutschen Reich knüpfte Müller an seine bereits 1919 als Reichsminister des Auswärtigen vertretenen Positionen an.

Welche Chancen hatte die Regierung Hermann Müllers, die sich erst im Laufe des kommenden Jahres 1929 aus einem von den beteiligten Parteien misstrauisch beäugten »Kabinett der Köpfe« zu einer echten Koalitionsregierung entwickeln sollte, dieses weitreichende Arbeits- und Reformprogramm umzusetzen? Die zeitgenössischen Kommentare waren nicht unvorteilhaft, und es konnte dem republikanischen Kabinett nur zur Ehre gereichen, dass die reaktionäre Deutschnationale Volkspartei ihrer herben Enttäuschung Ausdruck verlieh, weil der preußische Generalfeldmarschall von Hindenburg als Reichspräsident parlamentarischen Gepflogenheiten folgte und tatsächlich einen Sozialdemokraten zum Regierungschef berief. Das Berliner Tageblatt als maßgeblicher Wortführer des linksliberalen Spektrums jedenfalls beurteilte »die Chancen der neuen Regierung durchaus nicht ungünstig«; die Opposition sei schwach.[35] Ernst Feder, der Ressortleiter für Innenpolitik, würdigte Müllers Erklärung, beschrieb die Aufbruchstimmung im Reichstag und betonte die Entschlossenheit der Regierung, »vier Jahre praktische Arbeit zum Aufbau der Republik zu leisten«. Er hielt das von Müller vorgetragene Arbeitsprogramm zwar für überfrachtet, meldete aber keine Zweifel an, dass die Regierung Bestand haben würde: »Die Regierung, die ein solches Programm verkündet und durchführt, ist stark. Sie ist die Vollstreckerin der Willenserklärung vom 20. Mai. Sie ist, obwohl sie keine Koalitionsregierung im eigentlichen Sinn darstellt, viel stärker konsolidiert als das ihr vorangehende Koalitionskabinett.«[36] Das Kabinett stehe auf festem Boden. Ernsthafte Differenzen zwischen den Parteien, die darin ihre Vertreter entsandt hatten, seien nicht aufgetreten, »die klug abgewogene, von gründlicher Durcharbeitung der Materie zeugende Programmrede Hermann Müllers« habe »die Gegner entwaffnet«, und das ganze Kabinett sei »getragen von einer Mehrheit des Reichstags, wie sie gleich stark seit der Weimarer Nationalversammlung noch keiner Regierung zu Gebote stand«.[37]

Eine komplementäre Stimme aus dem westlichen Ausland sei hier noch angeführt: Der britische Botschaftssekretär Harold Nicolson berichtete aus Berlin, das neue Kabinett wirke in keiner Weise pro-

---

35 Heute Regierungserklärung. Volle Einigung im Kabinett erzielt, in: Berliner Tageblatt v. 3.7.1928.
36 Ernst Feder, Das Programm der Reichsregierung. Auf lange Sicht, in: Ebd. v. 4.7.1928.
37 261 gegen 134 Stimmen für das Kabinett Hermann Müller, in: Ebd. v. 6.7.1928.

visorisch und stelle sich auch nicht so dar; es werde vielmehr von Männern gebildet, die das Selbstvertrauen vermittelten, ihre Macht über vier Jahre hinweg bewahren und ausüben zu können: »All reasonable men in Germany now realise that for four years a Social-Democrat Government must in some form remain in power, and the bourgeois parties are prudent enough to recognise that it will be better for them to allow their opponents the full responsibilities and odium of office rather than to drive them towards communism by an attitude of factious obstruction«. Auch die gemäßigte Presse in Deutschland begrüße die Aussicht auf »a Government which will […] be durable, positive and efficient […], a Government which will complete the work of reconstruction in a spirit neither of defeat nor of adventure, but with confidence and caution, and with such intelligence as the German body politic is able to provide«.

»The German body politic« aus der Feder eines britischen Diplomaten – kaum etwas könnte besser zum Ausdruck bringen, dass die deutsche Demokratie im Sommer 1928 voll lebensfähig war. Nicht weniger bezeichnend für die atmosphärische Normalisierung auch der alltäglichen Gepflogenheiten und der politischen Kultur im Reichstag ist eine Beobachtung Nicolsons, von der sich im amtlichen Protokoll der Reichstagssitzung vom 3. Juli 1928 keine Spur findet. Die Nationalisten riefen von Zeit zu Zeit »Müller-Versailles«. Die Kommunisten begleiteten und störten währenddessen Müllers Rede mit ständigen Kommentaren, und als der Reichskanzler auf das Wohnungsproblem zu sprechen kam, antworteten sie in offenkundig organisierter Weise im Chor: »Ihr Reichskanzler-Palais!« Nur an dieser Stelle nahm Müller Notiz von den Störungen und entgegnete: »Hat irgendjemand von Ihnen den Kreml gesehen?« Seine Reaktion rief einen Ausbruch allgemeinen Gelächters hervor, in das die Kommunisten, nicht ohne Sinn für Humor, einfielen. Ein einträchtig über eine witzige, auf die Kommunisten gemünzte schlagfertige Bemerkung des Reichskanzlers lachender Reichstag, unter Einschluss der KPD-Fraktion – in dieser parlamentarischen Idylle konnte der sowjetische Botschafter Krestinski, der von der Diplomatenloge aus das Verhalten seiner Genossen mithilfe eines Opernglases misstrauisch musterte, nur wie paralysiert in sich hineingrummeln.[38]

4 Resultate, Fragen, Kritik

Die zweite Reichskanzlerschaft Müllers war also bei dessen Amtsantritt in keiner Weise zum Scheitern verurteilt. Gewiss existierte das strukturelle Finanzierungsdefizit im Reichshaushalt, das zusammen mit allmählich und dann rascher steigenden Arbeitslosenzahlen und sinkenden Steuereinnahmen zu einem ernsten politischen Problem mutieren konnte, zumal angesichts wachsender Schwierigkeiten bei der Heranziehung von Krediten für das Reich. Andererseits entpuppten sich die Konflikte und Krisen, die der Regierung bald zu schaffen machen sollten, primär als Verteilungskämpfe vor dem Hintergrund schrumpfender finanzieller Ressourcen; das gilt letztlich für die Auseinandersetzung um den Bau von Panzerkreuzern ebenso wie für den Ruhreisenstreit und die Debatte um die Stabilisierung des Reichshaushalts oder für die am Ende letale Krise um die Finanzierung der Arbeitslosenversicherung. Ohne die noch 1928 nicht absehbare, teilweise außerhalb Deutschlands verursachte und dort zunächst hervortretende rapide Verschlechterung der finanziellen und wirtschaftlichen Rahmenbedingungen seit dem Herbst 1929 spricht nichts dagegen, dass das Kabinett Müller vier Jahre Bestand hätte haben können.

Das soll die hausgemachten innenpolitischen und koalitionsinternen Probleme nicht kleinreden: Die geringe und am Ende fehlende Bereitschaft der die Regierung stützenden Fraktionen zu Kompromissen und zur Unterstützung ihrer eigenen Minister im Sinne einer Stärkung der parlamentarischen Komponente der Verfassungsordnung – auch die SPD-Fraktion ließ es wiederholt am nötigen

---

38 Harold Nicolson an Austen Chamberlain, 4. Juli 1928, in: Documents on British Foreign Policy 1919–1939. Series I A, Vol. V, London 1973, Dok. Nr. 80, S. 159-161, teilweise rückübersetzt aus dem Englischen vom Verf.

Beistand für ihre Regierungsmitglieder fehlen –, die seit 1929 zu erkennende Verschiebung des Parteiensystems nach »rechts« etwa beim Zentrum oder in der DVP, die gegen eine fortdauernde Regierungsbeteiligung der Sozialdemokratie gerichtete Agitation unverantwortlicher Kreise in der Umgebung des Reichspräsidenten, das Aufkommen einer totalitären rechtsnationalistischen Bewegung, das sich gewiss nicht allein als Folge der wirtschaftlichen Krise interpretieren lässt.

Als völlig unvorhersehbar und unkalkulierbar, zugleich mit der Frage nach den Wirkungsmöglichkeiten des Individuums in einem parlamentarisch-demokratischen System eng verknüpft erwies sich die Rolle, die die schweren und in unterschiedlicher Weise letztlich tödlichen Erkrankungen der beiden Protagonisten der Reichsregierung der Großen Koalition spielten. Müller und Stresemann saßen 1928/29 überhaupt nur bei ganz wenigen Kabinettssitzungen gemeinsam an einem Tisch; Müllers krankheitsbedingter Ausfall im Sommer 1929 und Stresemanns bald darauf erfolgter Tod ließen die Regierung gleichsam kopflos dastehen, und es ist bei allen folgenden Entscheidungen zu berücksichtigen, dass Müllers Energie und seine Arbeitskraft nicht mehr im vollen Umfang zur Verfügung standen. So würde etwa Müller im Oktober 1929 selbst das Außenministerium übernommen haben – eine in der Weimarer Republik nicht ganz ungewöhnliche Konstruktion –, wenn es ihm sein Arzt nicht ausdrücklich untersagt hätte. Würde er vielleicht 1930 eine Fortsetzung der Koalition ohne die DVP gewagt haben? Oder würde er mit aller Energie seine Fraktion zur Fortsetzung der bestehenden Koalition bewegt haben?

Müllers auf Ausgleich und die Kraft der Überzeugung setzende Mentalität spricht eher dagegen. So wie er als Reichskanzler einen moderierenden Regierungsstil pflegte, der einer Großen Koalition durchaus angemessen war, so zeigte er sich auch im Umgang mit seinen Parteigenossen behutsam argumentierend, eher defensiv, und hatte keine Neigung dazu, mit der Faust auf den Tisch zu schlagen, wie es im übertragenen Sinne Stresemann des Öfteren vor seiner Fraktion tat. Von Stresemann unterschied sich Müller auch gravierend durch seinen mangelnden Drang zur Macht: Er übernahm Regierungsämter eher zögerlich und kämpfte nicht bis zum letzten um deren Beibehaltung. In seiner Personalpolitik agierte Müller mitunter zaudernd: So ist der letztlich auch von ihm zu verantwortende Austausch von Walther Reinhardt durch Hans von Seeckt als Chef der Heeresleitung 1920 kaum als Zeichen von politischer Klugheit zu werten, doch war das kein Fehler, der 1928 noch eine wesentliche Rolle gespielt hätte. Fatal war Müllers schwächliches Zaudern, 1929/30 gegen den Präsidenten der Reichsbank, Hjalmar Schacht, vorzugehen, der schlicht das finanzielle Überleben der Reichsregierung sabotierte und sich schon damals als einer der übelsten Verderber der Weimarer Republik erwies. Auch ist Müllers Verzicht auf Kritik an seinem Nachfolger Brüning in der Rückschau schwer verständlich, der nicht nur seit Sommer 1930 evident gegen den Sinn der Weimarer Reichsverfassung verstieß, sondern auch außenpolitisch rasch den Bruch mit Müllers Vermächtnis einleitete. Den Aufstieg des Nationalsozialismus als einer manifesten Bedrohung für die deutsche Republik hat Müller lange unterschätzt und erfasste ihn, der im Hinblick auf die Gefahren des Bolschewismus und des italienischen Faschismus immer einen wachen, aber realistischen Blick bewiesen hatte, erst nach den Reichstagswahlen vom September 1930 mit der nötigen Klarheit.

Gleichwohl zweifelte Müller auch 1930/31 zu keinem Zeitpunkt an der Stabilität seiner Republik. In diesem ihm nach seinem Rücktritt noch verbleibenden knappen Jahr, als er schließlich die Politik der Tolerierung Brünings durch die SPD einleitete und mit zu verantworten hatte, als enorm steigende Arbeitslosenzahlen und einsetzendes Massenelend gerade auch in der Klientel der Sozialdemokratie zu verzeichnen waren, gab es weiterhin auch manifeste Tendenzen ganz anderer Art: Die Republik wusste tatsächlich auch jetzt noch eine weitverbreitete Atmosphäre bürgerlicher Normalität mit herausragenden und bis heute beeindruckenden Erscheinungen kultureller Blüte zu vereinen, etwa anspruchsvollen Tonfilmen oder großflächigen modernen Wohnsiedlungen im Zeichen der neuen Sachlichkeit. Folgerichtig verteidigte der Reichskanzler a. D. Müller in Zeitungsartikeln insbesondere für US-amerikanische Medienkonzerne die deutsche Demokratie und beharrte auf ihrer Kraft zu überleben. Hermann Müller starb in der Überzeugung, dass der Weimarer Republik auch weiterhin noch alle Chancen einer gedeihlichen Entwicklung offenstanden.

Siegfried Heimann

Otto Braun (1872–1955): Als Ministerpräsident »der rote Zar von Preußen«

1 Heute vergessen?

Otto Braun war während der Weimarer Republik wohl – neben Friedrich Ebert – der bekannteste Sozialdemokrat nicht nur in Preußen. Den Beinamen »Der rote Zar von Preußen« ließ sich der von 1920 bis 1932/33 mit kurzer Unterbrechung amtierende Ministerpräsident Braun nicht ohne wohlwollendes Schmunzeln gerne gefallen. Nach seinem Weg in die Schweizer Emigration und nach dem von ihm herbeigesehnten Ende der Nazi-Diktatur aber war er vergessen.[1] Bekannt ist die kleine Episode, die Paul Löbe (SPD) – Reichstagspräsident mit nur kurzer Unterbrechung von 1920 bis 1932 – im Jahre 1950 erlebte und in der Wochenschrift »Die Zeit« beschrieb.

---

1 Die Darstellung der Politik des Ministerpräsidenten Otto Braun stützt sich vor allem auf mein Buch: Siegfried Heimann, Der Preußische Landtag 1899–1947. Eine politische Geschichte, Berlin 2011. Zu Braun vgl. v. a.: Hagen Schulze, Otto Braun oder Preußens demokratische Sendung. Eine Biographie, Berlin 1977.

Löbe stellte den 1950 zu einem Besuch in Bonn weilenden Otto Braun dem amtierenden Bundestagspräsidenten Hermann Ehlers als Ministerpräsident Braun vor. Ehlers begrüßte ihn freundlich, fragte dann aber nach: »ich weiß im Moment nicht [...] In welchem Bundesland sind Sie doch Ministerpräsident?«[2]

Brauns noch im Exil geschriebenen und 1943 veröffentlichten (Teil-)Erinnerungen »Von Weimar zu Hitler« waren gerade ein Jahr vor dieser Begegnung neu aufgelegt worden. Das Buch war offenbar wenig gelesen und schon gar nicht als Handlungsanleitung für den politischen Neubeginn verstanden worden. Brauns wenige Besuche in Deutschland, nicht zuletzt auch in Berlin, fanden kein großes Medienecho. Braun kehrte – tief enttäuscht, freilich inzwischen auch hochbetagt – nicht nach Deutschland zurück.[3]

Dieses Bild vom vergessenen preußischen Ministerpräsidenten hat sich seit dem Erscheinen der Biografie von Hagen Schulze zumindest in der Geschichtsschreibung gewandelt. Wer über Preußen schreibt, kommt, von Heinrich August Winkler bis zu Christopher Clark, an Braun nicht vorbei. Seine Leistungen als sozialdemokratischer Ministerpräsident werden mit großem Lob hervorgehoben, sein resignierter Rückzug aus der Politik nach dem »Preußenputsch« des antidemokratischen Reichskanzlers von Papen am 20. Juli 1932 dagegen wird als »Rätsel« beschrieben, das weiterhin viele Fragen aufwirft. Im Folgenden soll, nach einer kurzen Skizze seiner Biografie bis zum Jahre 1920, vor allem von Braun als Ministerpräsident die Rede sein. Einige ausgewählte Bereiche seines politischen Wirkens und Brauns Agieren oder auch »Nicht-Agieren« nach dem »Preußenputsch« werden dargestellt, und schließlich wird eine kurze Würdigung von Brauns politischer Persönlichkeit versucht.

---

2   Löbe in: Die Zeit v. 13.7.1950, zit. n.: Schulze, Otto Braun, S. 31.
3   Vgl. Otto Braun, Von Weimar zu Hitler, Hamburg 1949.

2 Herkunft, politische Anfänge bis 1918 und preußischer Landwirtschaftsminister

Otto Braun, der Sohn eines Schuhmachermeisters ohne Fortune und späteren Eisenbahnarbeiters, wurde im Januar 1872 in Königsberg geboren.[4] Seine Mutter war die Tochter eines Landarbeiters. Braun erlernte nach der Volksschule den angesehenen Beruf eines Steindruckers, fand 1888 eher zufällig zur damals noch illegalen Sozialdemokratie. Er gehörte zur linken Opposition der »Jungen«, machte dennoch schnell Karriere in der Königsberger SPD und war Mitbegründer einer Zeitung. Er war damals schon besonders an der sozialen Situation und an der politischen Organisation der Landarbeiter interessiert und regte die Gründung eines Landarbeiterverbandes an. Wegen »Majestätsbeleidigung« erhielt er zwei Wochen Gefängnis, wenig später war er wegen »Hochverrats« mehrere Wochen in Untersuchungshaft. Im Jahre 1898 war er Vorsitzender der SPD Ostpreußens und seit 1902 Stadtverordneter in Königsberg. Zuvor hatte er 1894 geheiratet und zog bald mit seiner selbstbewussten Frau Emilie nach Berlin um. Nach Verlagstätigkeiten konnte er sich mit der Leitung einer Krankenkasse für administrative Führungsaufgaben qualifizieren.[5] Im Jahre 1905 begann sein Aufstieg in der SPD auf Reichsebene. Zunächst Mitglied der Kontrollkommission, war er seit 1911 als Kassierer Mitglied des Parteivorstandes. 1913 wurde er noch unter dem Dreiklassenwahlrecht im Wahlkreis Niederbarnim in das preußische Haus der Abgeordneten gewählt.

Bei Kriegsausbruch 1914 stand er auf der Seite der SPD-Mehrheit; dem linken Flügel, vor allem dem Kreis um Rosa Luxemburg und Karl Liebknecht, aus dem später die KPD hervorging, stand er sehr kritisch gegenüber. In die Streikführung während der Januarstreiks im Jahre 1918 trat er (zusammen mit Ebert und Scheidemann) ein, um, wie er später sagte, die streikenden Arbeiter nicht in radikaleres

---

4   Zur Biografie bis 1920 vgl. v. a. Schulze, Otto Braun, S. 39 ff.
5   Ebd., S. 69 ff. (Verlag) und S. 104 ff. (Krankenkasse).

Fahrwasser geraten zu lassen – weshalb ihn später der Hochverratsprozess gegen den Reichspräsidenten Ebert so empörte. Er war und blieb der Landwirtschaftsexperte der Partei; als Abgeordneter war er ein verlässlicher Arbeiter, jedoch kein Meister der Rhetorik – auch als Ministerpräsident und als Wahlredner sprach er später sachlich-nüchtern und wenig mitreißend.

Der Beginn der deutschen Revolution von 1918/19 sah Braun als Mitglied des Berliner Arbeiter- und Soldatenrates. Seit dem 12. November 1918 war er in der revolutionären preußischen Regierung Hirsch-Ströbel von SPD und USPD zusammen mit Adolf Hofer von der USPD Volksbeauftragter für Landwirtschaft. Das blieb er auch in den folgenden preußischen Regierungen, jener von Paul Hirsch 1919/20 und sogar noch im ersten Kabinett, das er selbst als Ministerpräsident leitete. Im März 1920 erschütterte der Kapp-Putsch die Weimarer Republik im Reich und in Preußen. Nach der Niederlage der Putschisten schlug die Stunde für einen weiteren Karriereschritt von Otto Braun. Er verstand es, die Gunst dieser Stunde erfolgreich zu nutzen.

3 Der Ministerpräsident seit 1920

Für das »revolutionäre« republikanische Staatsministerium hatte sich bald der Name »Preußische Regierung« eingebürgert, bis nach dem Inkrafttreten der preußischen Verfassung wieder offiziell die Bezeichnung »Das Preußische Staatsministerium« galt. Der preußische Ministerpräsident, in der Öffentlichkeit stets so bezeichnet, führte offiziell die Bezeichnung »Vorsitzender des Staatsministeriums«.[6] Er leitete die Sitzungen der preußischen Regierung und bestimmte die Tagesordnung. Aber er war spätestens nach der Verabschiedung der preußischen Verfassung (PV) am 30. November 1920 nur noch *Primus inter Pares*. Die preußische Regierung fasste alle Beschlüsse gemein-

---

6 Zur ersten »regulären« preußischen Staatsregierung und ihrer Politik nach 1918 vgl. Heimann, Preußischer Landtag, S. 132 ff.

sam, der Ministerpräsident besaß bei Stimmengleichheit keine entscheidende Stimme. Er bestimmte jedoch gemäß Artikel 46 PV die Richtlinien der Politik und war dem Landtag, der ihn wählte, dafür verantwortlich. Er berief außerdem die Minister, diese waren aber dem Landtag direkt verantwortlich. Ein starker Ministerpräsident, wie es seit März 1920 Otto Braun sein sollte, konnte dennoch mit dem Instrument der Richtlinienkompetenz großen und entscheidenden Einfluss in der preußischen Regierung ausüben. Sie war der »Schlüssel für die Beherrschung der preußischen Politik«.[7]

Der erste Ministerpräsident Paul Hirsch, seit 1913 einer von damals zehn sozialdemokratischen Abgeordneten im preußischen Abgeordnetenhaus, galt freilich als schwach; es habe ihm an Entschlussfähigkeit gemangelt, er sei während der Sitzungen der Regierung »wenig mehr als ein Diskussionsleiter« gewesen, und sein Rücktritt im März 1920 war nach den Worten seines Nachfolgers »kein politischer Verlust«.[8] Nach dem Kapp-Putsch war eine Regierungsumbildung in Preußen überfällig. Die mit ihrem Generalstreik gegen die Putschisten erfolgreichen Gewerkschaften forderten politische Konsequenzen. Die USPD war allerdings nicht zum Eintritt in eine Koalitionsregierung zu bewegen, in der auch »bürgerliche« Parteien vertreten waren. Nur eine Neuauflage der Weimarer Koalition, aber mit neuem Personal, blieb übrig. Die Nominierung Brauns zum Ministerpräsidenten kam dann doch für einige in der SPD-Fraktion eher überraschend, zumal andere Kandidaten im Gespräch gewesen waren. Da der neue Ministerpräsident weiterhin Landwirtschaftsminister blieb, verlor die SPD ihre Mehrheit im Kabinett. Der preußische Ministerpräsident war noch mehr als zuvor *Primus inter Pares* nur durch die Autorität seiner Persönlichkeit. Diese war jedoch bei Braun ohne Zweifel vorhanden.

Otto Braun hatte darüber hinaus auch eine preußische Sozialdemokratie an seiner Seite, die sich von der Partei im Reich sehr unterschied, was nicht zuletzt auch in der unterschiedlich erfolgreichen

---

7   Vgl. Schulze, Otto Braun, S. 369.
8   Vgl. ebd., S. 242 und Braun, Von Weimar zu Hitler, S. 34.

praktischen Politik der SPD-Fraktionen im Reichstag und im preußischen Landtag erkennbar war. Ein vergleichender Blick auf die SPD im Reich und in Preußen kann helfen, den Erfolg der Politik Brauns als Ministerpräsidenten besser zu verstehen.[9] Die Sozialdemokratische Partei, die Mehrheitssozialdemokratie aus der Zeit des Weltkrieges, hatte sich nach 1918 nur allmählich organisatorisch wieder als große Mitgliederpartei gefestigt. Auf dem Heidelberger Parteitag 1925 beschloss sie ein antikapitalistisches Programm, das alle Flügel der Partei vereinen sollte, und unter dem Schlagwort »Kommunalsozialismus« verfolgte sie eine besonders in Preußen sehr erfolgreiche Reformpolitik.[10] Sie wurde mehr als alle anderen Parteien zur Verteidigerin der Republik und sah sich gegen Ende der Weimarer Republik mehr und mehr zu einer »Tolerierungspolitik« gedrängt, die Schlimmeres verhüten sollte, letztlich aber nicht konnte.

»In der SPD selbst blieb es bis zum Ende der Weimarer Republik umstritten, was denn die Partei eigentlich sei: eine Staatspartei der demokratischen Republik und damit tendenziell eine Regierungspartei oder eine proletarische Klassenpartei. Tatsächlich war sie beides zugleich und befand sich mit dieser Doppelfunktion auch in einer doppelten Loyalität«, wie Helga Grebing das Dilemma der SPD der Weimarer Republik beschrieb.[11] »Regierungspartei« war sie besonders in Preußen bis 1932 und »Klassenpartei« immer einmal wieder im Reichstag. Die SPD war weiterhin eine Arbeiterpartei (fast 60 % der Mitglieder waren Arbeiter, es kamen Hausfrauen und Rentner aus dem Arbeiterbereich hinzu), doch hatte der Anteil der Angestellten bemerkenswert zugenommen. Nicht zuletzt in Preußen waren Sozialdemokraten bis zu 13 % im Öffentlichen Dienst beschäf-

---

9   Vgl. zur allgemeinen Entwicklung der SPD nach 1918: Peter Lösche/Franz Walter, Die SPD. Klassenpartei – Volkspartei – Quotenpartei, Darmstadt 1992, Helga Grebing, Geschichte der deutschen Arbeiterbewegung. Von der Revolution von 1848 bis ins 21. Jahrhundert, Berlin 2007; Peter Brandt/Detlef Lehnert, »Mehr Demokratie wagen«. Geschichte der Sozialdemokratie 1830–2010, Berlin 2013.
10 Zum Wortlaut des Programms vgl. Heinrich Potthoff/Susanne Miller, Kleine Geschichte der SPD 1848–2002, Bonn 2002, S. 473 ff.; Zitat S. 475.
11 Grebing, Arbeiterbewegung, S. 79.

tigt. Sie waren meist als Arbeiter in den unteren und mittleren Dienst der Kommunen aufgestiegen.[12]

Im preußischen Landtag war die SPD-Fraktion bis 1932, als sie von der Fraktion der NSDAP überholt wurde, stets stärkste Fraktion. Im Gegensatz zur Reichstagsfraktion waren die meisten Abgeordneten Neulinge im Landtag, da vor 1918 nur zehn SPD-Abgeordnete überhaupt im preußischen Haus der Abgeordneten Erfahrungen hatten sammeln können. Für jüngere Sozialdemokraten war darüber hinaus der Weg in den Reichstag versperrt, da verdiente ältere Sozialdemokraten, die schon vor 1918 Mitglied im Reichstag gewesen waren, darauf wieder Anspruch erhoben. Diese jüngeren Parteimitglieder fanden sich, soweit sie Erfahrungen als Partei- und Gewerkschaftsfunktionäre und als Kommunalpolitiker hatten, nun im preußischen Landtag wieder. Jedoch waren nur wenige »dezidierte ›Linke‹« in der Landtagsfraktion und hatten auch keinen Einfluss.[13]

In der preußischen Landtagsfraktion gab es, anders als in der Reichstagsfraktion, faktisch einen strikten Fraktionszwang. Der Fraktionsvorsitzende hatte jedoch die Einhaltung der Fraktionsdisziplin selten einzufordern und die einheitliche Abstimmung zu verlangen. Mehr als im Reichstag waren die Abgeordneten der SPD im Landtag bereit, »ihren« Ministern den Rücken frei zu halten. Darüber hinaus gab es in Preußen keine SPD-Landesorganisation, der die Fraktion Rechenschaft schuldig gewesen wäre. So war die Landtagsfraktion »ihr eigener Herr, was ihrer taktischen Beweglichkeit und relativen parteipolitischen Unbekümmertheit zugute kam«.[14] Mit dieser SPD, mit solcher Fraktion gelang es dem Ministerpräsidenten Braun, nicht immer im Konsens, bis 1932 erfolgreich Politik zu machen.

---

12 Vgl. dazu Lösche/Walter, SPD, S. 14 ff. und Klaus Sühl, SPD und Öffentlicher Dienst in der Weimarer Republik, Opladen 1988, S. 222 ff.
13 Vgl. Thomas Albrecht, Für eine wehrhafte Demokratie. Albert Grzesinski und die preußische Politik in der Weimarer Republik, Bonn 1999, S. 140 f.
14 Vgl. Hagen Schulze, Stabilität und Instabilität in der politischen Ordnung von Weimar. Die sozialdemokratischen Parlamentsfraktionen im Reich und in Preußen, in: Vierteljahrshefte für Zeitgeschichte 26 (1978), S. 419 ff.

Am 29. März 1920 wurde Braun erstmals preußischer Ministerpräsident. Er hatte das Amt, von zwei kurzen Unterbrechungen abgesehen, tatsächlich bis zum »Preußenputsch« im Juli 1932 und formell noch bis zum 25. März 1933 inne. Braun besaß nach einhelliger Meinung seiner Zeitgenossen große Entschlusskraft und Willensstärke, die er schon als preußischer Landwirtschaftsminister gezeigt hatte. Durch sein Eintreten für die Interessen der Landarbeiter und seine entschiedene Kritik an dem gegenrevolutionären Auftreten des Pommerschen Landbundes war er allerdings »zum meistgehassten Mann im agrarisch-konservativen Lager« geworden.[15] Braun besaß »dank seiner Persönlichkeit« eine starke Stellung im Kabinett, er ließ sich zudem in der Auseinandersetzung mit seinen Ministerkollegen keines seiner wenigen Vorrechte wie etwa das Vorentscheidungsrecht und das alleinige Vertretungsrecht des Staatsministeriums nach außen abhandeln.[16]

Mit der Bildung einer Regierung der Großen Koalition im November 1921 ging eine mehrmonatige Regierungskrise zu Ende, die nach den Wahlen zum ersten Preußischen Landtag im Februar 1921 begonnen hatte. SPD und DDP hatten viele Mandate verloren. Eine Erweiterung der Koalition unter Einbezug der Wahlsiegerin DVP stand auf der Tagesordnung. Die SPD lehnte freilich über Monate eine Große Koalition ab, während DDP und Zentrum es eher alleine wagen wollten. Sie hoben den Zentrums-Minister für Volkswohlfahrt Adam Stegerwald aufs Schild und wählten ihn Ende April 1921 zum Ministerpräsidenten. Sein Kabinett hinterließ freilich, obwohl ein sogenanntes »Kabinett der Fachleute«, keine bleibenden Spuren – und im November 1921 hieß der Ministerpräsident wieder Otto Braun. Die Weimarer Koalition gehörte allerdings nun auch in Preußen bis 1925 der Vergangenheit an. Der Einfluss der SPD im preußischen Kabinett war weiter gesunken.

---

15 Schulze, Otto Braun, S. 290. Braun blieb auch nach dem »Preußenputsch« der legale preußische Ministerpräsident; daher das Datum 25.3.1933.
16 Vgl. auch für das Zitat: Hans-Peter Ehni, Bollwerk Preußen?, Bonn 1975, S. 32 u. 35.

Das Ergebnis der Landtagswahl am 7. Dezember 1924 hatte erneut eine Regierungskrise ausgelöst. Am gleichen Tag war der Reichstag neu gewählt worden und die konservativen Parteien, durch das Wahlergebnis in Preußen und im Reich ermutigt, probten den Aufstand. Verlängert wurde die Debatte um eine neue preußische Koalition durch die für 1925 anstehende Neuwahl des Reichspräsidenten, die durch den Tod des ersten Präsidenten Ebert noch zusätzliche politische Dramatik erhielt.[17] Die Idee einer preußischen Regierung ohne SPD schien Aussicht auf Erfolg zu haben. Das schon im Reich gewagte Experiment einer Regierung der »bürgerlichen Mitte«, eventuell unter Einbezug der DNVP, sollte daher in Preußen wiederholt werden. Die Folge war jedoch nur eine wochenlange Regierungskrise mit Wilhelm Marx als Übergangsministerpräsident. Diesmal waren es vor allem die preußische Zentrumspartei und deren einflussreicher Abgeordneter Joseph Heß, die eine Wiederbelebung der Weimarer Koalition wünschten. Im April 1925 war das wochenlange Tauziehen zu Ende. Die neue Regierung der Weimarer Koalition mit dem Ministerpräsidenten Braun an der Spitze war bis 1928 ohne eigene Mehrheit, jedoch gerade darum und angesichts zersplitterter Opposition umso erfolgreicher, da der Zwang zur Zusammenarbeit stets offenbar war.[18]

Die Wahl Brauns war möglich geworden, da die Wahl eines neuen Reichspräsidenten Mitte 1925 die politischen Machtverhältnisse in Preußen wieder ins Lot brachte. Nach dem Tod des ersten sozialdemokratischen Reichspräsidenten Ebert im März 1925 hatte die SPD den eben als Ministerpräsidenten zurückgetretenen Otto Braun als Kandidaten benannt, der sich nach kurzem Zögern – er wollte lieber in Preußen einflussreich bleiben – zur Kandidatur bereit erklärte. Braun erzielte mit fast 8 Mio. Stimmen (29 %) ein sehr respektables

---

17 Vgl. Die Protokolle des preußischen Staatsministeriums 1817–1934/38, Hg. Jürgen Kocka/Wolfgang Neugebauer, 12 Bde., Hildesheim 1999–2004, hier: Bd. 11/1, S. 410. Zum Verlauf der Regierungskrise vgl. Heimann, Preußischer Landtag, S. 138 ff.
18 Vgl. die Sitzungen der Staatsregierung am 4. und 6.4.1925: Protokoll Staatsministerium 12/1, S. 51 f.

Ergebnis, aber er war in der Reihe der acht Kandidaten nur Zweiter geworden. Um den rechtsliberalen und deutschnationalen Kandidaten Jarres zu verhindern, kam es zu einem Handel: die SPD unterstützte im zweiten Wahlgang den außerhalb seiner Partei noch wenig bekannten Zentrumskandidaten Marx, dafür wählte das Zentrum am 3. April 1925 Braun wieder mit zum preußischen Ministerpräsidenten.[19]

Die rechtsgerichteten Parteien zogen nun aber ihren ebenfalls kaum bekannten Kandidaten Jarres zurück und nominierten für den zweiten Wahlgang den Generalfeldmarschall a. D. Paul von Hindenburg. Die Stimmabgabe im ersten Wahlgang ließ eine Mehrheit gegen einen konservativen Kandidaten für wahrscheinlich erscheinen. Die KPD beharrte jedoch auf ihrem Kandidaten Ernst Thälmann, und die rechtslastige Bayerische Volkspartei (gegenüber dem Zentrum eigenständig wie heute die CSU im Verhältnis zur CDU) entschied sich mehrheitlich für Hindenburg. Der sozialdemokratische »Vorwärts« nannte das Ergebnis einen »Überrumpelungssieg der Reaktion, gewonnen durch den kommunistischen Verrat an der Republik«. Die Rechtspresse dagegen triumphierte und erhoffte sich nun eine »Reinigung des Staatswesens von Korruption und Bestechung«.[20]

Die immerhin dreimonatige Regierungskrise, für Preußen ein Novum, war jedoch zu Ende. Das neue Kabinett war weitgehend das alte wie unter Ministerpräsident Marx von der Zentrumspartei, der nur wenige Wochen im Amte gewesen war. Die neue preußische Regierung sollte dennoch bemerkenswert lange (bis 1932) mit Braun an der Spitze die Geschicke Preußens lenken, als sich im Reich die politische Instabilität bereits in den sich mehrfach ablösenden Regie-

---

19 Vgl. Sitzungsberichte und Drucksachen des Preußischen Landtags 1925, Bd. 1, Sp. 1380. Vgl. zur Wahl Brauns im Landtag auch Heimann, Preußischer Landtag, S. 222 ff.
20 Zum Ergebnis der Reichspräsidentenwahl: Jürgen Falter u. a., Wahlen und Abstimmungen in der Weimarer Republik. Materialien zum Wahlverhalten 1919–1933, München 1986, S. 46, und zu den Zitaten aus der Presse: Schulthess' Europäischer Geschichtskalender, Neue Folge, München 1918 ff., hier: 1925, S. 58 f.

rungen mit den unterschiedlichsten Koalitionen dokumentierte. Das war nicht zuletzt deshalb möglich, weil im preußischen Landtag die Fraktionen der die Regierung tragenden Parteien der Weimarer Koalition in wachsendem Maße einen »parlamentarischen Schutzkordon« um die von Braun geführte preußische Regierung bildeten. Das Verhältnis zwischen Otto Braun und dem einflussreichen SPD-Fraktionsvorsitzenden Ernst Heilmann war allerdings nicht immer konfliktfrei; zu sehr waren beide von sich überzeugt.

So kam es nach den für die SPD erfolgreichen Landtagswahlen im Jahre 1925 zwischen Heilmann und Braun zu einem Konflikt über die Besetzung der Ministerämter in der neuen Landesregierung. Heilmann und seine Fraktion monierten, dass die SPD weiterhin nur zwei Minister stellen sollte, während die kleineren Koalitionspartner Zentrum und DDP jeweils drei Ministerien besetzen sollten. Im Mai 1929 forderte Heilmann gebieterisch einen weiteren Minister für die SPD. Braun dagegen wollte angesichts der schwierigen Konkordatsverhandlungen mit der Katholischen Kirche und auch der Probleme um eine Schulreform nicht auf den der DDP nahestehenden Kultusminister Becker verzichten. Im Juni 1929 war der Streit erst einmal zu Ende. Otto Braun hatte erklärt, dass er vor einer etwaigen Umbildung der Koalitionsregierung in Preußen keine Änderung im Kultusministerium vornehmen werde. Der Ausgang des Konflikts war ein Beispiel für das geschickte Taktieren von Otto Braun, was ihm auch im bürgerlichen Lager viel Anerkennung einbrachte, ihn freilich auch zu sicher machte, dass sein Ansehen in Preußen reiche, um noch ganz andere Konflikte erfolgreich zu überstehen.[21]

---

21 Vgl. zu diesem Konflikt: Siegfried Heimann, Ernst Heilmann. Parlamentarier – Sozialdemokrat, Berlin 2010, S. 26 f.; zur Landespolitik insgesamt auch Horst Möller, Parlamentarismus in Preußen 1919–1932, Düsseldorf 1985.

4 Das Verhältnis Reich – Preußen und die gescheiterte Reichsreform

Die preußische Regierung bekannte sich von Anfang an, für nicht wenige der mehrheitlich unitarisch gesonnenen Sozialdemokraten überraschend, zur Weiterexistenz von Preußen. Otto Braun versuchte als Ministerpräsident trotz mancher Rückschläge dieses Bekenntnis zu Preußen in praktische Politik umzusetzen. Christopher Clark beschrieb die Situation mit den Worten: »Ein König geht, der Staat bleibt.«[22] Die Minister beider Parteien in der ersten preußischen Regierung waren ausdrücklich Gegner einer Zentralisierung, während auf Reichsebene der Rat der Volksbeauftragten unitarisch eingestellt war. Die Einheit Preußens schien vor allem ein gewichtiges Hindernis für alle separatistischen Bestrebungen zu sein. Das Ziel, Teile Preußens im Westen wie im Osten aus dem preußischen Staat herauszulösen, hätte, so war die Befürchtung, mit französischer bzw. polnischer Unterstützung die Loslösung vom Reich überhaupt erleichtern können.[23]

Aber vom ersten Tage der Republik an hatte sich das Verhältnis zwischen Reich und Preußen grundlegend verändert. Die Personalunion von Reichskanzler und preußischem Ministerpräsidenten, die fast immer seit 1871 bestanden hatte, gehörte endgültig der Vergangenheit an. Bestrebungen nach dem »Preußenputsch« 1932, an dieses Vorbild noch einmal anzuknüpfen, um das unbotmäßige Preußen scheinbar rechtmäßig zu disziplinieren, kamen nicht zum Zuge. Der Einfluss Preußens auf das Reich war beträchtlich vermindert. Es blieb freilich weiterhin die schiere territoriale Größe, was zugleich bedeutete, dass allein die Zahl der preußischen Polizisten und der Beamten die entsprechende Zahl in allen übrigen deutschen Ländern zusammen übertraf. Preußen war darüber hinaus weiterhin der bevölke-

---

22 Vgl. auch für das Folgende: Christopher Clark, Preußen. Aufstieg und Niedergang 1600–1947, München 2006, S. 696 ff.; Zitat S. 696.
23 Vgl. dazu und für das Folgende: Heimann, Preußischer Landtag, S. 144 ff.

rungsreichste Bundesstaat mit einer eindrucksvollen Wirtschaftskraft.[24]
Bei der Diskussion um die Reichsverfassung war das Verhältnis zwischen Reich und Ländern ein großes Problem. Bei den einschlägigen Paragrafen kam es zu den meisten Änderungen des ersten Entwurfs von Hugo Preuß. Nachdem die Reichsverfassung klargestellt hatte, dass wichtige Befugnisse, die früher Ländersache gewesen waren, nunmehr dem Reich oblagen, waren alle Länder sorgsam bestrebt, nicht noch mehr Kompetenzen abzugeben.

Ministerpräsident Braun machten weitere Bestimmungen der neuen Verfassung noch größere Sorgen. Der Einfluss Preußens auf das Reich über den Reichsrat war durch zwei Artikel einer »clausula antiborussica« der Reichsverfassung beeinträchtigt. Deren Art. 61 bestimmte, dass kein Land mehr als zwei Fünftel aller Stimmen im Reichsrat haben durfte, das waren im Ganzen nur 26 Stimmen für Preußen. Hinzu kam, dass im Art. 63 der Reichsverfassung festgelegt war, dass die preußische Regierung nur die Hälfte der preußischen Vertreter im Reichsrat benennen durfte; die anderen 13 Vertreter wurden durch die preußischen Provinziallandtage gewählt. Deren Vertreter stimmten im Reichsrat oft anders als die von der preußischen Regierung benannten Abgesandten. Preußen unterlag so im Reichsrat vielfach mit seinen Anliegen. Da die Vertreter Bayerns geschlossen abstimmten, wuchs der Einfluss Bayerns auf Kosten Preußens. Für Otto Braun war das »Ausnahmegesetz« zuungunsten Preußens ein ständiger Stein des Anstoßes.[25]

Braun wollte, dass alle preußischen Vertreter im Reichsrat mit einer Stimme sprechen, aber nur der Hälfte durfte er klare Weisungen für die Stimmabgabe geben. Das war an sich schon misslich, hinzu kam, dass die Provinziallandtage besonders im Osten Preußens

---

24 Vgl. dazu die Hinweise in: Protokoll Staatsministerium, 11/1, Einleitung S. 11 ff. Vgl. auch: Heinrich August Winkler, Arbeiter und Arbeiterbewegung in der Weimarer Republik, 3 Bde., 2. Aufl. Berlin 1985–1987, hier: Bd. 1, S. 66.
25 Vgl. dazu Schulze, Otto Braun, S. 397 ff., bes. S. 400; Zitat in Klaus Neumann, Politischer Regionalismus und staatliche Neugliederung in den Anfangsjahren der Weimarer Republik in Nordwestdeutschland, 2. Aufl. Münster i. Westf. 1990, S. 199 mit Anm. 456.

konservative Mehrheiten hatten. Noch im Jahre 1927 gehörten von 13 Vertretern, die von den Provinziallandtagen gewählt wurden, vier der DNVP und zwei der DVP an. Die SPD stellte nur einen Vertreter.[26] Eine Diskussion über das Verhältnis von Preußen und dem Reich zusammen mit einer »Reichsreform« war die Folge.[27] Eine Konferenz aller Ministerpräsidenten im Januar 1928 in Berlin sollte das Problem abschließend debattieren. Das Verhältnis zwischen Reich und Ländern stand im Mittelpunkt. Dabei war ein weiteres Mal zu erkennen, wie groß das Misstrauen der süddeutschen Länder war, dass das territoriale Übergewicht Preußens durch den Anschluss kleinerer norddeutscher Staaten noch größer werden könnte.

Ministerpräsident Braun nannte in seinem Beitrag als Wurzel allen Übels, dass den Ländern durch die Reichsverfassung die Finanzhoheit genommen worden sei. Hier müsse Abhilfe geschaffen werden, wenn der Finanzausgleich funktionieren solle. Preußen habe darüber hinaus gar kein Interesse daran, die kleinen Länder in und um Preußen dem Staate Preußen einzuverleiben, zumal ja in erster Linie nur die »bankrotten« Länder um »Anschluss« nachsuchten.[28] Die Ausführungen Brauns konnten die Bedenken der süddeutschen Staaten, allen voran Bayerns, gegenüber einem »Groß-Preußen« nicht ausräumen, und so war das Ergebnis der Konferenz trotz einer gemeinsam verabschiedeten Resolution eher dürftig. Die Presse war sich von rechts bis links einig, dass nicht viel herausgekommen sei: eine Entschließung und zwei Ausschüsse.

In den folgenden Jahren beklagte der preußische Ministerpräsident Braun im Landtag immer wieder eine Benachteiligung Preußens gegenüber den anderen deutschen Ländern. Der Reichsrat protestiere dagegen nur ungenügend, da die preußischen Vertreter im Reichsrat weiterhin nicht mit einer Stimme sprächen. Er habe, wie Braun im Mai 1927 im Landtag monierte, den Eindruck, dass »von gewissen

---

26 Vgl. dazu Ehni, Bollwerk, S. 15 ff. Ehni meint allerdings, dass die Wirkung der beiden Artikel der Reichsverfassung überschätzt wurde.
27 Zur Debatte über die Reichsreform vgl. Ehni, Bollwerk, S. 95 ff., bes. S. 103 ff.
28 Vgl. Die Länderkonferenz Januar 1928, Berlin 1928, vgl. dazu auch Schulze, Otto Braun, S. 584 ff.

Reichsstellen eine bewusst antipreußische Politik betrieben« würde. Die unberechtigte finanzielle Bevorzugung der Südstaaten führe zu »einer Einschränkung der Leistungen für die preußischen Ostgebiete«. Braun forderte daher erneut, dass die unsinnige Regelung über das Stimmverhalten der Provinziallandtagsvertreter, die immer wieder ausscherten, endlich aufgehoben werde.[29]

In der Auseinandersetzung mit Bayern wurde die Tonlage nach dem vorläufigen Scheitern der Konferenz über eine Reichsreform im Jahre 1928 eher noch schriller. Der bayerische Finanzminister nannte Ende Januar 1929 die Entschädigungsforderungen des preußischen Ministerpräsidenten für die territorialen Verluste durch den Versailler Vertrag eine »Schamlosigkeit Preußens, wie sie im Staatsleben noch nie da gewesen sei«. Er verstieg sich sogar zu dem Satz: »Unser Gegner ist Preußen«. Daraufhin erwiderte Otto Braun in einer Pressekonferenz am 2. Februar 1929, dass diese Ansprüche Preußens gegenüber dem Reich völlig zu Recht bestünden, auch Bayern habe welche erhoben, nur eben entsprechend weniger. Darüber gebe es Verhandlungen, in den öffentlichen Angriffen sah Braun neben den darin sich ausdrückenden traditionellen »preußenfeindlichen Stimmungen« auch eine eklatante Verletzung der vereinbarten Vertraulichkeit. Ein derartiger »Verkehrston« sei nicht nur unglaublich, sondern er behindere auch die dringend notwendige gedeihliche Zusammenarbeit der Länder. Der bayerischen Regierung blieb daraufhin nichts anderes übrig, als sich für diesen Ton zu entschuldigen. Der bayerische Gesandte in Berlin bedauerte den »Münchner Vorfall« und die »für die Kritik gewählte Form«, was freilich der bayerischen Regierung zu weit ging. Sie berief den bayerischen Gesandten ab, da sie bei der Ablehnung der preußischen Forderungen bleiben wollte.[30]

Im Frühjahr 1930 war die von der Länderkonferenz betriebene Reichsreform noch nicht viel weitergekommen. Preußen hieß daher

---

29 Zur Debatte über die Entscheidung des Staatsgerichtshofs am 12.5.1927 im Landtag und zur Klage Brauns über die Bevorzugung vgl. Sitzungsberichte Landtag 1927, Bd. 14, Spalten: 20078 ff., die Rede Brauns: 20081.
30 Zum »Schlagabtausch« zwischen Bayern und Preußen vgl. Schulze, Otto Braun, S. 584 ff., bes. S. 599 f.

trotz früherer anderslautender Bekundungen jedes kleine Land willkommen, das sich Preußen anschließen wollte.[31] Es ginge dabei nicht, wie Ministerpräsident Braun anlässlich der Unterzeichnung eines »Gemeinschaftsvertrages« mit Bremen im Juni 1930 dazu anmerkte, um einen »Anschluss« von oben. Der Vertrag sei vielmehr ein sichtbarer Erfolg einer »praktischen Reichsreform«.[32] Besonders die süddeutschen Länder nahmen diese beharrliche Politik Brauns und der preußischen Regierung, die von fast allen Parteien im preußischen Landtag mitgetragen wurde, anders wahr. Für sie schien es die »Wiederaufnahme der traditionellen preußischen Arrondierungspolitik« aus vergangenen Zeiten zu sein. Brauns politisches Ziel, ein »preußisch dominiertes norddeutsches Einheitsgebilde« zu schaffen, war für andere deutsche Länder, aber auch für die Reichsregierung, die Schaffung eines »Einheitsstaates durch preußische Hegemonie«. Zumindest stand die preußische Politik unter diesem Verdacht, und das Scheitern der Reichsreform konnte daher nicht überraschen.[33]

5 Verteidigung der Republik

Der »Kampf gegen rechts« blieb in Preußen und im Reich während der Weimarer Republik stets aktuell. Aus der Sicht von Otto Braun und seiner Regierung war nach dem Kapp-Putsch 1920 bereits Mitte der 1920er-Jahre die Verteidigung der Republik erneut dringend geboten, da im Frühjahr 1926 Putschpläne rechtsextremer Organisationen bekannt geworden waren. Bei Hausdurchsuchungen waren Waffen gefunden worden, und Ministerpräsident Braun ergriff im Mai 1926 im Landtag selbst das Wort, um vor diesen Plänen eindringlich zu warnen. Er könne beweisen, dass »es sich um ähnliche Dinge

---

31 Zur Stellungnahme Brauns in der Debatte am 8.5.1930 vgl. Sitzungsberichte Landtag 1930, Bd. 10, Spalten: 13688 ff.
32 Vgl. zum Scheitern der Reichsreform: Schulze, Otto Braun, S. 689 ff.; das Zitat aus der Rede Brauns anlässlich der Unterzeichnung des Vertrages mit Bremen am 21.6.1930: Ebd., S. 691.
33 Vgl. dazu, auch für die Zitate: Ebd., S. 596.

handelt wie 1920 [...] Kapitän Ehrhardt arbeitet auf die Einigung aller rechtsstehenden Verbände hin, die sich nach einem ganz detailliert gehaltenen Aufmarsch-Plan für die große ›Auseinandersetzung mit den Novemberverbrechern‹ bereithalten sollen.« Notfalls solle ein »Linksputsch« provoziert werden, um dann selbst putschen zu können. Er sei aber sicher, dass sich das »preußische Volk, das in seiner überwiegenden Mehrheit republikanisch ist, mit allen Mitteln wehren« werde. Zugleich versprach der Ministerpräsident: »Die Staatsregierung wird nach wie vor alle ihre Machtmittel rücksichtslos einsetzen, um derartige hochverräterische Unternehmungen, gleich woher sie kommen, im Keime zu ersticken.«[34] Für Braun blieb das Bekenntnis zur Republik und der Schutz der Republik an erster Stelle seines politischen Handelns; so war auch der immer wieder aufflammende »Flaggenstreit« – also der Versuch der Konservativen, die schwarz-rot-goldene Fahne der Republik nicht zeigen zu müssen – für Braun kein bloßer Streit um ein Symbol.

Die preußische Regierung sah in der Verordnung über den »Flaggenstreit«, die im Landtag einen heftigen Streit auslösen sollte, einen Beitrag zum Kampf gegen rechts. Der Beschluss der Regierung hatte keinen geringen symbolischen Wert. Er sollte in der Öffentlichkeit dokumentieren, dass die Regierung das Ansehen der Republik und ihrer Institutionen vor Angriffen zu schützen gewillt war. Immer wieder war moniert worden, dass selbst an republikanischen Gedenktagen an öffentlichen Gebäuden nicht die Farben der Republik Schwarz-Rot-Gold zu sehen waren. Eine Flaggenverordnung sollte Abhilfe schaffen. Anfang August, also kurz vor dem Verfassungstag am 11. August, beschloss während der Sitzungspause des Landtags der Ständige Ausschuss eine Art Notverordnung mit knapper Mehrheit von 15 zu 14 Stimmen. Es hieß darin, dass am 11. August an allen staatlichen und kommunalen Dienstgebäuden Preußens in den

---

34 Zur Debatte über die Putschpläne von rechts am 17.5.1926 vgl. Sitzungsberichte Landtag 1926, Bd. 8, Spalten 11869 ff., die Rede Brauns: 11899 ff.

Reichs- und Landesfarben zu flaggen sei.[35] Am 25. August 1927 ergänzte der preußische Ministerpräsident diese Verordnung mit einem weiteren Erlass. Braun hatte feststellen müssen, dass sich am 11. August die meisten Berliner Hotels geweigert hatten, die schwarz-rotgoldene Flagge zu zeigen, u. a. auch das Hotel Adlon. Der Ministerpräsident ordnete an, dass die Minister der preußischen Regierung an keiner Veranstaltung in diesen Hotels teilnehmen dürften. Die Regierungsparteien machten sich den Wortlaut der Flaggennotverordnung zu eigen und stellten ihn im Landtag zur Abstimmung. Aber erst am 5. März 1929 wurde der Antrag mit 206 Stimmen der Regierungskoalition angenommen. Die KPD-Fraktion hatte sich der Stimme enthalten, die rechten Parteien waren der Abstimmung ferngeblieben.[36]

6 Der gescheiterte Volksentscheid zur Auflösung des Preußischen Landtags 1931

Schon bald darauf schwor die KPD ihrer einige Zeit praktizierten Politik einer »Aktionseinheit« mit der SPD endgültig ab. Die SPD war nicht länger mehr ungeliebter Konkurrent in der deutschen Parteienlandschaft, sondern sie wurde zum »Hauptfeind« stilisiert, die als »sozialfaschistische« Partei weitaus gefährlicher sei als die erste Wahlerfolge feiernde NSDAP. Zu Beginn der 1930er-Jahre kam es daher sogar zu gemeinsamen politischen Aktionen von NSDAP und KPD, die selbst Kritiker der KPD wie Braun nicht für möglich gehalten hatten.

---

35 Vgl. für den Zusammenhang: Bernd Buchner, Um nationale und republikanische Identität. Die deutsche Sozialdemokratie und der Kampf um die politischen Symbole in der Weimarer Republik, Bonn 2001, der Flaggenstreit 1927: S. 121 ff.
36 Zur Debatte über die verschiedenen Änderungsanträge zur Flaggennotverordnung und zum Flaggenerlass am 5.3.1929 vgl. Sitzungsberichte Landtag 1929, Bd. 4, Spalten: 4643 ff., die namentliche Abstimmung: 4715 ff.

Gleichzeitig wuchs die Zahl der Gegner der Republik und des »roten Preußens« immer mehr. Im Reichstag wurde die NSDAP im September 1930 die zweitstärkste Fraktion nach der SPD. Wie überall im Reich gab es auch in Preußen eine Konkurrenz vieler rechtsextremer und konservativ-monarchistischer Organisationen und Parteien, die sich gegenseitig an Militanz zu übertreffen suchten. Die Wehrorganisation »Der Stahlhelm« mit ihrem Bundesführer Franz Seldte gehörte dazu. Der Bund organisierte vor allem Frontsoldaten und war zunehmend in rechtsextremes Fahrwasser geraten. Wie alle rechten Organisationen sah der »Stahlhelm« zu Recht in Preußen ein »Bollwerk der Demokratie«. Dieses zu zerstören, hatte auch der »Stahlhelm« auf seine Fahne geschrieben.[37]

Ein Volksbegehren und ein Volksentscheid sollten Neuwahlen erzwingen, um die im Reich seit den Reichstagswahlen 1930 erkennbare Entwicklung nach rechts in Preußen gleichfalls nachzuvollziehen.[38] Am 4. Oktober 1930 beschloss der Vorstand des »Stahlhelm«, ein Volksbegehren für die Auflösung des Landtags einzubringen. Verschiedene rechte Parteien, neben der DNVP und der DVP auch die NSDAP, signalisierten trotz mancher Vorbehalte Unterstützung, und so reichte der Vorstand des »Stahlhelm« am 4. Februar 1931 in einem Schreiben an den preußischen Innenminister Severing einen »Antrag betr. die Auflösung des preußischen Landtags« ein. Das Volksbegehren sollte nur über einen Satz entscheiden: »Der am 20. Mai 1928 gewählte Landtag ist aufzulösen«. Neben weiteren »vaterländischen Verbänden« hatten die NSDAP, die DNVP und auch die DVP zum Volksbegehren aufgerufen. Fast 6 Mio. Wahlberechtigte stimmten dem Begehren zu.[39] Nach diesem Ergebnis wurde der bevorstehende Volksentscheid auch Thema der Debatten im preußi-

---

37 Vgl. dazu Heinrich August Winkler, Der lange Weg nach Westen, Bd. 1: Deutsche Geschichte vom Ende des Alten Reiches bis zum Untergang der Weimarer Republik, München 2000, S. 481 ff.
38 Zum Zusammenhang vgl. Schulze, Otto Braun, S. 668 f.
39 Vgl. zum Wortlaut des Stahlhelm-Antrags vom 17.2.1931 und zur Feststellung der preußischen Regierung über das Ergebnis des Volksbegehrens vom 30.6.1931: Drucksachen Landtag 1931, Nr. 7432, S. 7235.

schen Landtag. Am 5. Mai 1931 ergriff Ministerpräsident Braun das Wort, um mit den Initiatoren des Volksbegehrens ins Gericht zu gehen. Braun versuchte zunächst den Erfolg des »Stahlhelm« klein zu reden. Nur 5,9 Mio. Stimmen bei 26,3 Mio. Stimmberechtigten seien ein »bescheidener Erfolg«, der nur durch wirtschaftlichen Druck auf wirtschaftlich Abhängige zustande gekommen sei. In Ostelbien sei der Druck weit über den »vor dem Krieg dort üblichen Terror« hinausgegangen.

Für Braun waren zudem die Motive der nun zum Volksentscheid aufrufenden Parteien sehr unterschiedlich. Die einen wollten nur einen neuen Ministerpräsidenten, andere wollten neue Mehrheiten im Landtag und noch anderen passte das ganze System des demokratischen Parlamentarismus nicht. Sie gäben zwar vor, das »wirkliche Preußen« wieder an die Macht bringen zu wollen, sie meinten aber nur »Soldatenmärsche und den Krückstock – nicht den Geist – Friedrichs des Großen«. Die DVP solle sich daher überlegen, mit wem sie da ein Bündnis eingegangen sei. Im Übrigen aber werde der Volksentscheid »ein Reinfall« werden, die »Entscheidung über Preußen fällt bei der Landtagswahl«.[40] Mit beiden Prognosen sollte Braun, einmal freilich anders als er erhofft hatte, Recht behalten. Die nach dem Tod Stresemanns im Herbst 1929 nach rechts gerückte DVP ließ sich durch die Worte Brauns nicht beeindrucken. Der Parteivorstand der DVP beschloss noch im Juli 1931 einen Aufruf für den Volksentscheid in Preußen. Der »Stahlhelm« forderte die Reichsregierung auf, sofort die »Hetze« der preußischen Regierung gegen den Volksentscheid zu unterbinden.[41]

Die KPD hatte im Oktober 1930 starke Worte gefunden, um das Volksbegehren abzulehnen. Die KPD-Fraktion forderte zwar auch die Auflösung des Landtags, lehnte aber ein Zusammengehen mit den rechten Parteien in dieser Frage ab. Der KPD-Fraktionsvorsitzende Schwenk begründete am 15. Oktober 1930 im Landtag die

---

40 Zur Debatte über das Volksbegehren am 4. u. 5.5.1931 vgl. Sitzungsberichte Landtag 1931, Bd. 14, Spalten 2003 ff., die Rede Brauns am 5.5.1931: 20115 ff.
41 Zum Aufruf der DVP vom 31.7.1931 vgl. Schulthess 1931, S. 168, zur Aufforderung des »Stahlhelm«: Ebd., S. 173 ff.

Ablehnung: »Wer steht denn hinter diesem Volksbegehren? Ist das nicht der Herr Hugenberg? Sind es nicht die Geldleute, die ein Interesse daran haben, auch hier in Deutschland das faschistische Regime aufzurichten? Das Volksbegehren der Nationalsozialisten hat nur das Ziel, der Blutherrschaft der faschistischen Diktatur den Weg zu bereiten. Wir Kommunisten lehnen es ab, diesen Volksbetrug mitzumachen.« Zuvor hatte er klargemacht, dass sich für ihn und seine Fraktion nichts an der Frontstellung gegen die »sozialfaschistische« SPD geändert hatte: Reichsbanner und Sozialdemokratie, so Schwenk in der gleichen Rede, versuchten »ein ganz elendes Demagogenspiel. Hier wollen sie wieder der Arbeiterklasse vortäuschen, als ob sie gegen das faschistische Regime ankämpften. In Wirklichkeit aber handelt es sich nur darum, zu beweisen, wer am geeignetsten ist, die faschistische Diktatur durchzuführen, die Nazis oder die Sozis.« Ähnlich äußerte sich der KPD-Vorsitzende Thälmann während einer ZK-Tagung seiner Partei noch Anfang Januar 1931: »Wir können selbstverständlich nicht mit den Faschisten gegen die Preußenregierung ein gemeinsames Volksbegehren durchführen«.[42]

Die Fraktion und die Führung der KPD hatten jedoch die Rechnung ohne ihren Wirt in Moskau gemacht. Der Kampf gegen die »Sozialfaschisten«, womit die Sozialdemokraten gemeint waren, schien offenbar vorrangig zu sein und erlaubte auch ein Zusammengehen mit der NSDAP. So kam es zur großen Überraschung in der Öffentlichkeit dazu, dass ab Juli 1931 nicht nur die NSDAP, die DNVP und die DVP, sondern auch die KPD in einer befremdlichen Koalition den Volksentscheid des »Stahlhelm« unterstützten.[43] Ministerpräsident Otto Braun nahm am 6. August 1931 diese merkwürdige Kumpanei zum Anlass, um in einem Aufruf seiner Regierung vor der Teilnahme am Volksentscheid zu warnen:

---

42 Zur Rede Schwenks vgl. Sitzungsberichte Landtag 1930, Bd. 11, Spalten 14942 ff., Zitate: 14954 f. Das Zitat Thälmanns aus seiner Rede auf der ZK-Tagung vom 15.–17.1.1931 in Berlin in: Ehni, Bollwerk, S. 205 f., Anm. 43.
43 So erklärt Ehni, Bollwerk, S. 205 ff., den Schwenk der KPD; anders Thomas Weingartner, Stalin und der Aufstieg Hitlers, Berlin 1970, S. 77 ff. und Hermann Weber, Die Wandlung des deutschen Kommunismus, Frankfurt a. M. 1969, S. 242 f.

»An Preußens Wähler und Wählerinnen! Rechtsparteien, Stahlhelm und Kommunisten – unversöhnliche Todfeinde in unnatürlicher Paarung vereint – rufen zum Volksentscheid für die Auflösung des preußischen Landtags auf. Parteien, deren fanatische Anhänger sich täglich in Überfällen und blutigen Kämpfen gegenüberstehen, finden sich urplötzlich zusammen. Mit derselben Waffe des ›Ja‹-Zettels zum Volksentscheid wollen beide Teile das denkbar Entgegengesetzte erreichen: Die einen ein bolschewistisches, russischen Methoden nachgeahmtes Sowjetpreußen, die anderen das alte volksfeindliche Preußen des Dreiklassenwahlrechts oder eines faschistischen Gewaltregimes. Und doch: Eines ist in der Tat den Rechts- und Linksradikalen, die hier zum Sturm auf den Preußischen Landtag einsetzen, gemeinsam […]: Nationalsozialisten und Kommunisten wollen das Chaos, wollen den Sturz des Bestehenden […] [wollen] das letzte große Bollwerk, die Zitadelle der Demokratie und Republik in Deutschland: Preußen erstürmen […] wer ein Sowjet-Preußen oder ein faschistisches Preußen will, der gehe zum Volksentscheid und stimme mit ›ja‹«.

Der Appell in letzter Stunde veranlasste vielleicht einige noch zum Nachdenken. Am 9. August 1931 ergab die vorläufige Auszählung, dass der Volksentscheid klar gescheitert war. Bei der Reichstagswahl im September 1930 hatten die Parteien, die zum Volksentscheid aufgerufen hatten, in Preußen wesentlich mehr Stimmen erhalten.[44] Darüber hinaus war erkennbar, dass die Anhänger der KPD ihrer Führung nicht blindlings gefolgt waren. Thälmann erklärte das wenige Monate später mit »Stimmungen« in der Mitgliedschaft, die die Regierung Braun-Severing fälschlicherweise für ein kleineres Übel hielten im Vergleich zu einer Regierung Hitler-Goebbels.[45] Der sozialdemokratische Reichstagsabgeordnete Julius Leber kommentierte

---

44 Zu den Aufrufen gegen und für den Volksentscheid vgl. Schulthess 1931, S. 173 ff.; zu dem Ergebnis des Volksentscheids am 9.8.1931: Ehni, Bollwerk, S. 209 ff.
45 Vgl. Ernst Thälmann, Einige Fehler in unserer theoretischen und praktischen Arbeit und der Weg zu ihrer Überwindung, in: Die Internationale 1931, H. 11/12, S. 481 ff., v. a. S. 488.

am 10. August 1931 in seinem Tagebuch das Ergebnis mit den ihm eigenen drastischen Worten:

> »Schmählich ist der Volksentscheid gegen die Preußenregierung Braun-Severing zusammengebrochen. Das herrliche Dreigestirn Hitler-Hugenberg-Thälmann hat offenbar die Vernunft der deutschen Wähler doch unterschätzt […] Pack schlägt sich – Pack verträgt sich! Solchem Pack zuliebe sollte das preußische Volk die Regierung eines Otto Braun opfern? Eine Regierung, die seit zehn Jahren alle Krisen im Reich als festes republikanisches Bollwerk überwinden half, die unerschütterlich, in schlechten wie in guten Tagen, die preußische Regierungsgewalt zusammenhielt und dadurch mehr als einmal das Chaos verhinderte.«[46]

Aber, wie Otto Braun zu Recht prognostiziert hatte, die kommende Landtagswahl sollte die Entscheidung bringen. Das Chaos war danach nicht mehr aufzuhalten.

7 Der »Preußenschlag« im Juli 1932 und die Regierung Otto Braun

Nach dem Scheitern der Regierung Brüning begann mit dem im Juni 1932 zum Reichskanzler ernannten Franz von Papen im Reich die Herrschaft einer »Junta von Ultrakonservativen« (Christopher Clark), die sich schon bald daranmachte, die demokratische Republik abzuschaffen. Haupthindernis auf diesem Wege war weiterhin Preußen, das »Bollwerk« der Demokratie. Dieses Hindernis zu beseitigen, hatte sich Papen daher unmittelbar nach der Bildung der Reichsregierung als erste Aufgabe vorgenommen. Die Geschichte des »Preu-

---

46 Julius Leber, Ein Mann geht seinen Weg. Schriften, Reden und Briefe, Berlin 1952, S. 77.

ßenputsches« am 20. Juli 1932 ist ausführlich in der Literatur beschrieben worden. Hier interessiert die Reaktion von Braun.[47]

Der Reichskanzler lud am 20. Juli 1932 um 10 Uhr die preußischen Minister Severing, Hirtsiefer und Klepper – Braun war nicht in Berlin – zu einer Besprechung in die Reichskanzlei ein, in der er den Ministern mitteilte, dass er »den preußischen Ministerpräsidenten Dr. Braun und den preußischen Minister des Innern Dr. Severing ihrer Ämter enthoben habe«. Severing (gelernter Schlosser, somit wie Braun: Dr. h. c.) erklärte daraufhin, dass »er gegen diese Maßnahme energisch protestiere«. Er halte die Verordnung vom 20. Juli für »verfassungswidrig« und denke nicht daran, »freiwillig sein Amt zu verlassen [...] Er weiche nur der Gewalt.« Die rechtmäßige preußische Regierung beschloss, den Staatsgerichtshof anzurufen. Es gab keinen Zweifel: Der »Preußenschlag«, sprich: der Staatsstreich des Reichskanzlers von Papen am 20. Juli 1932, hatte die rechtmäßige preußische Regierung entmachtet. Ministerpräsident Braun und seine Minister setzten dieser Amtsenthebung außer verbalem Protest und der Klage beim Staatsgerichtshof keinen Widerstand entgegen. Der Staatsgerichtshof gab mit seinem Urteil im Oktober 1932 nur scheinbar beiden Seiten ihr Recht. Die Entscheidung bedeutete in Wahrheit: Die rechtmäßige Regierung Preußens durfte sich weiterhin so nennen, die von der Reichsregierung eingesetzten Kommissare jedoch durften regieren. Die Reichsregierung sah sich deshalb in ihrer Rechtsauffassung voll bestätigt, während Ministerpräsident Braun das vehement bestritt und die Ermächtigung »wesentlich eingeschränkt« sah.

Die legale Staatsregierung Braun konnte im November 1932 nur hilflos konstatieren, dass die Reichsregierung ihre Pflicht, die ihres Amtes enthobenen preußischen Minister wieder einzusetzen, »bis heute nicht erfüllt hat«. Danach tagte das »Kabinett Braun« zwischen dem 24. November 1932 und dem 16. Dezember 1932 noch viermal und im Jahre 1933 bis zum 22. März noch sechsmal. Braun wollte nicht wahrhaben, dass mit seiner legalistischen Argumentation nichts zu erzwingen war. Am 30. Januar 1933 wurde Adolf Hitler Reichs-

---

47 Vgl. dazu und für das Folgende: Heimann, Preußischer Landtag, S. 245 ff.

kanzler und von Papen Vizekanzler. Die legale Regierung Braun-Severing tat, was sie schon einmal erfolglos getan hatte, sie reichte im Februar 1933 Klage gegen eine neue Notverordnung vor dem Staatsgerichtshof in Leipzig ein. Den Beschluss dazu hatte das Staatsministerium in seiner Sitzung am 6. Februar 1933 unter dem Vorsitz von Braun gefasst. Es war die letzte Sitzung, an der Braun teilnahm. Zur vorletzten Sitzung des legalen Staatsministeriums am 15. März, nach den »Märzwahlen«, konnte und wollte der bei seiner kranken Frau in der Schweiz weilende Braun nicht mehr anreisen.

Hindenburg und Papen hatten mit dem von ihnen inszenierten »Putsch« vom 20. Juli 1932 den Nazis das letzte Bollwerk aus dem Weg zur Macht geräumt. Über die Aussichten, gegen diese angemaßte Regierungstätigkeit Widerstand zu leisten, waren die Meinungen in den demokratischen Parteien der Weimarer Koalition sehr geteilt. Die legale Regierung Brauns setzte von Anfang an allein auf die Anrufung des Staatsgerichtshofs in Leipzig, obwohl die Klage keinerlei aufschiebende Wirkung besaß. Es war der Anfang der »legalistischen Resignation« der SPD-Führung, wie Karl Dietrich Bracher später die, viele Mitglieder der SPD enttäuschende, Haltung ihrer Führung nannte.[48]

Die preußischen Sozialdemokraten, allen voran Otto Braun, waren vor allem deshalb so resigniert, weil sie bis zur Landtagswahl im April 1932 immer noch glauben wollten, dass in Preußen die Uhren anders gingen. Sie waren im preußischen Landtag fast immer die stärkste Fraktion gewesen und hatten fast ununterbrochen den Ministerpräsidenten gestellt. Braun schien der Garant des »Bollwerks« Preußen zu sein. Aber er war gerade deswegen der denkbar ungeeignetste Politiker, der sich an die Spitze eines bewaffneten Aufstandes hätte stellen wollen. Zu seinem Sekretär sagte er: »Ich bin vierzig Jahre lang Demokrat gewesen und werde jetzt nicht Bandenführer werden«.[49] Braun sah sich nicht als Deserteur, der davonlief. »Tau-

---

48 Vgl. dazu, auch für das Zitat: Karl Dietrich Bracher, Die Auflösung der Weimarer Republik, Villingen 1960, S. 591.
49 Zit. n.: Clark, Preußen, S. 734.

sende treuer Republikaner in einem völlig aussichtslosen Kampf zu opfern, dazu fehlte mir die politische Grundsatzlosigkeit, [...] die zu solch unverantwortlichem Handeln erforderlich ist.«[50] Braun war zudem schwer krank und nach zwölf Amtsjahren durch die aufreibenden Wochen seit Beginn des Jahres 1932 am Ende seiner nicht geringen Kräfte.

Nicht wenige Sozialdemokraten empfanden das Verhalten Brauns nach den Wahlen in Preußen dennoch als unverständlich. Julius Leber notierte: »[...] das Vertrauen in die Führung bekam den ersten tödlichen Stoß [...] Und das Verhalten des Kabinetts Braun-Severing? Diese Männer konnten nicht anders handeln, als sie es taten. Denn sie waren – bei aller Achtung vor den Menschen Braun und Severing muß es ausgesprochen werden – Bürokraten der Politik geworden.«[51]

8 Emigration, Kriegsende und keine Rückkehr

Als Fazit bleibt: Otto Braun machte als Ministerpräsident sehr erfolgreich Politik für Preußen und war Anfang 1932 – nicht wissend, dass seine Tage als Ministerpräsident gezählt waren – sehr stolz auf das Erreichte: »In zwölf Jahren ist Preußen, ehemals das Land der krassesten Klassenherrschaft und politischen Entrechtung der werktätigen Masse, das Land der jahrhundertealten Vorherrschaft der feudalen Junkerkaste, republikanisch-volksstaatlich umgeformt worden. Gewiß konnte in diesen zwölf Jahren nicht alles neu gebildet werden [...] aber vieles und Bleibendes ist geleistet worden.«[52] Seine politische Persönlichkeit zeichnete sich durch Besonnenheit und Pragmatismus aus, was die Weimarer Koalition in Preußen anders als im Reich zu einem Erfolgsmodell werden ließ. Er besaß eine tiefe »Verbundenheit mit Preußen und hatte großen Respekt vor [...] der Legitimität des preußischen Staates«. Aber er war zugleich der »Anti-

---

50 Braun, Weimar, S. 257.
51 Leber, Ein Mann, S. 242.
52 Zit. n.: Preußen – Versuch einer Bilanz, Bd. 1, Reinbek 1981, S. 574.

typ zur altpreußischen Agrarelite«, wie Christopher Clark ihn später charakterisierte. Sein autoritärer Führungsstil brachte ihm freilich den nicht nur beifällig gemeinten Beinamen »Roter Zar von Preußen« ein.[53]

Darüber hinaus pflegte er gutgläubig auf gemeinsamer Jagdleidenschaft gründende Verbindungen mit dem späteren Reichspräsidenten Hindenburg, die ihn zur Fehleinschätzung dessen Charakters verleiteten.[54] Seine letzten Jahre als preußischer Ministerpräsident waren überschattet von der Sorge um seine schwerkranke Frau und von der eigenen physischen und psychischen Erschöpfung, die ihn nach dem »Preußenputsch« im Juli 1932 resignieren ließen. Er emigrierte in die Schweiz, sah sich jedoch weiterhin als preußischer Ministerpräsident. In einer Denkschrift über die Zukunft Deutschlands nach der voraussehbaren Niederlage, die er auf Bitten von politischen Freunden im Jahre 1943 verfasste, schrieb er selbstbewusst, dass im Reich wohl eine neue Regierung gebildet werden müsse, in Preußen sei dagegen die Situation ganz anders: »Hier besteht noch die Regierung Braun zu Recht, ist zur Zeit nur durch Gewalt an der Amtsausübung behindert [...] Alle Maßnahmen, die Göring als preußischer Ministerpräsident auf Grund seiner usurpierten Macht getroffen hat, sind rechtswidrig, so daß nach Zusammenbruch des Naziregimes und Beseitigung seiner Exponenten die Regierungsgewalt an das alte verfassungsmäßige Kabinett übergeht.«[55] Die alliierten Sieger kümmerte freilich die Sicht dieses einsamen Rufers aus der Schweiz nicht. Fritz Stern nannte daher wohl zu Recht Otto Braun, den Mann einfacher Herkunft aus Ostpreußen, »eine heute weitgehend vergessene Schlüsselfigur der Weimarer Politik«.[56]

---

53 Clark, Preußen, S. 740.
54 Vgl. dazu v. a. Schulze, Otto Braun, S. 488 ff.; vgl. auch: Wolfram Pyta, Hindenburg. Herrschaft zwischen Hohenzollern und Hitler, München 2007, S. 461 ff. u. 595 ff.
55 Braun, Weimar, S. 292.
56 Fritz Stern, Fünf Deutschland und ein Leben. Erinnerungen, München 2007, S. 104.

Richard Saage

Karl Renner (1870–1950): Österreichischer Staatskanzler nach zwei Weltkriegen

1 Der Aufstieg eines Homo politicus

Soweit ich sehen kann, gibt es weltweit nur einen Politiker, der als Staatskanzler an der Wiege zweier Republiken stand. Dass Karl Renner diesen Anspruch erheben kann, war ihm nicht in die Wiege gelegt.[1] Als siebzehntes oder achtzehntes Zwillingskind einer Bauernfamilie in Unter-Tannowitz (Südmähren) geboren, kam es im Mai 1885 zur Zwangsversteigerung des Hofs seiner Eltern, die ins Armenhaus umziehen mussten. Renner hatte heute unvorstellbare Hindernisse zu überwinden, um am Gymnasium in Nikolsburg Zugang zu einer humanistischen Bildung zu erlangen. Seinen Lebensunterhalt verdiente er mit Nachhilfeunterricht in bürgerlichen Familien. 1889 bestand er die Matura mit Auszeichnung. Nach längerem inneren Ringen entschied sich Renner, in Wien den Pfad der humanistischen Bildung zu verlassen und sich den Wirtschafts- und Rechtswissen-

---

1 Zum Lebenslauf Renners vgl. Richard Saage, Der erste Präsident. Karl Renner – eine politische Biografie, Wien 2016. Die folgenden Ausführungen sind aus diesem Werk hervorgegangen.

schaften zuzuwenden. Renner nimmt vor dem Beginn des Studiums an der juristischen Fakultät der Wiener Universität im WS 1890/91 das Einjährig-Freiwilligenrecht beim 14. Korps-Regiment und später beim Verpflegungsregiment in Wien auf Staatskosten in Anspruch.

Renners Kontakte mit sozialistischen Ideen erfolgen zunächst außerhalb der Organisationen der aufstrebenden SDAP. Doch ab 1893 verankert sich Renner zügig als Aktivist, Lehrer und Organisator der sozialdemokratischen Bewegung. Er tritt als Mitbegründer des Sozialwissenschaftlichen Bildungsvereins an der Universität Wien und des Vereins »Die Zukunft« ebenso hervor wie als Generalsekretär der Österreichischen Gesellschaft für Arbeiterschutz. Seinen Lebensunterhalt verdiente er weiterhin in wohlhabenden Familien. 1895 kommt es zu einer Begegnung mit Victor Adler, den Renner zeit seines Lebens als seinen Mentor betrachtet. Auch wirkte er im selben Jahr an der Gründung des Vereins »Naturfreunde« mit. Sein Berufsziel im Zusammenhang mit seinem juristischen Studium war bis dahin von seinem großen Vorbild Ferdinand Lassalle vorgegeben. Doch am 1. Dezember 1895 trat er auf Empfehlung seines Universitätslehrers Eugen von Philippovich, der kurz darauf Mitbegründer der bürgerlich-reformerischen »Sozialpolitischen Partei« wurde, eine Anstellung in der Parlamentsbibliothek an, nachdem er ursprünglich Rechtsanwalt im Dienst der Arbeiterbewegung werden wollte. Als Beamter der K.-u.-k.-Monarchie unterlag er dem Neutralitätsgebot, was ein Engagement in der SDAP ausschloss. Daher veröffentlichte er seine Bücher unter den Pseudonymen Rudolf Springer, O. W. Payer und J. Karner. Er beschäftigte sich vor allem mit der Nationalitätenfrage in Österreich-Ungarn.

Nach seiner Promotion zum Doktor beider Rechte im November 1898 beginnt sich Renner im Verein »Die Zukunft« als Theoretiker des Austromarxismus zu engagieren. In den »Marx-Studien« erscheint 1904 sein bedeutendes Werk *Die soziale Funktion der Rechtsinstitute, besonders des Eigentums*. Ein Jahr später macht Renner Vorschläge zur Reform des Ersten Wiener Consumvereins. Doch alle diese Aktivitäten haben aufgrund seines Beamtenstatus pseudonymen Charakter. Das ändert sich erst 1906, als die SDAP unter dem Einfluss der ersten russischen Revolution das allgemeine gleiche Männerwahlrecht erkämpft. Renner entscheidet sich nun für die politische Laufbahn und wird zum Abgeordneten des Wahlbezirks Neunkirchen in den Reichsrat gewählt. Als Mitglied zahlreicher Parlamentsausschüsse tritt er häufig als Redner im Parlament hervor und setzt er sich für eine föderalistische Neuordnung der Monarchie ein. Weitere Aktivitäten Renners erstrecken sich auf sein Mandat im Niederösterreichischen Reichsrat, als Verbandsobmann der Österreichischen Konsumvereine sowie als Gründer des Kreditverbandes der österreichischen Arbeitervereine.

Doch Renners Aufstieg zum Spitzenpolitiker der SDAP erfolgte im Ersten Weltkrieg im Zeichen der von ihm federführend propagierten Burgfriedenspolitik mit den Kriegsparteien. Als entschiedener Anhänger des »Verteidigungskrieges« lobt er das Buch *Mitteleuropa* des deutschen Kriegszielpolitikers Friedrich Naumann. Anfang Juli 1915 optiert Renner im Parteivorstand, nicht einfach auf Annexionen im Osten zu verzichten. Anderenfalls lege man die Grundlagen für den nächsten Krieg. 1915 trat Renner auf Vorschlag der Regierung mit Zustimmung des Parteivorstandes in die Kriegsverteidigungsverkehrsanstalt und in den Approvisationsbeirat ein. Ein Jahr später empfängt Kaiser Karl I Renner zu einer Audienz und beruft ihn ins Direktorium des kriegswirtschaftlichen staatlichen Ernährungsamtes. Auf Drängen des Parteivorstandes muss Renner 1917 diese Position wieder aufgeben. Nach seinem tödlichen Attentat auf Ministerpräsident Karl Graf Stürgkh nennt Friedrich Adler vor dem Ausnahmegericht Renner einen »Lueger der Sozialdemokratie« und wirft ihm Opportunismus und den Verrat revolutionärer Prinzipien vor. Im Winter 1917/18 kann sich Renner einen Sozialismus ohne die Dynastie der Habsburger noch immer nicht vorstellen. Er erhält das Angebot des Ministerpräsidenten, in die kaiserliche Regierung einzutreten. Der Parteivorstand lehnt die Offerte jedoch ab. Renner geriet angesichts der Offensive der Linken in der SDAP und der voranschreitenden Auflösung der Monarchie innerparteilich zunehmend in die Defensive.

Richard Saage

2 Vom Leiter der Kanzlei des Staatsrats zum Staatskanzler der Ersten Republik

Diese zugespitzte Situation am Kriegsende vorausgesetzt, wäre Karl Renners Aufstieg zum Kanzler der Ersten Republik wahrscheinlich gescheitert, wenn diese in ihren Anfängen nur von der Sozialdemokratie getragen worden wäre. Aber die junge parlamentarische Demokratie konnte sich nach dem Zusammenbruch der Monarchie nur mithilfe der bürgerlichen Parteien durchsetzen, die nach dem Machtverlust des letzten Kaisers zu der von den Massen geforderten Republik keine Alternative hatten. Da der Sozialdemokratie aufgrund ihrer ideologischen Geschlossenheit auf dem Boden des Selbstbestimmungsrechts der Völker die politische Hegemonie zugefallen war, gab es in der Sicht auch des bürgerlichen Lagers nur einen Kandidaten für das Amt des Kanzlers: Renner, der bis zuletzt für eine reformierte Monarchie eingetreten war. Leitete das Scheitern von Renners Konzeption des übernationalen Staates seit dem Parteitag der SDAP von 1917 seinen schwindenden Einfluss auf die Partei und Otto Bauers gleichzeitigen kometenhaften Aufstieg in ihr ein, so kam Renner gleichzeitig im bürgerlichen Lager eine Vertrauensbasis zugute, die ihn zum Kanzler einer Koalitionsregierung geradezu prädestinierte.

Doch Renners Weg zur Kanzlerschaft in der Ersten Republik ist in der Außensicht und in der Selbstinterpretation durchaus kontrovers. Zwei Deutungen überwiegen. Die erstere stammt von Otto Bauer. In *Die österreichische Revolution* schreibt er: »Dr. Karl Renner wurde nur zum Leiter der Kanzlei des Staatsrates bestellt […] Erst die Ereignisse der folgenden Tage, die die nationale Revolution zur sozialen vorantrieben, verstärkten unser Gewicht in der Regierung. Erst sie machten den Leiter der Kanzlei zum Staatskanzler […] Es war eine Machtverschiebung, die sich durch die Ereignisse selbst vollzog, in der sich der Fortgang der Revolution ausdrückte«.[2] Die andere Interpretation geht auf Renner selbst zurück: Im Zusammenhang mit seiner ersten Be-

---

2 Otto Bauer, Die österreichische Revolution, Wien 1923, S. 96.

gegnung mit Victor Adler habe er dessen Maxime verinnerlicht, sich der Arbeiterbewegung nicht aufzudrängen, sondern von ihr gerufen zu werden.[3] Beide Interpretationen sind nicht falsch, aber einseitig. Denn sie blenden aus, was Renner selbst aus eigenem Antrieb getan hat, um sein Ziel, die Erlangung der Kanzlerschaft, zu erreichen.

Tatsächlich spricht vieles dafür, dass Renner auf das Ziel seiner ersten Kanzlerschaft von 1918 bis 1920 konsequent hingearbeitet hat. 1918 war er zunächst nichts weiter als eine Art Bürochef, zuständig auf Regierungsebene für Verwaltungsaufgaben. Aber Renner verstand es, sich durch seine kluge und umsichtige Politik in einer chaotischen Situation unentbehrlich zu machen.[4] Doch wie widerspiegelte sich dieser Prozess im ereignisgeschichtlichen Kontext? Nachdem die Provisorische Nationalversammlung, die deutsch-österreichische Abgeordnete am 21. Oktober 1918 im Niederösterreichischen Landhaus in Wien konstituierten, Staatssekretäre bestellt hatte, wird Renner am 30. Oktober mit der Leitung des Staatsrates betraut. Dieser nimmt am selben Tag Renners Gesetz *Über die grundlegenden Einrichtungen der Staatsgewalt*[5] an. Ursprünglich nur für die Moderation der Büroarbeiten gedacht, wandelte sich das Amt der Leitung des Staatsrates durch Renners Persönlichkeit und den Druck der aufbegehrenden Arbeiterschaft Wiens mit ihren sozialen Forderungen zu dem eines Staatskanzlers der Provisorischen Regierung.

Ließ die von Renner entworfene vorläufige Verfassung die Frage der Staatsform noch offen, so stand unter dem Eindruck des Rücktritts Wilhelms II. am 12. November 1918 die Gründung der Republik auf der politischen Tagesordnung.[6] Nachdem sich der Reichsrat durch Vertagung ohne Nennung des nächsten Termins ebenso wie

---

3 Vgl. Karl Renner, An der Wende zweier Zeiten. Lebenserinnerungen, Wien 1946, S. 267 f.
4 Vgl. Siegfried Nasko/Johannes Reichl, Zwischen Anschluß und Europa, Wien 2000, S. 40.
5 Vgl. Beschluß über die grundlegenden Einrichtungen der Staatsgewalt, in: Staatsgesetzblatt für den Staat Deutschösterreich, Jg. 1918. Ausgegeben am 15. November 1918.
6 Vgl. Charles A. Gulick, Österreich von Habsburg zu Hitler, Wien 1976, S. 34-43.

Kaiser Karl I. durch seinen Verzicht auf die Regierungstätigkeit von der politischen Bühne verabschiedet hatten, nahm der zum Staatskanzler aufgestiegene Renner Stellung zur Staats- und Regierungsform: Deutschösterreich sei eine demokratische Republik und somit alle öffentlichen Gewalten vom Volk eingesetzt.[7] Ebenso wichtig aber war in der Sicht Renners, dass erst durch die Republikanisierung Österreich »ein Bestandteil der deutschen Republik« werden könne.[8]

Doch wie sahen die institutionellen Voraussetzungen der Ersten österreichischen Republik in diesem frühen Zustand ihres Entstehens aus? Die politischen Gestaltungsmöglichkeiten der jungen Demokratie basierten auf dem *Beschluß der Provisorischen Nationalversammlung* vom 30. Oktober 1918. Renner ordnete ihn in die Tradition des Kremsier Verfassungsentwurfs vom Sommer 1848 ein. Inspiriert vom Geist der Revolution von 1848, nimmt dieses Dokument in der Geschichte fortschrittlicher Verfassungen in Österreich zwar einen vorderen Platz ein; denn es enthält alle Elemente des modernen Konstitutionalismus wie Volkssouveränität und rechtsstaatlich kontrollierte Verwaltung ebenso wie eine unabhängige Gerichtsbarkeit. Aber im Gegensatz zum *Beschluß* von 1918 sieht es ein Zweikammersystem und die Verbindung mit dem monarchischen Prinzip vor.

So kann bei genauerem Hinsehen als Vorbild für den Entwurf noch eher die Französische Verfassung von 1793/94 gelten, die ein Einkammersystem mit uneingeschränkter Souveränität des Nationalkonvents als repräsentiertem Volkswillen vorsah und die Regierung auf den Status eines Erfüllungsgehilfen des Parlaments ohne eigenständige Kompetenzen reduzierte. Auch wenn er nur als »ein Notdach«, als »die erste Aufrichtung einer öffentlichen Gewalt« gedacht war, so hat die Provisorische Nationalversammlung als unmittelbarer Treuhänder des Volkes »die volle Gewalt« inne.[9] Aber sie übt aus praktischen Gründen nur einen Teil von ihr aus, nämlich die gesetzgebende Gewalt. Die Regierungs- und Vollzugsgewalt delegiert

---

7 Heinz Fischer (Hg.), Karl Renner. Portrait einer Evolution, Wien 1970, S. 112.
8 Ebd., S. 115.
9 Karl Renner, Von der Monarchie zur Republik. Rede vom 30. Oktober 1918, in: Fischer, Karl Renner, S. 99 f.

sie unter ihrer Kontrolle auf einen Vollzugsausschuss, auch Staatsrat genannt, der, aus den Reihen der Nationalversammlung gewählt, dieser rechenschaftspflichtig ist.[10] Diese Parlamentssouveränität in der Frühphase der Ersten Republik ist als Ausfluss einer Ausnahmesituation zu verstehen, die dadurch gekennzeichnet war, dass der monarchische Staat mit seinen Repressionsmitteln nicht mehr existierte. Damit war aber auch der klassischen Exekutive in ihrer Eigenständigkeit der Boden entzogen.

Umgekehrt waren insbesondere die Arbeiterschaft und ihre Organisationen im hohen Grad mobilisiert und jederzeit in der Lage, durch Streiks die Wirtschaft lahm zu legen und durch Massendemonstrationen in Wien den Nationalrat unter Druck zu setzen. Wenn steuerndes Handeln der Republik überhaupt möglich war, dann musste diese Dynamik von unten unter Preisgabe der autoritären Gewalt des Staates durch einen Mechanismus der politischen Entscheidungsfindung im Sinne des gewaltlosen Überzeugens ersetzt werden, der die Gewaltenteilung im klassischen Sinn nur noch *funktional* zuließ: Das, was früher einmal Exekutive hieß, transformierte sich in eine Art Geschäftsführung des Parlaments, die deren Willen mithilfe der Verwaltung »exekutierte«, weil es als Kollektivkörper dazu nicht in der Lage war.

Welche Leistungsbilanz haben die Kabinette Renner I (30. Oktober 1918 bis 21. März 1919), Renner II (15. März bis 17. Oktober 1919) und Renner III (17. Oktober 1919 bis 11. Juni/7. Juli 1920) unter diesen Voraussetzungen vorzuweisen? Renner selbst kommentierte sie in seiner Rede vor dem Nationalrat vom 21. April 1920. Die Kooperation zwischen der SDAP und den Christlichsozialen, so Renner, setzte die Koalitionsregierung innerhalb von 18 Monaten instand, Leistungen zu erbringen, welche die junge Republik vor dem Untergang retteten. Renner nannte den sozial abgefederten Übergang von der Verwaltung eines 50-Millionen-Großstaates auf einen Kleinstaat von 6½ Millionen, aber auch die Einrichtung republikanischer Institutionen auf den Trümmern der Monarchie »mit den bloßen Mitteln der Überzeu-

---

10 Ebd., S. 100 f.

gung«.[11] Die ehemaligen Soldaten des zusammengebrochenen Heeres eines Militärstaates seien in das bürgerliche Erwerbsleben überführt, die Arbeitslosigkeit durch planmäßige Fürsorge gemildert und eine Gesetzgebung für die Kriegsopfer verabschiedet worden.

Vor allem übernahm Renner die undankbare Aufgabe, der österreichischen Delegation bei den Friedensverhandlungen von St. Germain vorzustehen. Deren Bilanz war aus der Sicht Renners ambivalent. Zwar blieb das private Eigentum der Deutschösterreicher auf dem Gebiet der Nationalstaaten bestehen. Auch wurden die Nationalstaaten nicht vollständig von der Kriegsschuld entlastet. Ferner verdankte Österreich der geschickten Verhandlungsführung Renners die Volksabstimmung in Südkärnten und die Angliederung Westungarns (das heutige Burgenland) an die junge Republik. Aber der Vertrag von St. Germain dekretierte den Verlust Südtirols, des Sudetenlandes und anderer deutschsprachiger Gebiete im Norden, Osten und Süden der Republik. Zu Recht wies Renner darauf hin, dass diese territoriale Fragmentierung Österreich noch härter traf als die Bestimmungen des Versailler Vertrags das Deutsche Reich. Auch Deutschland musste Gebietsverluste hinnehmen, aber die territoriale Grundlage seines Wirtschaftsraums blieb im Kern unangetastet.

Der Abschluss des Friedensvertrages von St. Germain hatte dennoch, so Renner, neben seinen Belastungen eine Perspektive nach vorn geöffnet und den Weg frei gemacht für die Schaffung der Grundlagen eines Rechtsstaates, eines republikkonformen Heeres, einer sozialen Arbeitsverfassung im Rahmen eines umfassenden Sozialstaates und eines Koalitionsrechts für Arbeitnehmer- und Arbeitgeberorganisationen. Nicht zuletzt sei der Koalitionsregierung die Verhinderung eines Bürgerkrieges gelungen, der von links und rechts gleichermaßen drohte. Dass während der Kabinette Renner und unmittelbar nach dem Bruch der Großen Koalition Bürgerkriegsgefahr bestand, kann nicht bezweifelt werden. Zu Beginn der Regierung Renner drohte die Gefahr von links. Es war von einer Achse der Räterepubliken München–Wien–Budapest die Rede. Sie scheiterte an dem entschlossenen

---

11 Ebd., S. 176.

Widerstand der SDAP, deren entscheidende Protagonisten in der Abwehr bolschewistischer Rätediktaturen Otto Bauer und Karl Renner waren. Doch wäre es zu dieser Achse gekommen, dann hätten die bewaffneten Heimwehrverbände der konservativen Bundesländer mobilgemacht. Kurz nach dem Bruch der Großen Koalition eskalierte die Bürgerkriegsgefahr von rechts. Im März 1921 strebte Karl Habsburg die Wiederherstellung des ungarischen Königtums an. Dieser Restaurationsversuch scheiterte an dem Widerstand der großen und kleinen Entente sowie an dem der Arbeiterräte in Österreich – ein Jahr nach Niederschlagung des Kapp-Putsches im Deutschen Reich. Die Bewaffnung der potenziellen Bürgerkriegsparteien hätte problemlos durch den Zugriff auf die zahlreichen geheimen Waffenarsenale erfolgen können. Sie wurden angelegt nach der chaotischen Auflösung der K.-u.-k.-Heere am Ende des Ersten Weltkriegs.

Zur Erfolgsbilanz seiner Kabinette zählte Renner neben der außenpolitischen Konsolidierung der jungen Republik sicherlich die Verabschiedung der Verfassung von 1920. Allgemein wird Hans Kelsen als ihr Autor herausgestellt. Dabei übersieht man, dass es Renner war, der Kelsen mit dieser Aufgabe betraute und ihm zwei Richtlinien vorgab: Die Verfassung sollte bundesstaatlichen Charakter haben, gleichzeitig aber wichtige Kompetenzen an die Zentralorgane (Bundesregierung, Bundesversammlung) abgeben. Zweitens sollte die Staatsform die einer starken parlamentarischen Demokratie sein. Tatsächlich wurden Bundesrat und Bundespräsident in ihren Vollmachten so eng umgrenzt, dass die Herrschaft des Parlaments ungeschmälert blieb. Ferner war eine wichtige Neuerung dieser Bundesverfassung die Herauslösung der Stadt Wien aus Niederösterreich. Wien avancierte zum Bundesland, sein Magistrat wurde den Länderregierungen gleichgestellt, der Bürgermeister erlangte den Status eines Landeshauptmanns. Auch die außenpolitischen Erfolge konnten sich Renner zufolge sehen lassen. So habe die Regierung eine Isolation im Donauraum durch die Normalisierung der Beziehungen zur Tschechoslowakei, zu Polen, Jugoslawien und Italien vermieden. Auch die Kontakte zu den Großmächten wie Frankreich, Großbritannien und den USA verbesserte die Koalition in dem Maße, wie es der Regierung Renner gelang, sie von der Friedenspolitik der österreichischen Republik zu überzeugen. Die USA und Italien stellten Wirtschafts- und Kredithilfen in Aussicht, und das Verdikt gegen den Anschluss an Deutschland lasse immerhin die Chance offen, im Völkerbund neu verhandelt zu werden.

Nur wenige Monate später kam es zum Bruch der Großen Koalition. Die Auflösung der Koalition erfolgte mit der gemeinsamen Zustimmung von Karl Renner und Otto Bauer. Dieser Konsens kann jedoch nicht darüber hinwegtäuschen, dass prinzipiell eine Differenz zwischen beiden Politikern in der Koalitionsfrage bestand. Renner akzeptierte ein Zusammengehen mit dem bürgerlichen Lager auf Regierungsebene auch dann, wenn die SDAP lediglich als Juniorpartner in Erscheinung trat. Bauer dagegen erhob die Forderung zur *Conditio sine qua non*, dass eine Koalition nur dann infrage komme, wenn zumindest eine sozialdemokratische Regierungsbeteiligung auf gleicher Augenhöhe mit dem bürgerlichen Koalitionär gesichert war. Dahinter standen konträre Einschätzungen des Staates der bürgerlichen Gesellschaft. Für Renner war der Staat unter den Bedingungen der Demokratie *per se* ein Medium proletarischer Interessendurchsetzung. Für Bauer war er unter der Voraussetzung des Kapitalismus auch in der Demokratie immer noch bürgerlicher Staat, der nur unter proletarischem Druck zu Kompromissen gegenüber proletarischen Interessen zu bewegen sei.

Aus den Wahlen 1920 gingen die Christlichsozialen mit 85 und die Deutschnationalen mit 28 Mandaten hervor. In ihrer Wahlpropaganda bediente die CSP erfolgreich antisemitische Ressentiments, indem sie die SDAP mit dem internationalen Judentum identifizierte und für die wirtschaftlichen Probleme verantwortlich machte.[12] Die Sozialdemokraten erreichten 69 Mandate und verblieben in der Opposition, nachdem der Konsens in der Koalition verbraucht war. Der Ausstieg aus ihr bedeutete sowohl für die SDAP als auch für Renner selbst eine tiefe Zäsur. Ex post gesehen, war für die Sozialdemokratie die Phase

---

12 Vgl. Markus Benesch, Die Wiener Christlichsoziale Partei 1910–1934, Wien 2014, S. 122 f.

ihrer höchsten Machtentfaltung im Zeichen der »Vorherrschaft der Arbeiterklasse« (Otto Bauer) beendet. Allerdings schien 1920 noch die Hoffnung berechtigt, die verlorene Hegemonie auf parlamentarischem Wege zurückzugewinnen. Für Renner implizierte sie den Abschied vom Höhepunkt seiner politischen Laufbahn in der Ersten Republik, vom Amt des Staatskanzlers. Er trat in die Reihen der einfachen Abgeordneten des Nationalrats zurück und war nicht einmal in dessen Präsidium mehr vertreten. In der SDAP selbst stand Renner im Schatten Otto Bauers, dessen intellektuelle Hegemonie zu diesem Zeitpunkt niemand infrage zu stellen wagte.

Aber Renner resignierte nicht, sondern knüpfte verstärkt an sein Engagement im Genossenschaftswesen vor dem Ersten Weltkrieg an. Er regte in der Wiener *Arbeiter-Zeitung* die Gründung einer Arbeiterbank als weitere Verbesserung des proletarischen Kreditwesens an. Am 1. Januar 1923 eröffnete die Arbeiterbank, deren erster Vorsitzender Renner war, bis ein neu geschaffenes Unvereinbarkeitsgesetz seinen Rücktritt verlangte. Außerdem wirkte Renner an GöC-Geschäftsführerseminaren (Großeinkaufsgesellschaft für österreichische Consumvereine) mit. Er förderte die Wiener Volkshochschule und lehrte bis Ende der 1920er-Jahre in Kursen für Arbeiterstudenten in Wien, aber auch in Deutschland. Doch Renners Rückzug aus der »großen« Politik war nur vorübergehend. Der Auslöser für Renners erneuten Aufstieg in der SDAP war der Brand des Wiener Justizpalastes am 15. Juli 1927 als Folge des Freispruchs im Prozess gegen die rechtsradikalen »Mörder von Schattendorf«. Im Zuge des Parteitags geht Renner auf Oppositionskurs zu Otto Bauer. Der von ihm beeinflusste Parteivorstand erziehe die Arbeiterklasse im Sinne eines »revolutionären Getues« falsch. Richtungsweisend müsse die positive revolutionäre Tat der Verwaltung sein.

Tatsächlich gewann in dem Maße, wie die SDAP unter dem Druck der Kooperation zwischen der CSP und den Heimwehren als Reaktion auf den 15. Juli in die Defensive geriet, Renner gegenüber Bauer an innerparteilichem Einfluss zurück. Indizien für diesen Tatbestand sind Renners Wahl zum Ersten Parlamentspräsident am 29. April 1931 und seine Kandidatur für die Volkswahl zum Bundespräsidenten im August 1931. Aus Furcht vor einer möglichen Präsidentschaft des Prälaten Ignaz Seipel einigten sich jedoch die Sozialdemokraten mit den bürgerlichen Parteien auf eine Bestätigung des ebenfalls christlichsozialen, doch als kompromissbereiter eingeschätzten Wilhelm Miklas durch das Votum der Bundesversammlung. Auch Renners Aufstieg zum Ersten Parlamentspräsidenten endete abrupt am 4. März 1933. Da die von den Christlichsozialen beantragten Sanktionen gegen streikende Arbeiter nur mit der Stimme Renners zu verhindern waren, trat dieser auf Anraten von Otto Bauer und Karl Seitz zurück, ohne die Auswirkungen zu bedenken. Sie traten umgehend ein, als die Stellvertreter Ramek und Straffner Renners Beispiel folgen. Dollfuß nutzte die Chance, erklärte die Aktionsunfähigkeit des Parlaments und errichtete, unter Mithilfe von Bundespräsident Miklas, eine klerikal-faschistische Diktatur auf der Grundlage des Kriegswirtschaftlichen Ermächtigungsgesetzes von 1917.

3 Erster Staatskanzler in der Zweiten Republik

Im April 1945 erhob sich Karl Renner nach mehrjähriger erzwungener politischer Abstinenz im austrofaschistischen Regime und im Dritten Reich im Alter von 75 Jahren erneut wie ein Phönix aus der Asche, um als Staatskanzler einer Provisorischen Regierung federführender Mitbegründer und später erster Präsident der Zweiten österreichischen Republik zu werden. In einer *Denkschrift*[13] schildert Renner ausführlich die Vorgeschichte seiner zweiten Kanzlerschaft. Nach dem Einmarsch der Roten Armee am 1. April 1945 in seinem damaligen Wohnort Gloggnitz im südlichen Niederösterreich am Fuß des Semmering unternahm er mehrere Spaziergänge durch den Ort, um sich bei der Roten Armee für die Sicherheit der Bewohner einzusetzen. Er wollte sie wohl auch durch seine Präsenz wissen lassen, dass er Gloggnitz nicht verlässt, um einer möglichen Panik

---

13 Vgl. Karl Renner, Denkschrift über die Geschichte der Unabhängigkeitserklärung Österreichs und die Einsetzung der provisorischen Regierung, Wien 1945.

vorzubeugen. Doch seine Kontaktaufnahme mit der Roten Armee, deren Fairness und konstruktive Haltung er lobt, brachte ein ganz anderes Resultat, als er es ursprünglich beabsichtigte.[14]

Tatsächlich musste Renner bald erkennen, dass die Offiziere der Roten Armee nach Rücksprache mit ihren übergeordneten Dienststellen in ihm aufgrund einer persönlichen Weisung Stalins einen wichtigen Ansprechpartner sahen, um die österreichische Mithilfe beim Aufbau eines neuen Gemeinwesens zu gewährleisten. Dies folgte aus seinen ehemaligen Funktionen in der Ersten Republik als Staatskanzler, als Präsident der österreichischen Delegation bei den Friedensverhandlungen in St. Germain 1919 sowie als 1931 letzter frei gewählter Präsident des Nationalrats. Trotz einer nicht immer konfliktfreien Zusammenarbeit hielten sich die Verantwortlichen der Roten Armee im Großen und Ganzen an die Direktive Stalins: 1. Renner sei Vertrauen zu erweisen; 2. Ihm sei mitzuteilen, dass das Oberkommando der sowjetischen Truppen ihn beim Wiederaufbau der demokratischen Ordnung in Österreich unterstützen werde; 3. Renner sei klarzumachen, dass die sowjetischen Truppen in Österreich eingezogen seien, nicht um dessen Territorium zu annektieren, sondern um die faschistischen Okkupanten zu vertreiben.[15]

Aber wie gestaltete sich diese Kooperation konkret? Nach der historischen Begegnung mit Generaloberst Aleksej Zeltov am 5. April 1945 geleiteten die Sowjets ihn und seine Familie in das Schloss Eichbüchl am Fuß des Rosaliengebirges. Renner entwirft hier unter den Augen der verantwortlichen Offiziere acht Aufrufe an verschiedene Gruppen der Bevölkerung auf österreichischem Boden. In dem an die Wienerinnen und Wiener gerichteten Appell heißt es: »Die Gewalt- und Raubpolitik, die seit den Tagen des Anschlusses an unserem Staat und Volk geübt wurde, hat ohnehin in den Herzen des ganzen österreichischen Volkes den Anschlußwillen ausgelöscht. Hitlers Politik hat die Anschlußidee für alle Zeit vernichtet«.[16] Aber

---

14 Ebd., S. 8.
15 Vgl. S. M. Schtemenko, Karl Renners Besuch im April 1945, in: Siegfried Nasko, Karl Renner in Dokumenten und Erinnerungen, Wien 1982, S. 261.
16 OEStA/AVA/Nachlass Renner, Karton E/1731: 315.

unterdessen veränderte sich die solitäre Position Renners. Am 14. April konstituierte sich in Wien aus Sozialdemokraten und Revolutionären Sozialisten als Nachfolgeorganisation der SDAP die Sozialistische Partei Österreichs (SPÖ). Drei Tage später kam es zur Gründung der Österreichischen Volkspartei (ÖVP) als Nachfolgeorganisation der Christlichsozialen Partei (CSP), die sich aus Wirtschafts-, Bauern- und Arbeitnehmerbund rekrutierte.

Diese für Renner erfreuliche Entwicklung im Sinne einer Kontinuität der Parteienlandschaft der Ersten Republik vorausgesetzt, begibt er sich am 19. April mit dem Befehlshaber der III. Ukrainischen Front, Marschall Tolbuchin, nach Wien. Er bezieht eine Villa im 13. Bezirk in der Wenzgasse 2. Da Renner in Wien bereits die Anfänge eines demokratischen Parteienlebens vorfindet, kommt es in seiner Wohnung zur Einigung über ein politisches Kabinett unter seiner Leitung. Grundlage ist ein Proporz aus SPÖ, KPÖ und ÖVP. Die drei politischen Parteien erklären in ihrer Proklamation u. a. die Wiederherstellung der demokratischen Republik Österreich im Sinne der Verfassung von 1920 und die Annullierung des »Anschlusses«. Bereits am 27. April 1945 konstituiert sich das Kabinett Renner IV (27.4.–20.12.1945). Das Konzentrationskabinett wird am selben Tag von Marschall Tolbuchin anerkannt. Zwei Tage später versichert Renner der Wiener Bevölkerung den Willen seiner Regierung, möglichst bald Wahlen durchzuführen.

Wie sieht die Bilanz dieser knapp acht Monate aus, in denen die Grundlagen der Zweiten Republik gelegt wurden? Beginnen wir mit den Resultaten, die Renner den Aufstieg zur zentralen Identifikationsfigur, ja zum Staatsmythos der Zweiten Republik ermöglicht haben. Im Blick auf deren Konsolidierung verdienen Renners taktisches Geschick und konzeptionelle Weitsicht Respekt, mit den aus der Oberhoheit der Siegermächte resultierenden restriktiven Bedingungen der unmittelbaren Nachkriegszeit fertig zu werden. Dieser Respekt muss umso nachhaltiger ausfallen, als die Schwierigkeiten, mit denen die Provisorische Regierung konfrontiert war, über das Ausmaß der Herausforderungen im November 1918 nach dem Zusammenbruch der Habsburgermonarchie noch hinausgingen. Das Staatsgebiet, auf das sich die Arbeit der Provisorischen Regierung zunächst erstreckte, beschränkte sich auf Wien und Niederösterreich und schloss später auch die Steiermark und das Burgenland mit ein. Dieses Gebiet wurde von Ausländern (Tschechoslowaken und Jugoslawen) sowie von Fremdarbeitern »überflutet«. Mangels Polizei und Grenzwachen bestand keine Möglichkeit, diesen Zustrom zu kontrollieren oder zu unterbinden. Gleichzeitig mussten die Flüchtlinge aus humanitären Gründen untergebracht und ernährt werden. Hinzu kam, dass ein Gesetzeschaos die Innenpolitik belastete. Es war dadurch entstanden, dass das NS-Regime alle Österreicher unterschiedslos zu reichsdeutschen Staatsbürgern erklärt hatte. Um diese »überholte« Situation zu bereinigen, musste die Provisorische Regierung die österreichische Staatsbürgerschaft neu begründen mit der rechtlichen Konsequenz, dass »der Österreicher [...] als befreite Nation, der Reichsdeutsche als Feind zu behandeln«[17] sei.

Auch stand die Neuregelung des Staats- und Volksvermögens auf der politischen Tagesordnung, weil das Hitler-Regime das öffentliche Eigentum Österreichs dem Deutschen Reich einverleibt hatte.[18] Ebenso gravierend war die Last der akuten wirtschaftlichen Probleme, welche die Provisorische Regierung zu schultern hatte, hing doch von ihrer Lösung das Überleben der Bevölkerung ab. Renner hob in diesem Zusammenhang lobend die Kooperation der Roten Armee beim Anbau sowie bei der Ernte des Jahres 1945 und die zweimalige »freiwillige und hochherzige Zuwendung russischer Lebensmittel«[19] hervor; ohne sie wäre die Ernährungslage Österreichs noch katastrophaler gewesen, als sie es ohnehin schon war. Gleichzeitig forderte er im Namen der Provisorischen Regierung eine Liberalisierung der Handelspolitik. Eine Korrektur der defizitären Ernährungssituation sei nur dann möglich, wenn Überschussprodukte der eigenen Industrie die Nahrungsmittelzufuhr aus dem

---

17 Renner, Denkschrift, S. 12.
18 Ebd., S. 14.
19 Ebd., S. 17.

Ausland decke.[20] Schwere Sorgen bereitete der Regierung Renner auch die Kohlennot.

Andererseits darf die zweite Säule des Renner'schen Krisenmanagements im Frühjahr 1945 nicht verschwiegen werden: Sie ergab sich aus der Neustrukturierung der Wirtschaft selbst. Es war Renners tiefe Überzeugung, dass angesichts der desaströsen Wirtschaftslage und der von ihr verursachten Ernährungskrise sowie der zu erwartenden Reparationsleistungen kein Weg an massiven staatlichen Interventionen in die ökonomischen Prozesse vorbeiführte. Zwar gelang es der ÖVP, den Großgrundbesitz und die Miethäuser unbehelligt zu lassen. Jedoch setzte sich Renner bei der Verstaatlichung der Schlüsselindustrien durch: Der Sozialdemokratie gelang gewissermaßen unter den konsensualen Bedingungen der Sozialpartnerschaft, woran sie in der Ersten Republik im Zeichen des offenen Klassenkampfs gescheitert war.

Renners Analyse der ökonomischen Lage Österreichs im Sommer 1945 läuft also auf zwei Forderungen hinaus: die sozialpartnerschaftlich abgesicherte Verstaatlichung der Schwerindustrie und die Erweiterung des Handlungsspielraums der Provisorischen Regierung. Die katastrophale Ernährungssituation des Landes war ihm zufolge nur zu bewältigen, wenn sich die Regierungskompetenz des Kabinetts auf das gesamte Territorium Österreichs erstreckte. Das aber setzte innenpolitisch nicht nur die Zustimmung der Bundesländer, sondern vor allem auch die der Besatzungsmächte voraus. Tatsächlich gelang es Renner, durch die Einberufung von drei Konferenzen der Länder nach dem Vorbild von 1918 deren separatistische Tendenzen ebenso zu neutralisieren wie antikommunistische Vorstöße des konservativen Lagers. Erst dadurch wurde der Weg frei für die Zustimmung des Alliierten Rates zu einem einheitlich administrierten österreichischen Territorium; sie erfolgte am 20. Oktober 1945. Zwar war Renner von seinem Hauptziel der Wiederherstellung der vollen Souveränität Österreichs noch weit entfernt. Aber durch die Anerkennung seiner Regierung als gesamtösterreichische Institution konnte er die Spaltung

---

20 Ebd.

Österreichs nach deutschem Vorbild verhindern. Für Deutschland gingen die Siegermächte im Potsdamer Abkommen zwar ebenfalls von der Bewahrung der Wirtschaftseinheit aus. Doch ließ der Verzicht auf eine provisorische Zentralregierung den von der Autonomie der Besatzungszonen ausgehenden Zentrifugalkräften freien Lauf.

Allerdings dürfen andere Entscheidungen Renners als Kanzler bzw. als Bundespräsident, deren Problematik sich freilich oft erst *ex post* herausstellte, nicht verschwiegen werden. So reagierte Renner auf die durch Stalin ermöglichte Chance, unmittelbar am Aufbau der Zweiten Republik in vorderster Linie mitzuwirken, mit zwei devoten Briefen an den sowjetischen Diktator, die über die obligatorischen Höflichkeitsfloskeln deutlich hinausgingen.[21] Für eine eher kritische Beurteilung spricht, dass ihm die verbrecherischen Mechanismen des stalinistischen Repressionsapparates bekannt gewesen sein mussten. Die im unterwürfigen Ton formulierten Briefe Renners an Stalin sind, so ist zu vermuten, in voller Kenntnis des stalinistischen Terrorapparates geschrieben worden. Ganz davon abgesehen, dass Renner vom Schicksal vieler nach Russland geflohener Schutzbündler, die dem stalinistischen Terror zum Opfer fielen, gewusst haben musste, schilderte ihm auch Jacques Hannak in einem Brief ungeschminkt die depravierende Wirkung der sowjetischen Gulags, die er als ein »fressendes Geschwür« der Sklavenarbeit geißelte.[22] Aber eine politische Analyse, so würde Renner wohl Hannak entgegnet haben, ist das eine. Und die harte politische Realität, in der man sich seine Partner nicht immer aussuchen kann, ist das andere. Zudem stellt sich die Frage, wie Renner in der sowjetisch besetzten Zone Österreichs gegen das stalinistische System hätte Stellung beziehen können, wenn er gleichzeitig zugeben musste, dass die Rote Armee Österreich vom Faschismus befreite? Hätte er dann nicht die Einheit Österreichs und das Projekt einer zweiten demokratischen Republik zur Disposition gestellt?

---

21 Abgedr. bei Nasko, Karl Renner, S. 148-150 (Brief vom 15.4.1945) u. 151-153 (Brief vom 9.5.1945).
22 VGA/Nachlass Renner/Karton 1, Mappe 2, fol. 66-114, hier 98.

Ein zweiter Einwand gegen die Nachkriegspolitik Renners resultierte aus der Moskauer Deklaration der alliierten Außenminister von 1943, die von Hull, Eden und Molotow unterzeichnet wurde. In ihr betrachteten die Regierungen Großbritanniens, der Sowjetunion und der USA Österreich als das erste freie Land, das der Hitler'schen Aggression zum Opfer gefallen ist. Sie erklärten daher den sog. Anschluss vom 15. März 1938 für null und nichtig und betonten die Notwendigkeit, dass Österreich vom Faschismus befreit werden müsse. Aber die Deklaration erhielt auch einen Zusatz, der Österreich in seinem Verhältnis zum Dritten Reich keineswegs vollständig exkulpierte: Österreich habe an der Seite des Dritten Reiches am Zweiten Weltkrieg teilgenommen und trage somit eine Mitverantwortung. Daher müsse sein Beitrag zur eigenen Befreiung mitberücksichtigt werden. Doch Renner stellte die Gegenfrage: Wie sollte das unter den Bedingungen eines totalitären Systems möglich sein, das alle Aufstandsbewegungen im Keim erstickte? Sich auf die Moskauer Deklaration beziehend, erhob Renner vielmehr die These, Österreich sei das erste Opfer der faschistischen Aggression gewesen, zu einer wichtigen Legitimationsgrundlage der Zweiten Republik. Aber aus heutiger Sicht trat das Gegenteil ein. Renners Exkulpationsstrategie sollte sich mittel- und langfristig als gravierendes Legitimationsdefizit der Zweiten Republik erweisen. Erst nach der Waldheim-Affäre 1986 räumten österreichische Politiker gründlich mit dem Opfermythos auf und bekannten sich eindeutig zur österreichischen Mitverantwortung.

Auch andere Dimensionen der Renner'schen Nachkriegspolitik befremden aus heutiger Sicht. So fällt sein Desinteresse an einer Würdigung des österreichischen Widerstandes gegen das NS-Regime auf. Da er von der Annahme ausging, das Dritte Reich habe nur auf dem Schlachtfeld besiegt werden können, hatte der interne Widerstand für ihn nur geringes Gewicht. Diese Schlussfolgerung ist problematisch, zumal die aus der Sozialdemokratie hervorgegangenen Revolutionären Sozialisten, aber auch viele Kommunisten sowohl in der austrofaschistischen Diktatur als auch im Dritten Reich ihr Leben aufs Spiel setzten. Doch noch fragwürdiger ist Renners Distanz zum

»unvorstellbaren Leidensweg der Juden«.[23] So ließ er rund 12 Monate nach der Befreiung von Auschwitz durch die Rote Armee keinen Zweifel daran, dass ihm die Entschädigung der Opfer des Bürgerkriegs vom Februar 1934 weitaus mehr am Herzen lag als die Restituierung des arisierten jüdischen Eigentums. Dennoch wird man Renner nicht unterstellen dürfen, er sei von antisemitischen Ressentiments geleitet. Sein gesamtes Schrifttum und sein praktisches Verhalten gegenüber Juden sprechen dagegen. Die sozioökonomischen Kategorien seines induktiv marxistischen Ansatzes standen quer zu jeder Variante einer naturalistisch-biologistischen Rassentheorie. Dementsprechend ging Renner zum Judentum als ethnischem Kollektiv niemals auf Distanz.

Es scheint so, als ob für Renner bei seiner Neigung, gegenüber den Juden beim Aufbau der Republik auch in Kenntnis der Ungeheuerlichkeit von Auschwitz restriktiv zu verfahren, die österreichische Opferthese eine zentrale Rolle spielte. Aus ihr folgerte er möglicherweise, dass die Judenvernichtung eine »deutsche Tat« war, die im Kern mit Österreich wenig oder gar nichts zu tun hat. Das Eingeständnis einer österreichischen Beteiligung an diesem Jahrhundertverbrechen wollte er wohl auch deswegen vermeiden, weil er den zumindest latenten Antisemitismus in der österreichischen Bevölkerung fürchtete, der den republikanischen Neuanfang zusätzlich belasten konnte.

4 Bilanzierende Schlussbemerkungen

Der Versuch einer zusammenfassenden Charakterisierung des Staatskanzlers Karl Renner ist ohne die basale Maxime seines Politikverständnisses nicht möglich. Die normative Orientierung war für ihn unveränderlich: die patriotische Verbundenheit mit Österreich und seine Entscheidung für die soziale und politische Emanzipation der Arbeiterklasse. Doch die Wege dorthin bzw. die Wahl der Mittel er-

---

23 Walter Rauscher, Karl Renner. Ein österreichischer Mythos, Wien 1995, S. 327.

schienen ihm je nach den Umständen von Zeit und Ort offen und variabel. Diese strategische Option ermöglichte es ihm 1918, nach einem kurzen Vorlauf den Paradigmenwechsel von der K.-u.-k.-Monarchie zur demokratischen und sozialen Republik auf nationalstaatlicher Grundlage mehr oder weniger abrupt zu vollziehen, ohne Gesichtsverlust vor sich selbst und seinen Anhängern. Nach 1945 schrieb er unterwürfige Briefe an Stalin, um die Einheit Österreichs zu wahren. Wenig später ging er auf Distanz zur SU und suchte die Annäherung zu den Westmächten, ohne mit den Sowjets zu brechen, weil ihm dies für die Konsolidierung der Zweiten Republik notwendig erschien. Dass diese taktisch-strategische Flexibilität in Renners Politikverständnis seine übergeordneten normativen Ziele konterkarieren und damit scheitern lassen konnten, zeigen seine Annexionen in Osteuropa einschließende Kriegszielpolitik im Ersten Weltkrieg, seine distanzierte Position zur Restituierung jüdischen Eigentums, sein Umgang mit dem antifaschistischen Widerstand, seine exkulpierende Strategie der Rolle Österreichs im Dritten Reich – und vor allem seine Versuche eines Arrangements mit diesem.

Tatsächlich gab Renner am 3. April 1938 dem *Neuen Wiener Tagblatt* sein Ja-Interview zum »Anschluß« Österreichs an das Dritte Reich.[24] Die verheerenden Auswirkungen für ihn selbst und für die Sozialdemokratie nahm er in Kauf. Er bot dem Wiener NS-Bürgermeister Hermann Neubacher sogar an, mit einer Plakataktion für das »Anschluß«-Referendum am 10. April 1938 zu werben. Das Plakat wurde zwar gedruckt, aber nicht ausgeliefert. Die Parteikanzlei der NSDAP in München erlaubte nur das Interview. Renner stellte in dem Interview den »Anschluß« als eine historische Tatsache dar. Allerdings sei er mit Methoden vollzogen, die nicht die seinen seien. Zwar spreche er nur für sich selbst. Aber in seinem *World-Review*-Artikel bestätigte er seine Identität als Sozialdemokrat, um nicht den Verdacht aufkommen zu lassen, er sei ins NS-Lager übergelaufen. Renners Verhalten ist nicht zu entschuldigen. Doch wenn man ihm

---

24 Karl Renner, Interview im Neuen Wiener Tagblatt vom 3.4.1938, in: Nasko, Karl Renner, S. 131 f.

die volle Kenntnis des Terrors des Dritten Reiches unterstellt, sieht man sich dann nicht mit der Frage konfrontiert, ob es ein Zeichen großer Zivilcourage war, als er mit Blick auf das Dritte Reich in seinem *World-Review*-Artikel von »den Zwängen eines militärischen Staatssozialismus und einem unfassbaren Rassenregime«[25] sprach?

Berücksichtigen sollte man auch die zeitliche Dimension. Der organisierte Judenpogrom fand erst am 9./10. November 1938 statt, und der Zweite Weltkrieg hatte noch nicht begonnen. Infolgedessen existierte im Deutschen Reich immer noch eine einheitliche Verwaltung, die den Willkürakten der faschistischen Bewegung gewisse Grenzen ziehen konnte und keineswegs identisch mit den SS-Partikulargewalten der später annektierten Gebiete war. Ferner wurde die Organisation der »Endlösung der Judenfrage« erst im Januar 1942 beschlossen. Renner hatte also im März 1938 noch Gründe, in Übertragung seiner Wahrnehmung österreichischer Verhältnisse auf deutsche von der Annahme auszugehen, die Residuen des autoritären Rechtsstaates könnten die schlimmsten Auswirkungen der destruktiven Kräfte der faschistischen Bewegung verhindern. Ähnliches ließe sich über seine Broschüre sagen, in der er das Münchener Abkommen als eine Korrektur der Fehler des Vertrages von St. Germain lobt. Ließen sich nicht auch Chamberlain und Daladier von Hitlers angeblichen friedlichen Absichten täuschen?

Aber solche »Historisierungen« tragen vielleicht zu einem besseren Verständnis des Renner'schen Verhaltens bei. Zu einer Exkulpation indes taugen sie nicht. Diese kritischen Anmerkungen relativieren sich freilich durch seine Wahl zum ersten Bundespräsidenten der Zweiten österreichischen Republik im Dezember 1945, die ohne seine unbestreitbaren Verdienste bei der Gründung zweier parlamentarischer Demokratien nicht möglich gewesen wäre.

---

25 Ders., Warum ich mit Ja gestimmt habe, in: Ebd., S. 136.

Einhart Lorenz

Willy Brandt (1913–1992): Der SPD-Vorsitzende und Kanzler des internationalen Erfahrungshintergrunds

Willy Brandt wurde 18.12.1913 als Herbert Ernst Karl Frahm in Lübeck unehelich geboren.[1] Über die Kinderfreunde, die Roten

---

1 Willy Brandt hat sein Leben in Erinnerungen und anderen Publikationen wiederholt dargelegt. 1960 erschien »Mein Weg nach Berlin«, sechs Jahre später gab es in »Draußen. Schriften während der Emigration« Kommentare zu den Exiljahren; danach folgten 1976 »Begegnungen und Einsichten. Die Jahre 1960 bis 1975«, 1982 »Links und frei« und 1989 schließlich die »Erinnerungen«. Einige Beispiele von Lebensbegradigungen in diesen Selbstdarstellungen habe ich in: »Willy Brandt im Spiegel seiner Erinnerungen und seiner Biografen«, in: Exilforschung. Ein internationales Jahrbuch, Bd. 23, München 2005, S. 57-69, dargelegt. – An Brandt-Biografien fehlt es nicht. Nach Terence Prittie (1973), Carola Stern (1975 und Neuauflagen), David Binder (1975), Peter Koch (1988) und Barbara Marshall (1990/93) erschienen Biografien von Gregor Schöllgen (2001), Peter Merseburger (2002), Martin Wein (2003) und Brigitte Seebacher (2004), von denen Schöllgens Arbeit allein schon wegen der zahlreichen Fehler sehr kritisch gelesen werden muss. Sehr lesenswert sind die einsichtigen Studien von Gunter Hofmann (1988) und Helga Grebing (2008). Im Jubiläumsjahr 2013 gab es einen Boom von Sondernummern und -heften, Neuauflagen existierender Biografien und weitere Biografien von Bernd Faulenbach, Einhart Lorenz, Hélène Miard Delacroix und Hans-Joachim Noack. Darüber hinaus liegen zahlreiche Einzelstudien vor, u. a.

Falken und die Sozialistische Arbeiterjugend wurde er mit 16 Jahren, entgegen der allgemein geltenden Altersgrenze, Mitglied der SPD, in der er früh radikale Haltungen entwickelte und deren kompromisswillige Politik er kritisierte. 1931 schloss er sich der Sozialistischen Arbeiterpartei (SAP) an. Als begabter Schüler erhielt Brandt erst einen Freiplatz an der Realschule, danach am Gymnasium, wo er 1932 sein Abitur ablegte. Nach dem Verbot der SAP durch die Nationalsozialisten nahm er an einem illegalen SAP-Parteitag in Dresden teil und erhielt kurz darauf den Parteiauftrag, als Vertreter der SAP nach Norwegen zu gehen (April 1933), um dort einen Außenposten aufzubauen, Geld für die illegale Arbeit seiner Partei einzuwerben und die norwegische Arbeiterpartei (DNA) für die internationalen Pläne der SAP zu gewinnen.[2] Erst als seine Rückkehr nach Verhaftungen anderer SAP-Mitglieder in Lübeck unmöglich wurde, ist er zum Exilanten geworden.

Während der Jahre des Exils (von 1933 bis Sommer 1940 in Norwegen, danach in Schweden) gewann er Freunde und die Unterstützung in politischen, gewerkschaftlichen und intellektuellen Kreisen, die seine Arbeit gegen das Hitler-Regime unterstützten; er wurde mit einer Arbeiterbewegung bekannt, die eine pragmatische Reformpolitik des Klassenausgleichs führte. Nach anfänglicher harscher Kritik wandelte sich sein Verhältnis zur skandinavischen Sozialdemokratie, die für ihn ab 1937/38 zu den fortschrittlichsten Parteien im inter-

---

über Brandts Außenpolitik (Bernd Rother Hg.), Amerikabild (Judith Michel), Brandt und Polen (Friedhelm Boll/Krzysztof Ruchniewicz Hg.), die europäische Einigung (Andreas Wilkens Hg.), die »Vierte Macht« (Daniela Münkel), ferner zahlreiche Arbeiten von privaten und politischen Weggefährten sowie ein Kinderbuch (Sabine Carbon/Barbara Lücker: Willy) und eine Oper (Gerhard Rosenfeld: Kniefall in Warschau). In Berlin (Forum Willy Brandt), Lübeck (Willy-Brandt-Haus) und Unkel (Willy-Brandt-Forum) gibt es permanente Ausstellungen, die sein Wirken dokumentieren.

2 Brandt hat das Exil zunächst (Fritz Sänger Hg., Handbuch des Deutschen Bundestages, Stuttgart 1949, S. 268) auf ein Studium der Geschichte und Pressearbeit in Norwegen und Schweden reduziert. Das mag angesichts der Stimmung, die Emigranten entgegenschlug, noch verständlich sein. Unverständlich bleibt dagegen die Darstellung mehrerer Autoren, dass es sich 1933 um eine Flucht handelte oder gar, dass »Flucht« als »Verhaltensmuster« für Brandt »insgesamt charakteristisch ist« (Gregor Schöllgen: Willy Brandt. Die Biographie, Berlin/München 2001, S. 37 ff.).

nationalen sozialdemokratischen Lager zählten. Es wurde ihm ermöglicht, über die Entwicklung in Deutschland zu informieren und darüber aufzuklären, dass Hitler und Deutschland nicht identisch waren, also dass es ein anderes und besseres Deutschland gab.

Die Jahre des Exils waren für Brandt ein Lernprozess. Bis 1940 führten ihn Reisen in demokratische Länder sowie Hitlers nationalsozialistisches Deutschland und nach Spanien während des Bürgerkriegs. Sein illegaler Aufenthalt als »norwegischer Student« mit der geliehenen Identität in Berlin im Herbst 1936 gab ihm einen Erfahrungshintergrund und Einsichten in das Leben im »Dritten Reich«, die anderen Exilpolitikern fehlten.

Nach dem deutschen Überfall auf Norwegen im April 1940 geriet der staatenlose Brandt – die Nationalsozialisten hatten ihn 1938 ausgebürgert[3] – in deutsche Gefangenschaft, blieb aber unerkannt und konnte im Sommer 1940 nach Schweden fliehen. Dort wurde ihm seitens der norwegischen Exilregierung die norwegische Staatsbürgerschaft gewährt, was ihm eine gewisse Sicherheit vor Ausweisung gab. Pläne einer Weiteremigration in die USA zerschlugen sich. In Schweden war er als Publizist tätig[4], gehörte zu den innersten norwegischen Exilzirkeln, war führender Kopf der »Internationalen Gruppe demokratischer Sozialisten« und hatte darüber hinaus zahlreiche internationale Kontakte. Nach der Niederlage Hitler-Deutschlands und der Befreiung Norwegens kehrte Brandt zunächst nach Oslo zurück, bemühte sich um eine Rückkehr nach Deutschland, wollte jedoch auch eine Dankesschuld gegenüber Norwegen abtragen. 1945/46 kam Brandt als Korrespondent für skandinavische Zeitungen zum Nürnberger Kriegsverbrecherprozess. Einen weiteren Aufenthalt

---

3   Siehe dazu und zur Wiedereinbürgerung sehr detailliert Hans Georg Lehmann, In Acht und Bann. Politische Emigration, NS-Ausbürgerung und Wiedereinbürgerung am Beispiel Willy Brandts, München 1976.

4   Er veröffentlichte neben zahllosen Artikeln bis zu seiner Rückkehr nach Deutschland neun Bücher, acht Broschüren, vier von ihm redigierte Materialsammlungen, außerdem auch Beiträge in Gemeinschaftsarbeiten und Sammelbänden. Einen – allerdings ergänzungsbedürftigen – Eindruck dazu vermittelt Personalbibliographie Willy Brandt, Bonn 1990, S. 32-59 (http://library.fes.de/fulltext/id/01360inf.htm).

benutzte er zur Teilnahme am ersten SPD-Parteitag in Hannover im Mai 1946, bei dem er Kurt Schumacher kennenlernte. 1947 wurde Brandt Presseattaché bei der Norwegischen Militärmission in Berlin – und kam damit seinem Vorhaben näher, sich in die deutsche Nachkriegspolitik einzuschalten.

1 Rückkehr nach Deutschland und Stationen des politischen Lebensweges

Ein Jahr später, zu Beginn des Jahres 1948, erfolgte Brandts endgültige Rückkehr in die deutsche Politik. Er wurde im Juli 1948 wieder eingebürgert und Berlin-Beauftragter des in Hannover ansässigen SPD-Parteivorstands. Er begann, sich in der Berliner SPD zu engagieren und arbeitete mit dem sozialdemokratischen Bürgermeister Ernst Reuter zusammen. 1949 wurde er erstmals in den Deutschen Bundestag gewählt. In Berlin stieß Brandt auf eine Partei, die sich erfolgreich der Zwangsvereinigung mit den Kommunisten widersetzt hatte, die zugleich aber nicht seinen Vorstellungen von einer sozialdemokratischen Partei entsprach, die sich neuen Schichten öffnete. Als Otto Suhr 1955 nach Reuters Tod (1953) zum Regierenden Bürgermeister gewählt wurde, folgte ihm Brandt als Präsident des Berliner Abgeordnetenhauses. Als er nach Suhrs Tod im Oktober 1957 zum Regierenden Bürgermeister gewählt wurde, kam es erstmals zu Schmutzkampagnen wegen der Emigrationsjahre, die ihn auch bei den kommenden Wahlkämpfen in Berlin und später auf Bundesebene immer wieder verfolgten. Die Angriffe kamen nicht nur von rechtsradikaler und kommunistischer Seite, sondern auch von führenden Politikern des christlich-bürgerlichen Lagers sowie aus den Reihen der SPD.[5] Brandts Aufstieg in der SPD ließ sich damit jedoch nicht aufhalten.

---

5 Zu den Angriffen aus dem sozialdemokratischen Lager: Einhart Lorenz, Willy Brandt. Deutscher – Europäer – Weltbürger, Stuttgart 2012, S. 77 u. 96; Siegfried Heimanns Einleitung in Willy Brandt, Berlin bleibt frei. Politik in und für Berlin 1947–1966 (Berliner Ausgabe, Bd. 3), Bonn 2004, S. 28 u. 38 f.

Während der Berlin-Krisen in den Jahren 1958 bis 1961 wurde deutlich, dass Brandt mehr war als ein Lokalpolitiker. Ende 1958 gelang ihm mit 52,6 % für die SPD ein überwältigender Erfolg bei den Wahlen zum Abgeordnetenhaus, der 1963 mit 61,9 % noch einmal übertroffen wurde. 1960 nominierte die SPD ihn zum Kanzlerkandidaten für die Bundestagswahl 1961. Als der SPD-Vorsitzende Erich Ollenhauer Ende 1963 starb, wurde Brandt, obwohl er nie dem »engeren Kreis« der Parteispitze angehört hatte, ohne Gegenkandidaten im Februar 1964 zu dessen Nachfolger gewählt. Diese Funktion behielt er bis 1987 – länger als je zuvor ein anderer SPD-Vorsitzender einschließlich des legendären August Bebel (1892 bis 1913). Unter Brandts Vorsitz wurde die SPD modernisiert und öffnete sich neuen Gruppen und Schichten, nicht unähnlich den skandinavischen Sozialdemokratien. In den 1970er-Jahren war es seine antifaschistische Vergangenheit und Liberalität, die – trotz der Diskussionen um die vorausgegangenen Notstandsgesetze und den umstrittenen »Extremistenbeschluss« – die junge Generation, Intellektuelle und Liberale anzogen.

Im Dezember 1966 wurde Brandt Außenminister und Vizekanzler. Einige Monate zuvor hatte er auf dem SPD-Parteitag ein »qualifiziertes, geregeltes und zeitlich begrenztes Nebeneinander mit der DDR« ohne deren völkerrechtliche Anerkennung ins Auge gefasst, und zwei Jahre später sprach er vor dem gleichen Forum von einer Anerkennung der Oder-Neiße-Grenze.[6] Nach der Bundestagswahl 1969 wurde Brandt Kanzler der sozialliberalen Koalition mit der FDP. Damit begann ein neues Kapitel in der Geschichte der Bundesrepublik. Während das Ansehen und das Vertrauen im Ausland aufgrund von Brandts Vergangenheit wuchs, war die Ost- und Friedenspolitik im Inland – teilweise selbst in den Reihen der SPD –

---

6 Protokoll der Verhandlungen des Parteitages der Sozialdemokratischen Partei Deutschlands vom 1. bis 5. Juni 1966 in Dortmund, Hannover 1966, S. 60 ff. u. 77, Text auch in Willy Brandt, ... auf der Zinne der Partei ... Parteitagsreden 1960 bis 1983, Hg. Werner Krause/Wolfgang Gröf, Berlin 1984, S. 111, hier S. 126, 129 u. 136; Protokoll der Verhandlungen des Parteitages der Sozialdemokratischen Partei Deutschlands vom 17. bis 21. März 1968 in Nürnberg, Hannover o. J., S. 110 f.

höchst umstritten. Diese Politik resultierte trotz außenpolitischer Rückschläge in einem umfangreichen bilateralen Vertragswerk mit der Sowjetunion (Gewaltverzichtabkommen 1970), Polen (1970), der Tschechoslowakei (1973) und der DDR (Grundlagenvertrag 1972), dazu das vierseitige Abkommen über Berlin (1971). Die Verträge sicherten den Status Berlins und trugen zur Sicherheit und Stabilität in Europa bei.

In der »Willy-Wahl« im November 1972 führte er die SPD zum größten Wahlsieg ihrer Geschichte: 45,8 % der Zweit- und 48,9 % der Erststimmen. Die nachfolgende Zeit der Kanzlerschaft Brandts war von wirtschafts-, finanz- und tarifpolitischen Auseinandersetzungen überschattet. Die erste Ölpreiskrise deutete einen weltwirtschaftlichen Gezeitenwechsel an. Nach der Verhaftung des DDR-Spions Guillaume im Mai 1974 zog Brandt die Konsequenzen, die der eigentlich verantwortliche Innenminister Genscher (FDP) hätte ziehen müssen. In darauffolgender Zeit der Kanzlerschaft Helmut Schmidts wurde Brandt als Parteivorsitzender trotz erheblicher Spannungen innerhalb des Trios Brandt-Schmidt-Wehner zur großen Integrationsfigur der SPD, indem er die unterschiedlichen Standpunkte auf den Gebieten der Sicherheits-, Umwelt-, Wachstums- und Energiepolitik zu bündeln versuchte.

In der zweiten Hälfte der 1970er-Jahre entfaltete Brandt als Staatsmann ohne Staatsamt weitreichende internationale Aktivitäten. Im November 1976 wurde er Präsident der Sozialistischen Internationale (bis 1992), die unter seiner Leitung ihren Eurozentrismus überwand. Als Vorsitzender der Nord-Süd-Kommission (1977–1980) benannte er die Schere zwischen den Gefahren und Herausforderungen der Globalisierung einerseits und dem täglichen Leben und Bewusstsein der Menschen andererseits. Unter seiner Leitung wurden umfassende Vorschläge zur Reform des herrschenden Weltwirtschaftssystems und der internationalen Entwicklungspolitik ausgearbeitet, ferner Wege zu einem ökologisch akzeptablen Ausgleich zwischen den Entwicklungsländern und den Industrienationen aufgezeigt, die das gemeinsame Überleben der Menschheit sichern sollten (1980). Ein letztes Mal schaltete sich Brandt in die deutsche und internationale

Politik ein, als die Reformpolitik Gorbatschows und die Protestbewegung in der DDR die politische Landschaft in Mittel- und Osteuropa zu verändern begannen. Brandt, seit 1987 Ehrenvorsitzender der SPD, konnte miterleben, wie seine Entspannungspolitik Früchte trug und sein Wunsch nach einer staatlichen Einheit Deutschlands Wirklichkeit wurde. Im Gegensatz zu seinen »Enkeln« begriff er nicht nur die Folgen des Zusammenbruchs der DDR für Deutschland, womit er in eine größere Distanz zu Teilen seiner Partei geriet, sondern auch die Folgen für Europa. Als Alterspräsident konnte Brandt 1990 den ersten gesamtdeutschen Bundestag eröffnen. Am 8.10.1992 starb er an den Folgen eines Krebsleidens in Unkel am Rhein.

2 Einflüsse des skandinavischen Exils als Leitfaden

Ich habe Willy Brandt nur während meiner Gymnasiums- und Studienjahre an der FU Berlin als Bürgermeister erlebt, dann erst zu Beginn der 1980er-Jahre getroffen und Gespräche mit ihm über die Jahre des Exils führen können. Ich würde also nie behaupten, dass ich ihn persönlich gut kenne. Was ich vor allem zu bieten habe, sind eingehende Kenntnisse der Jahre in Skandinavien, die Brandt selbst als seine »glücklichsten«, »wichtigsten« und »formativen« bezeichnet hat, also die Jahre, in denen ihm »ideelle Werte vermittelt und seine politischen Überzeugungen geprägt« wurden[7] – und ferner einen gewissen Blick »von außen her«, der deutschen Betrachtern naturgemäß fehlt, aber zum Verständnis von Brandt notwendig ist. Wenn ich auf die Erfahrungen und Erkenntnisse der Exiljahre verweise und dort Ansätze und Erklärungen des Späteren finde, geschieht dies, weil auch ich diesen formativen Jahren große Bedeutung beimesse. Ich hoffe dennoch, nicht von dem Früheren hypnotisiert zu sein.

---

7   Willy Brandt, Mein Weg nach Berlin, München 1960, S. 71 f.; ders., Bundeskanzler Brandt, Reden und Interviews [28.10.1969–23.7.1971], [Bonn] 1971, S. 150; Willy Brandt. Die Spiegel-Gespräche 1959–1992, Hg. Erich Böhme/Klaus Wirtgen, Stuttgart 1993, S. 377; Bundeskanzler Brandt. Reden und Interviews (II) [10.8.1971–26.1.1973], [Bonn] 1973, S. 103.

Auch Richard von Weizsäcker »glaubte zu spüren, wie stark solche skandinavischen Impulse bei Willy Brandt wirksam geblieben sind«.[8]

Anhand von *fünf* weiteren Abschnitten möchte ich verdeutlichen, warum die Exiljahre auch den Bundeskanzler Willy Brandt formten. Das meint nicht nur generell die Erfahrung des Exils, die für alle Exilierten gilt, aber für Brandt besonders, denn er war jung und offen, trauerte keiner Vergangenheit nach und blieb nicht auf ungeöffneten Koffern sitzen. Spezifischer werde ich *erstens* die Bedeutung der politischen Kultur in Skandinavien für Brandts Politikverständnis, seinen Politikstil und die Politik des Ausgleichs und Konsensus behandeln; *zweitens* Brandts außenpolitisches Denken, das auch über Europa hinaus reichte, aber vor allem: die Notwendigkeit europäischer Zusammenarbeit und kollektiver Sicherheit zur Bewahrung von Frieden, die Erkenntnis der Verbrechen in Osteuropa und die Berücksichtigung der berechtigten Interessen anderer Staaten; *drittens* kurz seine Auseinandersetzung mit Nationalsozialismus und Kommunismus; *viertens* den Einfluss der Praxis und Programmatik der norwegischen und schwedischen Sozialdemokratien als Volksparteien, das »schwedische Modell«, das »Volksheim«; schließlich möchte ich *fünftens* etwas über persönliche Kontakte und die Bedeutung von Sprachkenntnissen sagen.

Beginnen wir mit der die genannten Einzelaspekte umspannenden Erfahrung des Exils: Willy Brandt war 1933 mit dem ersten Band von Marx' »Kapital« ausgereist, zurück kam er 1947 mit kulturellem Kapital, das den meisten deutschen Nachkriegspolitikern fehlte. Nach Deutschland brachte er menschliche, politische und kulturelle Erfahrungen und nach eigener Aussage »ideelle Werte« mit. Gegenüber denen, die im NS-Deutschland gelebt hatten, hatte er, wie Helmut Schmidt später feststellte, einen »unglaublichen Vorsprung an Lebenserfahrung«.[9] Er hatte frei diskutieren können, sich international

---

8 Ansprache des Bundespräsidenten Richard von Weizsäcker, in: Johannes Gross (Hg.), Macht und Moral. Willy Brandt zum 75. Geburtstag, Frankfurt a. M. 1989, S. 11.
9 Helmut Schmidt in: Erinnerungen an Willy Brandt und ein Rückblick auf die gemeinsame Zeit, Berlin 2009, S. 13.

orientiert, Zugang zu einer freien internationalen Presse gehabt und mehrere Monate in Frankreich und Spanien gelebt, war häufig in Schweden und Dänemark, ferner für kürzere Zeit auch in England, den Niederlanden, Belgien, der Tschechoslowakei und Polen gewesen. Ab 1940 war Brandt in Stockholm in einem internationalen Milieu vernetzt, war orientiert bis hin zu den international geführten Diskussionen über Europa nach dem Kriege und hatte selbst Beiträge dazu geliefert. Er hatte erfahren, was in der Welt vor sich ging, ansatzweise auch über die Verbrechen an den Juden in Osteuropa – und 1945/46 drastisch in Nürnberg einen Einblick in die Dimensionen des nationalsozialistischen Völkermordes erhalten.[10] Dank seiner neuen interkulturellen Identität hatte er gelernt, was für Bürger einer großen Nation keineswegs selbstverständlich ist: dass der Wert eines Landes nicht von der Zahl seiner Einwohner abhängt.[11]

Aber es war nicht nur die Lebenserfahrung, die Brandt im Exil gewonnen hatte. Es war das Exil und seine aktive Arbeit gegen den Nationalsozialismus, die ihm den Respekt und die moralische Autorität verliehen, die seine Vorgänger im Auswärtigen Amt und Kanzleramt nicht besaßen, um glaubhaft im Ausland aufzutreten und selbstbewusst in Moskau und Warschau zu verhandeln, obschon seine Politik vielleicht nicht für alle Polen akzeptabel war.[12] Auch in Israel, das er als erster deutscher Bundeskanzler besuchte, legte seine Vergangenheit eine Grundlage für Vertrauen. Für das amerikanische *Time Magazine* wurde der Kniefall am Warschauer Gettodenkmal ein »Wendepunkt in der Geschichte Europas – und der Welt«.[13] Brandt, so lautete nicht nur das Urteil dieses Magazins, war der erste Staatsmann der Bundesrepublik, der bereit war, »die vollen Konsequenzen der Niederlage [von 1945] zu akzeptieren: das verlorene Land, das Eingeständnis moralischer Verantwortung, das

---

10 Willy Brandt, Forbrytere og andre tyskere, Oslo 1946, deutsch ders., Verbrecher und andere Deutsche. Ein Bericht aus Deutschland 1946, Bonn 2007.
11 Siehe dazu Brandt in: Les Prix Nobel en 1971, Stockholm 1972, S. 87.
12 The Guardian, 22.10.1969, ähnlich die Beurteilung in der Times, 22.10.1969.
13 Time Magazine, 30.12.1970; ähnlich Corriere della Sera, 21.10.1971 (hier und nachfolgend Übersetzung durch mich, E. L.).

Eingeständnis der Teilung Deutschlands«.[14] International wurde die Annäherung an die östlichen Nachbarn als Ausdruck von Realismus, innenpolitischem Mut und kühner Entschlossenheit bewertet, die »weit größer war als die Adenauers bei seinen Verhandlungen mit den Westmächten«.[15]

Das Exil war aber auch eine Belastung. Es ist daran zu erinnern, wie Brandt wegen des Exils angefeindet wurde, welche Gerüchte in Umlauf gesetzt worden sind. Wir wissen um die Pamphlete, um die Behauptungen, er habe auf Deutsche geschossen, wäre in Spanien Rotfrontkämpfer gewesen, russischer Spion während des Weltkriegs, verkappter Gestapomann usw. Für das konservative Lager der Bundesrepublik war er lange ein Landesverräter, der 1933 die »Schicksalsgemeinschaft« verlassen hatte und in den Kanzlerjahren deutsche Heimaterde verkauft hatte, ein »Verzichtpolitiker«, darüber hinaus auch völlig amoralisch im Lebenswandel.[16] Noch 30 Jahre nach der deutschen Kapitulation führte die CDU/CSU einen »geistigen Bürgerkrieg«[17] gegen Brandt. Ich glaube, dass diese Erfahrungen mit allen Anfeindungen und Verleumdungen aus dem geselligen Willy der 30er-Jahre – was mir alle norwegischen Zeitzeugen bestätigt haben – einen verschlossenen und distanzierten Brandt gemacht haben. Andererseits haben die zwei Vaterländer seine Identität ganz wesentlich mitgeprägt.

Die Diffamierungen begannen schon während des Exils in Stockholm, das alles andere als ein Idyll für den ausgebürgerten und jetzt doppelten Flüchtling war. Er wurde nach der Ausbürgerung durch

---

14 Time Magazine, 30.12.1970.
15 The Observer, 13.12.1970.
16 Zu den Angriffen aus dem »rechten« Lager: Daniela Münkel, »Alias Frahm« – Die Diffamierungskampagnen gegen Willy Brandt in der rechtsgerichteten Presse, in: Dies., Bemerkungen zu Willy Brandt, Berlin 2005, S. 210-235. Zum Aufbau nachrichtendienstlicher Überwachung Brandts durch die CDU/CSU: Stefanie Waske, Nach Lektüre vernichten! Der geheime Nachrichtendienst der CDU und CSU im Kalten Krieg, München 2013.
17 SPD-Pressedienst Nr. 482/76 v. 5.9.1976: Vortrag Brandts über »Stilfragen politischer Auseinandersetzung – Feindbild oder demokratische Gegnerschaft?« in der Evangelischen Akademie in Bad Segeberg am 5.9.1976.

das »3. Reich« norwegischer Staatsbürger; aber für die Kommunisten war er weiterhin »zweifelhafter Deutscher« und außerdem »Trotzkist«, der es wagte, sich als wichtigster Autor des norwegischen Widerstands aufzuspielen. Auch für Exilaußenminister Trygve Lie, der in London saß, war er ein »Deutscher« und wurde verdächtigt, einen deutschfreundlichen und damit negativen Einfluss auf das norwegische Milieu in Stockholm zu haben – »Blut ist dicker als Wasser«. Auf der anderen Seite intrigierte der Stockholmer Vertreter des SPD-Exilvorstands gegen den »Neu-Norweger« Brandt – erst in Stockholm, nach 1945 in Hannover – und wollte den »Ausländer« nicht in der SPD haben. Die Kritik an Brandt setzte sich übrigens auch in Norwegen nach der Befreiung fort, als man ihm zwar nicht vorhalten konnte, dass nur ein toter Deutscher ein guter Deutscher sei. Aber es weckte Empörung, dass »ausgerechnet« Brandt als Norwegens Mann nach Nürnberg und dann nach Berlin geschickt wurde. Also: Was war er in den Augen anderer: »*Norweger*«, »*Deutscher*«, »*Ausländer*« und »*Fremder*«? Oder gleichzeitig, wie er 1986 bekannte, »Deutscher geblieben, aber ... auch ein Norweger geworden«?[18]

3 Die Bedeutung der politischen Kultur

Das Leben als Exilierter in einem demokratischen Staat, die Begegnung mit einer anderen Staats- und Regierungsform, einer politischen Kultur, einer Arbeiterbewegung als Volksbewegung waren ein Kontrast zur Endphase der Weimarer Republik mit ihren Saal- und Straßenschlachten, Zeitungsverboten und Juristen, die blind auf dem rechten Auge waren. Und nicht nur das: Es gab keine Tradition der Verteufelung der Demokratie und der Arbeiterbewegung wie in Deutschland – man denke nur an das Sozialistengesetz Bismarcks, die »Dolchstoßlegende« nach dem Ersten Weltkrieg, an das »Wer hat uns verraten – Sozialdemokraten«, den Kampf der Nazis gegen die

---

18 Willy Brandt, »... wir sind nicht zu Helden geboren«. Ein Gespräch über Deutschland mit Birgit Kraatz, Zürich 1986, S. 103.

Arbeiterbewegung, das gegen die SPD gerichtete CDU-Plakat »Alle Wege des Marxismus führen nach Moskau« (1953). Dass man in den skandinavischen Parlamenten nicht nach Fraktionen getrennt saß, sondern bunt gemischt nach der Geografie, und dass der norwegische König den »Kommunisten« der Arbeiterpartei schon 1928 erstmals den Regierungsauftrag erteilt hatte, hat Brandt offenbar so beeindruckt, dass dies von ihm weitererzählt und geradewegs zum Allgemeinwissen von SPD- und Gewerkschaftsfunktionären wurde.[19] Natürlich dürfen die Zustände in Skandinavien nicht idyllisiert werden. Es gab in den 1920er- und zu Beginn der 1930er-Jahre scharfe Klassenauseinandersetzungen und Angriffe von rechts gegen die Arbeiterbewegung. Auch innerhalb der Arbeiterpartei und der Gewerkschaften wurde gerade in der Zeit, in der er nach Norwegen kam, mit harten Bandagen gekämpft. Doch wurde Brandt trotz seiner fraktionellen Tätigkeit nicht abgestraft und ausgeschlossen.[20] Auch ehemalige Kommunisten wurden integriert und erhielten führende Funktionen – bis hin zum Verteidigungsminister.

Zur politischen Kultur des Nordens gehörte auch, divergierende Interessen und Strömungen in einem Kollegium zusammenzufassen, das zusammenarbeiten möchte, aber gleichzeitig auch unterschiedliche Positionen vertrat. Diese Kultur lernte und praktizierte er in Stockholm. Sie wurde wertvoll für den Bürgermeister von Koalitionen in Berlin und für den Kanzler einer Koalition in Bonn. Grundlegend für Brandts Politikstil wurde: Nicht »teutonisch«[21] mit der Faust auf den Tisch hauen, sondern mehr Demokratie wagen. Das setzte in der Kanzlerzeit freilich ein aktives Engagement aus der Bevölkerung voraus und auch die Einsicht, dass politische Veränderungen nicht über Nacht zu machen waren, sondern Zeit brauchten. Ein halbes Jahr vor seiner Regierungsübernahme hatte er am

---

19 Ich stütze mich hier auf persönliche Eindrücke, die ich in den 1960er- und 70er-Jahre bei zahlreichen Gesprächen mit SPD-Politikern sowie IG-Bergbau-Funktionären und Mitgliedern erhalten habe.
20 Siehe dazu Einhart Lorenz, Willy Brandt in Norwegen, Die Jahre des Exils 1933 bis 1940, Kiel 1989, S. 68-104.
21 Willy Brandt, Die Abschiedsrede, Berlin 1987, S. 23 f.

Beispiel Schwedens das Unspektakuläre sozialdemokratischer Reformpolitik hervorgehoben. Es ginge nicht um große Programme, sondern um konkrete praktische Kleinarbeit: »Einzelne soziale Reformgesetze und gesellschaftspolitische Maßnahmen bieten [...] nicht viel Aufregendes, nichts ›grundlegend Neues‹. Erst die Gesamtheit des reformistischen Wirkens, das während mehr als einem halben Jahrhundert allmählich alle Gebiete des öffentlichen Lebens in Schweden erfaßt hat, ergibt ein richtiges Bild der schrittweise, aber entscheidend veränderten sozialen Wirklichkeit«, schrieb er 1969 in einer Festschrift für den schwedischen Ministerpräsidenten Tage Erlander.[22]

Sozialismus war für ihn, wie es in den Briefen und Gesprächen mit Palme und Kreisky heißt, »eine kontinuierliche Aufgabe«.[23] Formulierungen wie: »Wir wollen mehr Demokratie wagen« und »Mitbestimmung, Mitverantwortung in den verschiedenen Bereichen unserer Gesellschaft wird eine bewegende Kraft der kommenden Jahre sein«[24], signalisierten Grundhaltungen Brandts: obrigkeitsstaatliches Denken überwinden, der Bevölkerung nicht misstrauen, sondern Vertrauen in sie zu haben. Demokratie – das bedeutete für Brandt, so hatte er im Mai 1969 erklärt, »ein Prinzip, das alles gesellschaftliche Sein des Menschen beeinflussen und durchdringen muß«.[25] Demokratie wagen, Mitbestimmung und Modernisierung setzten für ihn voraus, dass kritische, urteilsfähige, mitdenkende und mitentscheidende Bürger bessere Möglichkeiten zur politischen Teilnahme erhielten. Zugleich verlangte seine Regierungserklärung

---

22 Willy Brandt, Schwedens Sozialdemokraten – wie andere sie sehen und was sie für andere bedeuten, in: Die neue Gesellschaft 1969, S. 335.
23 Willy Brandt/Bruno Kreisky/Olof Palme, Brev og samtaler 1972–1975, Oslo 1976, S. 48, in der deutschen Ausgabe: Dies., Briefe und Gespräche, Frankfurt a. M. 1975, S. 36: eine dauernde Aufgabe.
24 Stenographische Berichte des 6. Deutschen Bundestages, Bd. 71, 5. Sitzung, 28.10.1969, S. 20-34; leicht zugänglich: www.1000dokumente.de/pdf/dok_0021_bra_de.pdf; Auszüge der Erklärung in Willy Brandt, Mehr Demokratie wagen. Innen- und Gesellschaftspolitik. 1966–1974 (Berliner Ausgabe, Bd. 7), Bonn 2001, S. 218-224.
25 Die neue Gesellschaft, Sonderheft Mai 1969, S. 4.

von allen Bürgern Mitverantwortung und erinnerte sie an ihre Verpflichtungen gegenüber Staat und Gesellschaft sowie zur menschlichen Solidarität gegenüber den Schwachen.[26] Demokratie sollte außerdem nicht an den Betriebstoren enden. Deshalb sollte in den Betrieben das Mitbestimmungsrecht der Arbeitnehmer gestärkt und erweitert, damit zugleich eine Humanisierung der Arbeitswelt erreicht werden.

Angesichts der Wirtschaftskonjunktur, aber auch der Ungeduld, die in der SPD und den Gewerkschaften nach dem Reformstau der CDU-geführten Regierungen bestand, war jedoch der lange Atem für eine sozialdemokratische Reformpolitik, über die Brandt in seinem Artikel für Erlander geschrieben hatte, weder in der SPD noch in der Bundesrepublik insgesamt vorhanden. So wäre zu fragen, ob Brandt nicht mit seinem neuen und anderen Demokratieverständnis bis zu einem gewissen Grad ein »Fremder« in einer SPD war und blieb, die quasi im Selbstlauf nach 1945 im alten Stil mit den alten Funktionärskadern wiedererstanden war[27], die einen »Partei-Führer« suchte und sich ansonsten nicht Herbert Wehners »Zuchtrute« widersetzte (z. B. die Umstände des Unvereinbarkeitsbeschlusses gegen den Sozialistischen Deutschen Studentenbund im November 1961, ein Verfahren, dem sich Brandt widersetzte), und ob nicht das Gründe seines »Scheiterns« als Kanzler sind. Innerhalb und außerhalb der SPD wurde von seiner »Führungsschwäche« gesprochen und seine Politik schon vor dem Rücktritt als gescheitert betrachtet.[28] Sein Führungsstil war weit von »energischem« Auftreten entfernt. Eine solche Haltung, erklärte einer seiner nahen Mitarbeiter, werde »von manchen« als Schwäche angesehen, gehöre aber in Wahrheit zu Brandts Persönlichkeit.[29] Für Brandt stellte sich das Problem, wie man den Menschen, die in einer

---

26 Im Vertrauen auf die junge Generation wurde eine Neuregelung des Volljährigkeitsalters sowie eine Senkung des aktiven Wahlalters von 21 auf 18 Jahre und des passiven von 25 auf 21 Jahre angekündigt.
27 Helga Grebing (Hg.), Entscheidung für die SPD. Briefe und Aufzeichnungen linker Sozialisten 1944-1948, München 1984, S. 15.
28 Willy Brandt, Begegnungen und Einsichten, Hamburg 1976, S. 583.
29 Reinhard Wilke, Aus der Froschperspektive, in: Vorwärts, 7.12.2005.

Krisensituation »Politik der Stärke« fordern, komplizierte ökonomische und politische Zusammenhänge erklären kann, die von »realen Gegebenheiten in der Welt« bestimmt werden, und wo eigentlich der Handlungsspielraum der Regierung liegt.

4 Zu Brandts außenpolitischem Denken

Soweit mir bekannt ist, sah Brandt nach dem Münchener Abkommen vom September 1938 die politische Entwicklung erstmals explizit unter »einem europäischen Gesichtspunkt«.[30] In seinem Buch *Stormaktenes krigsmål og det nye Europa* (Die Ziele der Großmächte und das neue Europa), das am Tag des deutschen Angriffs auf Norwegen am 9. April 1940 vorlag, aber nicht mehr an den Buchhandel ausgeliefert werden konnte, zeigte er eine breite politische Orientierung, die auch über Europas Grenzen hinausging. Sein Bild von einer zukünftigen Architektur Europas mit durchlässigen Grenzen, das seine Wurzeln in der Vorkriegszeit hatte, setzte gutnachbarschaftliche Beziehungen Deutschlands zu seinen Nachbarn in Westen *und* Osten voraus. In seinem »Traum von Europas vereinigten Staaten« – so der Titel eines Artikels vom Dezember 1939 – war Brandt für das gleiche Recht aller Völker, »ihr eigenes Leben zu leben«.[31] In der Standortbestimmung führender SAP-Mitglieder in Stockholm hatte er 1944 Verständnis für die legitimen Interessen der östlichen Nachbarn Polen und Sowjetunion ausgedrückt und erklärt, dass »enge, freundschaftliche Beziehungen […] eine der entscheidenden Voraussetzungen für die Zukunft des deutschen Volkes und für die Stabilisierung des

---

30 F. F., En storpolitisk uke i Paris, in: Hamar Arbeiderblad, 21.9.1938; F. F., Frankrike har opplevet et »diplomatisk Sedan«, in: Sarpsborg Arbeiderblad, 6.10.1938.
31 F. Franke, Drømmen om Europas forenede stater, in: Bergens Arbeiderblad, 28.12.1939, deutsch: Der Traum von Europas Vereinigten Staaten, in: Willy Brandt, Hitler ist nicht Deutschland. Jugend in Lübeck – Exil in Norwegen. 1928–1940 (Berliner Ausgabe Bd. 1), Oslo 2002, S. 452-458, hier S. 452 f.

Friedens in Europa« sind.³² So müsse beispielsweise die »Verständigung mit dem Osten [...] einer der Leitsterne der kommenden Politik sein³³ und Polen einen »befriedigenden Zugang zur See« ohne den Korridor der Zwischenkriegsjahre bekommen³⁴.

Aber auch die Verständigung mit Frankreich wurde unterstrichen. Es müsse »unser fester Bundesgenosse werden«.³⁵ Brandts Europa hörte nicht an der Elbe auf, wie das Adenauers, sondern inkludierte die ostmitteleuropäischen und osteuropäischen Nationen.³⁶ Der Begriff der »kollektiven Sicherheit« taucht, soweit ich sehen kann, erstmals im Juni 1939 in seiner Komintern-kritischen Broschüre *Splittelse eller samling* (Spaltung oder Sammlung) auf, in der er die Hinwendung der Sowjetunion zum Völkerbund mit dem Argument der kollektiven Sicherheit lobend hervorhob.³⁷ In »Stormaktenes krigsmål og det nye Europa« (*Die Kriegsziele der Großmächte und das neue Europa*) heißt es dann zur »gemeinsamen Sicherheit« und zu den »gemeinsamen europäischen Interessen«, dass »nur eine solidarische europäische Lösung [...] den alten Gegensatz zwischen den nationalen Sicherheitsinteressen und dem Fortgang der ökonomischen, sozialen und kulturellen Entwicklung in ganz Europa« aufheben kann.³⁸

---

32 Zur Nachkriegspolitik der deutschen Sozialisten, Stockholm 1944, S. 38, Nachdruck in: Willy Brandt, Zwei Vaterländer. Deutsch-Norweger im schwedischen Exil – Rückkehr nach Deutschland. 1940–1947 (Berliner Ausgabe, Bd. 2), Bonn 2000, S. 154-205, hier S. 195.
33 Brief Brandts an Jacob Walcher, 26.8.1944, in: Brandt, Zwei Vaterländer, S. 208.
34 Brandt, Zwei Vaterländer, S. 176; Willy Brandt, Efter segern, Stockholm 1944, S. 50.
35 Ders., Zwei Vaterländer, S. 206, siehe auch S. 194.
36 Brandt dachte auch über Europa hinaus. Im Sommer 1936 erklärte er über koloniale Befreiungsbewegungen: »Wir müssen die Dinge nicht als Europäer betrachten. Die Arbeiterbewegung ist verpflichtet, mit aller Macht gegen den Imperialismus zu kämpfen, gegen alle koloniale Unterdrückung und Ausbeutung, sie muss solidarisch die nationalen Befreiungsbewegungen in den Kolonien unterstützen«; W. B, Afrika i oprør. Noen ord i forbindelse med Fonn Moe's Etiopia-bok, in: Arbeider-Ungdommen, Nr. 1, 11.1.1936, S. 13.
37 Splittelse eller samling. Komintern og de kommunistiske partiene, Oslo 1939, S. 35, deutsch in Brandt, Hitler ist nicht Deutschland, S. 400-422, hier S. 413.
38 W[illy] Brandt, Stormaktenes krigsmål og det nye Europa, Oslo 1940, S. 100 f., deutsch in Brandt, Hitler ist nicht Deutschland, S. 468-495, hier S. 480.

1944 widmete er in seinem Buch *Efter segern* (Nach dem Siege) diesen Fragen nicht weniger als acht Kapitel.

Vor der Rückkehr nach Deutschland war Brandt 1945 von der Hoffnung getragen, dass es »im Laufe der nächsten 5–10 Jahre zu festeren Formen europäischer Zusammenarbeit kommen« werde.[39] Diese Hoffnung zerbrach definitiv mit dem kommunistischen Staatsstreich in Prag 1948. Als er nach Deutschland zurückkehrte, war er einerseits natürlich weiterhin in Deutschland verankert, was ja sehr deutlich in seinem Wunsch, das Land wieder nach Europa zurückzuführen, zum Ausdruck kam. Andererseits aber war er auch von einer erweiterten Identität und der nordeuropäischen Neuverwurzelung geprägt. Selbst bezeichnete er sich nach 1945 als »Deutscher«, der dazu beitragen wollte, sein Land in die Gemeinschaft zivilisierter Nationen zurückzuführen, gleichzeitig aber auch als Europäer und Internationalist.[40] Auch der Nachkriegs-SPD, deren Stockholmer Exilgruppe er 1944 beigetreten war, wünschte er – auch hier unter dem Hinweis auf die kleinen Staaten im Norden – als Partei der Freiheit und des »regenerierten Europäertums« auf deutschem Boden eine neue Identität.[41]

Sehr viele verbinden Brandt zu Recht mit der Ost- und Friedenspolitik – ja sehen im Aufbau von Vertrauen, »Wandel durch Annäherung«, Sicherheit für *und vor* Deutschland sowie Versöhnung und Verständigung mit den östlichen Nachbarstaaten Brandts entscheidende und größte politische Leistung. International wurde er dafür 1971 mit dem Nobelpreis geehrt – eine Ehrung, für die damals große Teile des rechten und konservativen Spektrums (selbst in Norwegen[42])

---

39 Brief an Stefan Szende, 8.10.1946, in: Brandt, Zwei Vaterländer, S. 137; Brief Brandts an Liebe Freunde, Ende November 1945, in: Arbeiderbevegelsens Arkiv og Bibliotek Oslo, Nils Langhelles arkiv, boks 4.
40 Brief Brandts an Liebe Freunde, Ende November 1945.
41 Protokoll der Verhandlungen des Parteitages der Sozialdemokratischen Partei Deutschlands vom 11. bis 14. September 1948 in Düsseldorf, Hamburg 1948, S. 58.
42 Thomas Sirges/Robin M. Allers, 20. Oktober 1971 – Friedensnobelpreis für Willy Brandt. Deutsche und norwegische Reaktionen auf ein Politikum, in: Thomas Sirges/Birgit Mühlhaus (Hg.), Willy Brandt. Ein deutsch-norwegisches Politikerleben im 20. Jahrhundert, Frankfurt a. M. 2002, S. 135-162.

kein Verständnis hatten. Aber ich möchte noch einmal daran erinnern, dass er es schon im Juli 1944 als Aufgabe des neuen demokratischen Deutschlands nach dem Krieg bezeichnet hatte, »durch geduldige und sachliche Arbeit den friedlichen Charakter der Maßnahmen des neuen Deutschlands unter Beweis zu stellen und Schritt für Schritt neues Vertrauen zu erwerben«.[43]

Im Verhältnis zwischen Polen und Deutschland sah er 1944 »ein Musterbeispiel« für die Notwendigkeit »einer überregionalen Lösung für eine Aufweichung der Grenzen«.[44] 1946 hatte er unterstrichen, dass es »Hitler – und zu einem großen Teil bereits Kräfte vor ihm« waren, die zu Grenzverschiebungen und Volksumsiedlungen geführt hatten. Er hatte sich gegen inhumane Verfolgungen und Massenvertreibungen ausgesprochen, aber zu seinen Erkenntnissen gehörte auch, dass die Wunden von Zwangsaussiedlung heilbar waren und die »Zukunft Deutschlands [...] nicht durch Revanchegelüste und außenpolitische Abenteuer gesichert« wird.[45] Er hatte auch auf die Zerstörung und die Ausplünderung Osteuropas hingewiesen und auf die großen Verluste der Sowjetunion. Dass die Sowjetunion und die slawischen Nationen legitime Interessen hatten, die es zu berücksichtigen galt, hatte er während des Krieges und auch nach Ausbruch des »Kalten Krieges« explizit anerkannt.

Über die feste außenpolitische Verankerung im Westen konnte kein Zweifel bestehen. Sie war für Brandt ein »Glaubenssatz«.[46] Etwas anderes war für einen Bürgermeister von Westberlin und einen Außenminister und Kanzler Westdeutschlands auch undenkbar. In diesem Sinne agierte er in Berlin und als Außenminister der Großen Koalition. Auch hier finden wir Gedanken, die er schon 1945/46 vertreten hatte: Die demokratischen Deutschen standen seiner Auf-

---

43 Brandt, Zwei Vaterländer, S. 164.
44 Ders., Efter segern, Stockholm 1944, S. 42 u. 346; ders., Zwei Vaterländer, S. 195.
45 Ders., Verbrecher, S. 242 ff., Forbrytere og andre tyskere, Oslo 1946, S. 242 ff., 246 ff. u. 345, siehe auch frühere Stellungnahmen zu dieser Frage in ders., Zwei Vaterländer, S. 175 ff. u. 231 f.
46 Horst Ehmke, Mittendrin. Von der Großen Koalition zur Deutschen Einheit, Reinbek 1996, S. 129.

fassung nach nicht vor der Wahl zwischen Ost und West: »Sie müssen eintreten für eine enge Zusammenarbeit mit der Sowjetunion, mit England, mit den Vereinigten Staaten, mit den Nachbarländern, vor allem Frankreich, Polen und der Tschechoslowakei«.[47] Ostpolitik – das war auch Entspannungs- und Versöhnungspolitik mit der Intention, Vertrauen aufzubauen unter Anerkennung begangenen Unrechts. Brandt hatte m. E. eine neue Wahrnehmung des Anderen und dessen Politik entwickelt. In der sowjetischen Führung und bei Parteichef Leonid Breschnew entstand nach 1969 das Gefühl, in Brandt einem Menschen zu begegnen, dem man vertrauen konnte. Sein Besuch in Moskau im August 1970 wurde zu einem »psychologischen Durchbruch«[48]: Der Beobachter Egon Bahr stellte fest: »Der Abbau von Vorurteilen und Feindbildern, gegenseitig, war mit den Händen zu greifen«.[49] Es entwickelte sich ein »wachsendes Gefühl der Verläßlichkeit«, das sich während eines dreitägigen Besuchs Brandts bei Breschnew auf der Krim im September 1971 vertiefte. Von deutscher Seite wurde sowjetische Politik nicht mehr nur als taktisches Spiel gesehen, sondern auch als Ausdruck geschichtlicher Erfahrungen.

Die Ostpolitik schien mit dem deutsch-deutschen Vertrag und dem Beginn der zweiten Phase der Konferenz für Sicherheit und Zusammenarbeit in Europa (KSZE) ab 3. Juli 1973 in Helsinki in gute Bahnen gekommen zu sein. Als Folge dieser Prozesse wurden die beiden deutschen Staaten am 18. September 1973 Mitglieder der Vereinten Nationen, nachdem sie schon seit Jahren in UN-Sonderorganisationen mitgearbeitet hatten. Wenn Brandt im September 1973 vor der Generalversammlung der Vereinten Nationen sprach »als Deutscher und als Europäer« und für ein Volk, das in zwei Staaten lebte, aber nicht aufhörte, »sich als eine Nation zu verstehen«, dann wurde ihm das geglaubt. Er wies darauf hin, dass die beiden deutschen Staaten eine »Politik der friedlichen Nachbarschaft« führen wollten, und erklärte die Bereitschaft der Bundesrepublik, »weltpolitische

---

47 Brandt, Zwei Vaterländer, S. 238.
48 Egon Bahr in einem Interview in ARTE, 1.12.2010.
49 Ders., Zu meiner Zeit, München 1996, S. 414.

Mitverantwortung« zu übernehmen. Am Schluss seiner Rede bat er um die Unterstützung für ein »Programm des neuen Mutes«, das u. a. Gewaltverzicht, die Respektierung von Menschenrechten und Grundfreiheiten, Kampf gegen Kolonialismus, Rassismus und Terror sowie die »Qualität eines lebenswerten Lebens« sichern sollte. Auch Not war Konflikt und wo Hunger herrsche, könne kein Friede sein, und wo Armut herrsche, kein Recht.[50]

Brandt hatte die Signale der Entspannungsstrategie Kennedys erkannt, der seinerseits zu der Erkenntnis gelangt war, dass die Zeit des *Rollback* im Zeitalter der atomaren Massenvernichtungswaffen sinnlos geworden war und nach Kooperation und Koexistenz gesucht werden musste. Ein Festhalten am Immobilismus der Adenauer-Zeit hätte die Bundesrepublik bei den westlichen Verbündeten isoliert, die an einer Entspannung um Berlin Interesse hatten. Das schloss aber nicht aus, dass Politiker wie Henry Kissinger Probleme damit hatten, die neue deutsche Politik zu verstehen. Aus seiner Sicht hatte allein die Supermacht USA das Recht, mit der Sowjetunion über einen Wandel zu verhandeln.[51] Dass es trotz der festen Einbindung der Bundesrepublik in das westliche Bündnis zeitweise Schwierigkeiten mit dem Partner USA gab, war in unterschiedlichen Rollen begründet. Während das amerikanische Engagement weltweit war, hatten sich die deutschen Interessen auf Europa zu konzentrieren, wobei Brandts Interesse der KSZE und den Bemühungen um gegenseitige ausgewogene Truppenreduzierungen in Europa galt. Dabei hoffte er, dass sich trotz ideologischer Gegensätze zumindest in begrenzten Bereichen ein gemeinsamer Wille herausbilden würde. Auch in der Europapolitik sah er gemeinsame Interessen zwischen Ost und West. Seine Überlegungen gingen in Richtung eines größeren Europas mit »Möglichkeiten des Austausches und der Kooperation mit den osteuropäischen Staaten«. Europäische Wirtschaftsgemeinschaft (EWG) und Ost-West-Kooperation standen für ihn nicht im Wider-

---

50 Willy Brandt, Ein Volk der guten Nachbarn (Berliner Ausgabe, Bd. 6), Bonn 2005, S. 498 ff.
51 Tony Judt, Das vergessene 20. Jahrhundert. Die Rückkehr des politischen Intellektuellen, München 2008, S. 349.

spruch, sondern ergänzten einander. Die EWG formiere sich »nicht als Block gegen den Osten«, sondern könne »auch durch die Stärkung ihrer sozialen Komponente« zu einem bedeutenden Element der europäischen Friedensordnung werden.[52]

5 Auseinandersetzung mit Nationalsozialismus und Sowjetkommunismus

In Norwegen war Brandt vom ersten Tag seines Aufenthaltes an ein unermüdlicher Aufklärer über die Verhältnisse in Deutschland. Dabei ging es ihm auch darum zu zeigen, dass Hitler und die Deutschen nicht identisch waren, dass es einen Unterschied zwischen dem Nationalsozialismus und der Bevölkerung gab. Das wurde auch während des Krieges und nach 1945 in dem Buch *Forbrytere og andre tyskere* (Verbrecher und andere Deutsche) deutlich.

Brandt setzte sich in diesen Jahren mit dem Faschismus bzw. Nationalsozialismus *und* dem Sowjetkommunismus auseinander.[53] Die Sowjetunion betrachtete er, abgesehen von der Zeit 1939 bis 1941, als einen Alliierten im Kampf gegen den Nationalsozialismus. Er unterschied auch hier zwischen dem Regime und der russischen Bevölkerung und hoffte, dass der Kampf der Sowjetunion gegen das Hitler-Regime eine innere Demokratisierung fördern würde. Das Misslingen einer deutschen Volksfront im Exil, die Bruderkämpfe der Kommunisten gegen die übrige Linke in Spanien, die verheerenden Wirkungen der Moskauer Prozesse und deren Folgen, all das reflektierte er, sah aber auch, etwa am Beispiel vieler skandinavischer Kommunisten, dass es möglich war, politische Standpunkte zu revidieren. Bei aller Kritik an der Politik der kommunistischen Parteien

---

52 Brandt, Reden und Interviews (II), S. 184 f.
53 Siehe dazu die anonym erschienenen Broschüren Splittelse eller samling und Sovjets utenrikspolitikk 1917–1939, beide Oslo 1939.

in Schweden, Norwegen und Nachkriegsdeutschland stand er »ehrlichen« Kommunisten nicht feindselig gegenüber.

Antikommunismus war für Brandt »keine auch nur halbwegs ausreichende Antwort auf die Frage des Verhältnisses« zu den Nachbarn im Osten. Ebenso stark wie die »Unnachgiebigkeit gegenüber jedem Versuch einer Unterwerfung«, erklärte er im Juni 1953 im Bundestag, müsse der deutsche Wunsch und Wille sein, »sobald wie irgend möglich zu einem friedlichen Ausgleich der Interessen gerade auch mit den Nachbarn im Osten zu kommen«.[54] Den ostmitteleuropäischen und osteuropäischen Nationen Sicherheit zu geben, blieb für ihn eine zentrale Verpflichtung auch in den zugespitztesten Phasen des Kalten Krieges. »Wir müssen«, erklärte er im Januar 1958, »uns darüber klar sein, daß das deutsche Volk auch gegenüber seinen östlichen Nachbarn – die Völker der Sowjetunion eingeschlossen – die Pflicht hat, die Sicherheit zu geben, daß es mit allen Nachbarn verträglich zusammen leben will.«[55] Im September 1958 wies er darauf hin, dass die Folgen des Krieges »nicht einfach weggewischt werden« konnten und dass wir, »jenseits jeglichen Haß- und Vergeltungsgefühls [...], gegründet vor allem auf das Vertrauen des einen in den anderen, eine vernünftige Ostpolitik ebenso nötig haben, wie die vertrauensvolle Zusammenarbeit mit unseren Freunden und Partnern im Westen«.[56] Die übliche Verteufelung *der* »Russen« fehlt bei ihm – auch das scheint mir ein »Erbe« aus der Zeit des Exils zu sein. Ich halte es deshalb für falsch, ihm das Klischee »wilder Antikommunist« zuzuschreiben. Er vertrat, wie Helga Grebing treffend formuliert hat, einen »argumentativen Antistalinismus«.[57]

Die Entwicklung nach 1945/48 war anders als gedacht. Im norwegischen politischen Milieu hoffte man, dass sich Brücken zwischen

---

54 Verhandlungen des Deutschen Bundestages, 1. Wahlperiode, Stenographische Berichte, 268. Sitzung am 3.6.1953, S. 13223.
55 Berliner Stimme, 18.1.1958: Willy Brandt, In einer veränderten Welt.
56 Brandt, Berlin bleibt frei, S. 104 ff. u. 110-113, siehe auch S. 177; Protokoll des SPD-Parteitages 1948, S. 59; Berliner Stimme, 18.1.1958.
57 Helga Grebing (Hg.), Lehrstücke in Solidarität. Briefe und Biographien deutscher Sozialisten 1945-1949, Stuttgart 1983, S. 40.

den Westalliierten und der Sowjetunion bauen ließen. Ein Grund dafür war sicher, dass der geografische Nachbar Sowjetunion dort anders wahrgenommen wurde als auf dem Kontinent. Norwegen war das erste Land, dass die Sowjetunion diplomatisch anerkannt hatte, es bestanden bis in die 1930er-Jahre freundschaftliche Verbindungen zwischen den Gewerkschaften beider Länder. Die Rote Armee war im Herbst 1944 als Befreier in die Finnmark, die nördliche Provinz Norwegens, gekommen und als solcher erlebt worden – woran Brandt im November 1971 in einem Interview mit »Profil« erinnerte[58]; sie hatte sich von dort zurückgezogen, obwohl eisfreie Häfen sicher von strategischem Interesse hätten sein können. Zugleich übersah er nicht den Imperialismus und Kolonialismus der Westmächte England und Frankreich, ihr Versagen beim Abessinien-Krieg 1935, die Appeasementpolitik während des Spanischen Bürgerkrieges, ihre Nachgiebigkeit beim Münchner Abkommen 1938 und der Zerschlagung der Tschechoslowakei 1939, und welche Kräfte sie als Bündnispartner im befreiten Italien und Griechenland wählten.

Brandt versuchte als Abgeordneter Berlins im Bundestag, wo er sich bereits in der ersten Periode einen Namen als tiefgründig, sachlich und analytisch argumentierender Abgeordneter machte, nicht nur darauf hinzuweisen, dass es zur kommunistischen Herrschaft in Osteuropa aufgrund einer »wahnwitzigen« deutschen Politik gekommen war und dass man nicht das Leid der östlichen Nachbarn vergessen dürfe, sondern erinnerte 1952 auch daran, dass in Spanien noch immer die Franco-Diktatur bestand, was zu heftigen Protesten der CDU führte.[59]

---

58 Profil, 12.11.1971.
59 Verhandlungen des Deutschen Bundestages, I. Wahlperiode, Stenographische Berichte, 146. Sitzung am 18.7.1952, S. 10206 ff.

6 Programmatische Einflüsse?

Der 19-jährige Willy Brandt war mit dem Parteiauftrag nach Oslo gekommen, der norwegischen Arbeiterpartei die Lehren aus der deutschen Niederlage zu vermitteln – nämlich, dass reformistische Politik im Stile der SPD letztlich im Faschismus enden würde. Er sah, dass es gesittet im Parlament, dem *Storting*, zuging, die Monarchie einen anderen Charakter haben konnte als unter den Hohenzollern und dass »Volk« nicht hauptsächlich ethnisch-kulturell definiert wurde, sondern »Bevölkerung«, »die Menschen« oder auch »das werktätige Volk« bedeutete, und dass die »Nation« im Sinne des Historikers und Außenministers Halvdan Koht durch die Partizipation der Arbeiterbewegung vervollkommnet wurde. Zu den Lehren gehörte auch, dass die Norwegische Arbeiterpartei nicht mit der SPD gleichzusetzen war.[60] Statt die Arbeiterpartei zu »revolutionieren«, wurde Brandt von der norwegischen Partei, ihrer Jugendbewegung und deren führenden Politikern beeinflusst. Die Begegnungen führten zu Lernprozessen in einer Zeit des Suchens als noch sehr junger Erwachsener. Als er 1935 die Regierungsübernahme der Arbeiterpartei nicht verurteilte, bekam er von den eigenen Genossen der SAP zu hören, dass er die norwegische Partei im Rucksack habe, d. h. vom Reformismus angesteckt sei, während er meinte, man könne nicht einen Gipfel erstürmen, indem man direkt auf den Gipfel zurenne. Es könne zu Umwegen kommen, aber dabei dürfe man das Ziel nicht aus den Augen verlieren. Brandts Orientierungsversuche in der neuen Umgebung waren von einem Nebeneinander gegenläufiger Tendenzen in seinem Denken gekennzeichnet. Die Mehrschichtigkeit war von deutschen, wurde aber zunehmend auch von norwegischen Erfahrungen bestimmt.

Als Brandt im Sommer 1937 nach fast neunmonatigem Aufenthalt in Berlin und Spanien nach Oslo zurückkehrte, war die Arbeiterpar-

---

60 Die Partei hatte sich 1919 der Kommunistischen Internationale angeschlossen und war dort bis zu ihrem Austritt im November 1923 die einzige Mehrheitspartei der Arbeiterbewegung außerhalb Russlands. Der Sozialistischen Internationale trat sie erst 1938 bei.

tei eine Art echter Volksfront von Arbeitern, Fischern, Kleinbauern, liberalen Bürgern, Intellektuellen, Sozialdemokraten und Kommunisten geworden. Heute würde man sagen: eine Sammlungspartei der Linken und der linken Mitte mit hoher Integrationsfähigkeit unterschiedlicher Auffassungen und relativ umfassender innerparteilicher Meinungsbildung. Eine Regierungsalternative zu ihr gab es nicht. Ab 1937/38 sah Brandt in der Partei die beste existierende sozialdemokratische Partei. Ihre Reformpolitik hatte, trotz einer Minderheit im Parlament, die Gefahr des »Faschismus« zurückgedrängt. Ihr Krisenprogramm hatte 100.000 neue Arbeitsplätze ohne Rüstungsindustrie in einem Land von ca. 3 Mio. Einwohnern geschaffen, und sie hatte die kulturelle und politische Hegemonie erobert. Das Konzept muss ihn überzeugt haben. 1959 stellte er das Programm der norwegischen Partei von 1939 als »sehr moderaten Vorläufer des Godesberger Programms« der SPD hin.

Als »erste große öffentliche Standortbestimmung«[61] am 8. Mai 1949 auf dem Landesparteitag der SPD, einer Rede über »Programmatische Grundlagen des demokratischen Sozialismus«, erklärte Brandt, »daß Parteien ohne ein bis ins letzte ausgefeiltes und wissenschaftlich begründetes Programm Respektables geleistet haben«; er wies dabei auf die skandinavischen Sozialdemokraten hin, die eine »beispielgebende Wohlfahrtsplanung« durchgeführt hätten, die eingehend studiert werden müsse. Sie hätten gezeigt, dass zentrale Wirtschaftslenkung sehr wohl mit Demokratie, persönlicher Freiheit und Initiative vereinbar sei.[62] Hier entwickelte er Gedanken weiter, die er bereits 1939[63], danach in der »Internationalen Gruppe« in Stockholm und 1946 gegenüber seinem SAP-Mentor Jacob Walcher vertreten hatte: Sozialismus wurde nicht länger mit Vergesellschaftung der Produktionsmittel assoziiert. Freiheit und Demokratie waren unverzichtbare Voraussetzungen eines *demokratischen* Sozialismus.

---

61 Daniela Münkel in ihrer Einleitung zu Willy Brandt, Auf dem Weg nach vorn. Willy Brandt und die SPD. 1947–1972 (Berliner Ausgabe, Bd. 4), Bonn 2000, S. 29.
62 Text der Rede in Brandt, Auf dem Weg, S. 99-130, hier S. 102, 117 u. 124.
63 Sovjets utenrikspolitikk, Oslo 1939; Auszüge in Brandt, Hitler ist nicht Deutschland, S. 429-433.

Denen, die nach 1933 in »geistiger Isolierung« leben mussten, empfahl er, das »Erfahrungsmaterial« zu studieren, »was von den demokratischen Sozialisten anderer Länder gedacht und erarbeitet worden ist«.[64] Seine Betrachtungen in der Zeitschrift *Monat* (1949) über »Weitergeführte Demokratie« enthielten viele Gedanken aus dem Programm der Norwegischen Arbeiterpartei des gleichen Jahres.[65]

Während der Kriegsjahre in Stockholm wurde Brandt mit dem »schwedischen Modell« bekannt.[66] Dieser recht vieldeutige Begriff wurde von der seit 1932 regierenden Sozialdemokratie definiert als *nicht* Polarisierung, sondern Kompromiss und Konsens als zentrale Elemente. Vereinfacht gesagt wurde unter dem »Modell« statt einer Veränderung der Eigentumsverhältnisse eine Regulierung und Kontrolle durch die Allgemeinheit im Dienste der Vollbeschäftigung verstanden, also die Herstellung eines Einvernehmens zwischen den widerstreitenden Interessen von Kapital und Arbeit und eine Zusammenarbeit von Staat und Interessenorganisationen. Dieses »neue« Gesellschaftsmodell wurde im sozialdemokratischen Lager, wie auch der Begriff »Sozialdemokratie«, mit sehr unterschiedlichen Inhalten gefüllt, allerdings immer im Rahmen von »Modernisierung«. Bruno Kreisky fand z. B. wertvolle Impulse im Modell der Koalitionsregierung und des korporativen Systems von Staat und Interessenverbänden.[67]

---

64 Brandt: Auf dem Weg, S. 101 f., 114 u. 117; Willy Brandt, Erinnerungen, Frankfurt a. M. 1989, S. 25.
65 Willy Brandt, Weitergeführte Demokratie, in: Der Monat, H. 5, 1949; Text des Programms der Norwegischen Arbeiterpartei in: Einhart Lorenz, Norsk sosialisme i dokumenter, Oslo 1970, S. 120-129.
66 Siehe dazu vertiefend Detlef Lehnert (Hg.), Gemeinschaftsdenken in Europa. Das Gesellschaftskonzept »Volksheim« im Vergleich 1900–1938, Köln 2013, darin besonders die Beiträge von Detlef Lehnert, Peter Brandt und Norbert Götz. Vgl. zur linkssozialistischen Kritik dieses Modelles: Ursula Schmiederer, Schweden – »Sozialkapitalismus« und Neue Linke, in: Neue Kritik, Nr. 36/37, Juli/August 1966, S. 17-24.
67 Bruno Kreisky, Zwischen den Zeiten. Erinnerungen aus fünf Jahrzehnten, Berlin 1986, S. 378 f. Andere im linken Lager waren vom »peacefull change« aufgrund des außerparlamentarischen Drucks der »Volksbewegungen« fasziniert oder griffen einzelne Aspekte sozialdemokratischer Politik auf wie die »Briefschulen«

Den anderen Schlüsselbegriff der schwedischen Sozialdemokraten, den des inkludierenden solidarischen *folkhemmet*, das nicht mit der in NS-Deutschland exkludierenden »Volksgemeinschaft« verwechselt werden darf, benutzte Brandt schon 1948 in einem Artikel. Auch später (1960) wies er ausdrücklich und mit Stolz auf die skandinavischen Erfahrungen hin, die ihm die Erkenntnisse gebracht hatten, »wie man einen Rechtsstaat umgestaltet in eine wahre Heimstätte des Volkes«.[68] 1963 kehrte der Begriff in der leicht abgewandelten Form vom Staat als »Heimstätte für alle« wieder[69], inhaltlich auch im Brandt-Palme-Kreisky-Briefwechsel während der ersten Hälfte der 1970er-Jahre. Zu unterstreichen sind die Langzeitwirkung und die ideellen Werte, die ihm in Schweden vermittelt wurden. So meinte er später, dass er in der schwedischen Partei »drastischer noch als in der norwegischen, eine undogmatische und freiheitliche, eine volkstümliche und machtbewußte Bewegung vorgeführt« bekam.[70]

Ob das Modell jedoch in der Bundesrepublik mehrheitstauglich war und sich dorthin überführen ließ, blieb fraglich. Aber die Erkenntnis, dass es in klassengespaltenen Gesellschaften möglich war, eine Politik des Ausgleichs zu führen, einen progressiven Konsens zu finden und so ein Auseinanderfallen der Gesellschaft zu verhindern, ließ sich verallgemeinern. So erklärte Brandt auf dem Landesparteitag der Berliner SPD im Januar 1957: »Große zukunftsweisende, bahnbrechende Politik besteht darin, das zunächst unmöglich Erscheinende dennoch möglich werden zu lassen.«[71] Und fast genau

---

in der gewerkschaftlichen Erwachsenenbildung, die Arbeiterbildungsorganisationen, die »solidarische Lohnpolitik« und den sozialen Wohnungsbau. Siehe dazu Einhart Lorenz, Die Remigration aus Skandinavien ins Nachkriegsdeutschland, in: Robert Bohn u. a. (Hg.), Deutsch-skandinavische Beziehungen nach 1945, Stuttgart 2000, S. 140-151, hier S. 149.
68 Protokoll des SPD-Parteitages 1960, Bonn [1961], S. 661; Text auch in Brandt, ... auf der Zinne, S. 26.
69 Willy Brandt, Skandinavische Demokratie, in: Das sozialistische Jahrhundert, H. 11/12, April 1948, S. 161 f.; Rede zum hundertjährigen Bestehen der SPD, 31.5.1963, in: Brandt, Auf dem Weg, S. 289-304, hier S. 296.
70 Ders., Erinnerungen, Frankfurt a. M. 1989, S. 131; auch Brandt. Reden und Interviews (II), S. 103.
71 Berliner Stimme, 12.1.1957.

ein Jahr später, wiederum auf dem Landesparteitag: »Den Bemühungen, das Spannungsfeld, in dem wir leben, politisch und militärisch zu ›entschärfen‹, muß unsere besondere Aufmerksamkeit gewidmet sein.«[72]

7 Bedeutung internationaler persönlicher Kontakte und der Sprache

In Norwegen war Brandt Teil der Arbeiterjugend, aber auch Teil eines international orientierten Intellektuellenkreises, dessen Mitglieder nach dem Krieg zentrale Positionen im Staatsapparat und in der Osloer Universität einnahmen. Im Vergleich zu Stockholm lebte er in Oslo noch mehr »am Rande der Geschichte«. Das neutrale Schweden bot dann ein internationales Milieu. Dabei war er in vielen Netzen verankert: In der »Kleinen Internationale«, dem Internationalen Arbeitskreis demokratischer Sozialisten (1942–1945), die aus einem norwegischen Arbeitskreis hervorgegangen war, gab es Vertreter aus alliierten, deutsch okkupierten und neutralen Ländern.[73] Brandt wurde die führende Person, entwickelte die Fähigkeit, andere zu überzeugen und gewann so bald kommunikativen Einfluss. Er wurde, wie Bruno Kreisky in seinen Erinnerungen schrieb, »der Inbegriff des politischen Verstandes in dieser Zeit und darüber hinaus eine politische Führungskapazität«.[74]

Er lernte in den Jahren des Exils Politiker und Kulturpersönlichkeiten kennen wie Eyvind Johnson und Manès Sperber, Paul Henri Spaak, Edo Fimmen, Trygve Lie und Halvard Lange, der in der Bürgermeisterzeit ein ganz wichtiger Mitspieler war; außerdem, um

---

72 Rede auf dem Landesparteitag der Berliner SPD, 12.1.1958, in: Brandt, Berlin bleibt frei, S. 225.
73 Klaus Misgeld, Die »Internationale Gruppe demokratischer Sozialisten« in Stockholm 1942–1945. Zur sozialistischen Friedensdiskussion während des Zweiten Weltkrieges, Uppsala 1976.
74 Kreisky, Zwischen den Zeiten, S. 351 f.

nur einige zu nennen, auch Marek Edelmann – und natürlich die Mitstreiter in der Kleinen Internationale Bruno Kreisky, Alva und Gunnar Myrdal, Torsten Nilsson, Maurycy Karniol, Vilmos Böhm, Stefan Szende, Joachim Israel, außerdem Diplomaten verschiedenster Länder. Dort trafen sich und diskutierten außer Skandinaviern, exilierten Deutschen und Österreichern auch Tschechen, Polen, Ungarn und zwei Amerikaner, je ein Franzose, Spanier und Este sowie sporadisch ein Engländer. Viele waren nach 1945 dabei, als es galt, Europa geistig und politisch mitzugestalten. Später erweiterte sich Brandts Bekanntschafts- und Freundeskreis durch eine jüngere skandinavische Generation, allen voran repräsentiert von Olof Palme. Zentral waren die Kontakte mit dem norwegischen Exil in Stockholm und zugleich mit der Exilregierung in London, die ihn kritisch beäugte und gegen deren »vansittartistische« antideutsche Tendenzen er in seinen schwedischen, amerikanischen und norwegischen Publikationen argumentierte. Er hielt Kontakt mit alliierten Botschaften, schrieb für die amerikanische Nachrichtenagentur *Oversea News Agency* und wurde vom Deutschen Widerstand kontaktiert. Die Sprachkenntnisse – außer den skandinavischen Sprachen beherrschte er Englisch, Französisch und Spanisch – erleichterten nicht nur die alltägliche Kommunikation, sondern schufen auch die Voraussetzungen, um sich in die Kultur und Denkweise anderer Menschen und Völker hineinzuversetzen. Sein Vorhaben, Russisch zu lernen, konnte er zu seinem Bedauern nicht verwirklichen.[75]

8 Kanzlerjahre

Die meisten, mit denen ich über Willy Brandt gesprochen habe, haben ihr eigenes Bild von ihm, legen besonderen Wert auf einzelne Felder oder Epochen seines politischen Wirkens oder bestimmte Ereignisse, Fähigkeiten und Eigenschaften: die Entspannungs- und Versöhnungs-

---

75 Brief Brandts an Jacob Walcher, 26.8.1944; AdsD, WBA, A5, Allgemeine Korrespondenz 1955.

politik, den Nobelpreis, den Kniefall in Warszawa, sein internationales Engagement für die Menschen außerhalb der »reichen Welt« – also außenpolitisch konnotierte Bereiche, aber auch »Mehr Demokratie wagen« und häufig auch seine Bürgernähe. Andere verbinden ihn aber zugleich mit »Berufsverboten«, »Führungsschwäche«, der Guillaume-Affäre. Viele meinen auch, dass er ein Desinteresse an der Innenpolitik hatte. Man kann natürlich sagen, dass Brandts Ziel, Deutschland nach Europa zurückzuführen[76], international Vertrauen für sein Land bei den Opfern der nationalsozialistischen Vernichtungspolitik in Osteuropa zu gewinnen, in seiner ersten Kanzlerperiode weitgehend erreicht war und dass ihn Innenpolitik deshalb weniger interessierte. Letzteres darf uns jedoch nicht die Bedeutung des »skandinavischen« Modells für ihn vergessen lassen, das neben der »Modernisierung« aller gesellschaftlichen Bereiche eine Verbesserung der Lebensverhältnisse der Menschen, des *folket* im skandinavischen Sinn des Wortes, beinhaltete. Innenpolitisch kam es tatsächlich zu zahlreichen sozialstaatlichen Verbesserungen; nur fanden sozialpolitische Reformen, etwa die Mitbestimmung und die Modernisierung der Sozial- und Arbeitspolitik, des Rechtswesens sowie Maßnahmen zugunsten »kleiner Leute« und Arbeitnehmer häufig weniger Beachtung in den Medien. Sie erschienen als »nicht viel Aufregendes«.

Dennoch: 1972 wurde eine umfassende Rentenreform verabschiedet, durch die das allgemeine Rentenniveau beträchtlich erhöht sowie eine Mindestrente, Renten für Hausfrauen, höhere Kriegsopferrenten und eine flexible Altersgrenze eingeführt wurden. Ein Bildungsförderungsgesetz sollte für einen Ausbau und die Demokratisierung des Bildungswesens sorgen und die Studienmöglichkeiten für Kinder einkommensschwacher Familien verbessern; das Ehe- und Familienrecht wurde reformiert, ein Gesetz zur Verhinderung von Bodenspekulation verabschiedet. Erste Gesetze zum Umweltschutz wurden auf den Weg gebracht, so z. B. gegen Fluglärm und zur Senkung des Bleigehalts im Benzin. Höchst umstritten war der Versuch, den § 218

---

76 Brief an Halvard Lange, 7.11.1947, in: Brandt: Zwei Vaterländer, S. 333.

des Strafgesetzbuches zu reformieren, sodass Schwangerschaftsabbruch straffrei werde. Gegen ein Gesetz, das ab 1972 diskutiert wurde und nach mehreren Entwürfen im Juni 1974 eine Fristenlösung mit Straffreiheit in den ersten zwölf Wochen beinhaltete, klagten jedoch die Unionsparteien, und es wurde schließlich für verfassungswidrig erklärt. Auch anderes wurde nicht erreicht und musste aus finanziellen Gründen wegen schwächeren Wirtschaftswachstums zurückgestellt werden oder ist – wie z. B. ein Betriebsverfassungsgesetz mit paritätischer Mitbestimmung der Beschäftigten – wegen des Widerstandes der FDP abgeschwächt worden. Gleichwohl hatte nie zuvor eine Bundesregierung »in so kurzer Zeit in der Außen- und Innenpolitik so viel angestoßen, wie die von Willy Brandt geführte Regierung«, stellte Bernd Faulenbach in seiner Brandt-Biografie fest.[77] Auch Peter Merseburger, der zwar konstatiert, dass die Innenpolitik in den Hintergrund trat, konzediert der Regierung, dass sie sich mit dem Erreichten »nicht unbedingt verstecken« musste.[78] Und das, obwohl Brandts Regierung keine Mehrheit im Bundesrat hatte, was häufig zu schnell vergessen wird. Dennoch lag in der Partnerschaft mit der FDP bereits hier der Keim dafür, dass Brandts Amtsperiode eine unvollendete Kanzlerschaft wurde.

Während Brandts Ansehen im Ausland größer war als je zuvor, polarisierte die Ost- und Versöhnungspolitik die westdeutsche Gesellschaft. Die von vornherein knappe Mehrheit im Bundestag zerbröckelte. Das wiederum führte Ende April 1972 zu einem Misstrauensantrag der CDU/CSU, der jedoch – aufgrund dubioser Bestechungen – scheiterte. Die Pattsituation im Bundestag erforderte vorgezogene Wahlen. Die Unionsparteien versuchten in einem hoch emotionalisierten und polarisierenden Wahlkampf, unterstützt von Unternehmervertretern, der katholischen Kirche und den Vertriebenenverbänden, noch einmal, Brandt und die SPD als »die anderen« zu stigmatisieren und Brandt wegen der Ostverträge als national

---

77 Bernd Faulenbach, Willy Brandt, München 2013, S. 80.
78 Peter Merseburger, Willy Brandt 1913–1992. Visionär und Realist, Stuttgart 2002, S. 629.

unzuverlässig hinzustellen. Die Bundestagswahl im November 1972 endete aber wie schon erwähnt mit dem größten Wahlerfolg der SPD in ihrer Geschichte. Die vergangenheitspolitische Wasserscheide war erreicht. Die Emigration konnte Brandt endgültig nicht mehr als Makel angelastet werden. Bei einer Rekordwahlbeteiligung von 91,1 % konnte die SPD/FDP-Koalition ihre Mehrheit ausbauen. Brandt wurde als Kanzler triumphal bestätigt. Auch die Mitgliederentwicklung der SPD, von Brandt als »Partei der Demokratie und der Freiheit« definiert[79], verlief in den Jahren seiner Kanzlerschaft außerordentlich günstig. Zu Beginn der Großen Koalition hatte die Partei 728.000 Mitglieder, 1969 waren es 50.000 mehr und drei Jahre später 954.000.

Aber bereits ein Jahr nach dem strahlenden Wahlsieg war das Bild des Kanzlers in der Bundesrepublik weitgehend demontiert. Sein Charisma war verfallen, die kurze Periode der Begeisterung und Überidentifikation war jäh vorbei. Hatten noch im Juni 1973 stolze 76 % der Befragten ihre Zustimmung zu seiner Kanzlerschaft ausgedrückt[80], war seine Popularität Ende des Jahres mit 38 % auf einem Tiefpunkt angelangt.[81] *Der Spiegel* porträtierte Brandt auf der Titelseite auf Wolken schwebend und zerbröckelnd. Was war geschehen? Brandt selbst befand sich nach dem Wahlkampf des Herbstes 1972 in einer totalen Erschöpfung nach einer Operation der Stimmbänder im Krankenhaus und war damit nicht an den Gesprächen über die Zusammensetzung des neuen Kabinetts beteiligt. Ein von ihm verfasstes Papier zu den Koalitionsverhandlungen wurde von Wehner »vergessen«. So wurde die Stellung des kleinen Koalitionspartners FDP durch die Übernahme des Wirtschaftsministeriums erheblich gestärkt. Als »Ursünden« der Kabinettsbildung wurden später die Ausbootung Ehmkes als Brandts Leiter des Kanzleramtes und der Wechsel in der Leitung des Bundespresseamtes bezeichnet.[82] Gunter

---

79 Willy Brandt, Die Partei der Freiheit. Willy Brandt und die SPD. 1972–1992 (Berliner Ausgabe, Bd. 5), Bonn 2002, S. 197.
80 Der Stern, 12.7.1973.
81 Carola Stern, Willy Brandt, Reinbek 2002, S. 134.
82 Merseburger, Willy Brandt, S. 663.

Hofmann spricht in seinem Brandt-Porträt gar von »einer Atmosphäre aus Kanzlermord, Betrug und Verrat«.[83] Beide Neubesetzungen fielen zum Nachteil der SPD aus.

Die Gründe für den Niedergang der Popularität waren vielfältig und hatten zumeist mit Dingen zu tun, für die Brandt nicht verantwortlich war. Kritik und Enttäuschung reichten von globalen Ereignissen wie der Ölpreiskrise als Folge des Jom-Kippur-Krieges, Inflation und Arbeitslosigkeit, über den Fluglotsenstreik, überhöht erscheinenden (zweistelligen) Lohnforderungen, einem Vertrauensverlust der SPD durch den Bestechungsskandal im April 1972 bis zu Differenzen mit den Jusos und der Demontage Brandts durch nahe Partei»freunde«. Aber es gab auch Brandts eigene Passivität, so nach Wehners Angriffen auf ihn, auch schon unmittelbar nach der Überwindung seiner Krankheit nach der Bundestagswahl und Regierungsbildung. Besonders in der ersten Ölkrise seit Herbst 1973 war der Begriff der Krise in aller Munde. Die Stimmung in der Bevölkerung schlug um. Unsicherheit, Pessimismus und Lebensangst machten sich breit. So kam es zu einer konservativen Tendenzwende, zum Wiedererstarken der Unionsparteien und zu neuen politischen Leitthemen wie der »Inneren Sicherheit«. Nicht nur die Opposition, sondern auch manche Anhänger und Mitglieder der SPD machten die Regierung für die Probleme des Landes verantwortlich. Brandt selbst setzte dagegen auf »Vertrauen in die Vernunft und in die Wahrheit. Sie kann zwar für eine Weile verschleiert, aber sie kann nicht aus der Welt geredet werden«.[84] Die Hoffnung auf »Vertrauen in Vernunft und Wahrheit« war vergebens, und so gesehen bildete die Enttarnung eines DDR-Spions das »banale Finale«[85] einer Demontage Brandts. Nach vier Jahren, sechs Monaten und 17 Tagen trat er als Kanzler zurück. Dabei war er, wie er einem norwegischen

---

83 Gunter Hofmann, Willy Brandt – Portrait eines Aufklärers aus Deutschland, Reinbek 1988, S. 74.
84 Willy Brandt, Über den Tag hinaus. Eine Zwischenbilanz, Hamburg 1974, S. 173.
85 Hofmann, Willy Brandt, S. 74.

Freund anvertraute, selbst im Zweifel, »was schlimmer ist – die Methoden meiner eigenen Partei oder Guillaume«.[86]

9 Fazit

Erstaunlich und »faszinierend« ist erstens, wie schnell Brandt demontiert und wieder zum »Fremden« wurde, und zweitens, wie er in der Nachkanzlerzeit, in der er weiterhin Parteivorsitzender war, als Präsident der Sozialistischen Internationale und Vorsitzender der Nord-Süd-Kommission zum »Weltbürger aus Berufung« wurde, um Felipe González' Ausdruck zu übernehmen[87], und so weiter politisch gestaltete. Der Bericht der Nord-Süd-Kommission »Das Überleben sichern«, mit dem »Bewusstsein für die Belange, Nöte und Notwendigkeiten unserer ›Einen Welt‹«, schreibt Wolfgang Thierse im Vorwort einer Neuausgabe der Einleitung von Brandt, ist »vielleicht das wichtigste und nachhaltigste Erbe, das Willy Brandt uns hinterlassen hat«.[88] Im selben Jahr, in dem der Bericht der Nord-Süd-Kommission veröffentlicht wurde, sprach Brandt auf der Tagung »Weltproblem Flüchtlinge« in Bergneustadt und erinnerte – übrigens unter Verweis auf seine eigenen Erfahrungen – dabei an das »millionenfache Flüchtlingselend«, das Deutschland nach 1945 erlebt hatte; er fügte dann hinzu: »Es würde nicht schaden, einer nachwachsenden Generation einiges davon zu vermitteln. Auch darüber, daß es damals Hilfe gab und was sie bedeutete«.[89] Brandt trug zu einem anderen Bild der »Deutschen« bei als der von der Weimarer Polarisierung und der

---

86 Tron Gerhardsen, Einar og Haakon, Rolf og jeg. Fra Arbeiderpartiets indre liv, Oslo 2009, S. 281. Siehe auch seine Aufzeichnungen über den »Fall Guillaume« vom 4. Mai 1974, in: Willy Brandt, Mehr Demokratie wagen, S. 527 f.
87 http://www.bwbs.de/content/frontent/userimages/Beitraege/Felipe_Gonzales.pdf.
88 Geleitwort zur Neuausgabe von Willy Brandts Einleitung zum Nord-Süd-Bericht: Willy Brandt, »Das Überleben sichern«. Die Einleitung zum Nord-Süd-Bericht, Berlin 2013, S. 11.
89 Willy Brandt, Über Europa hinaus. Dritte Welt und Sozialistische Internationale (Berliner Ausgabe, Bd. 8), Bonn 2006, S. 303.

KZ-Haft geprägte Kurt Schumacher, der in Skandinavien sehr negativ wahrgenommen wurde, ganz zu schweigen von Franz Josef Strauß (CSU) und »christlichen Demokraten« wie Hans Filbinger, Vertriebenenfunktionären und Eliten mit »braunen Westen«, die Brandt wegen seiner »Vergangenheit« diffamierten.

Zwar gab es auch im Ausland kritische Stimmen, dennoch war der Grundtenor ein anderer und positiver als in weiten Kreisen der Bundesrepublik. Die *New York Times* bezeichnete Brandts Wahl zum Kanzler als »eine Krönung«, die »nahezu allen Vorstellungen dessen, was man gemeinhin unter ›deutsch‹ begreift, entgegensteht«. Es handle sich »nicht nur [um] einen Wendepunkt in der deutschen Politik, sondern auch des deutschen Verhaltens ganz allgemein«. Folgt man der konservativen Londoner *Times*, so geschah ein Bruch mit der Vergangenheit. Der konservative britische Premierminister Edward Heath charakterisierte Brandt als »in vieler Weise am wenigsten deutsch von allen« (im Sinne negativer Vergangenheit). In *Le Monde* hieß es, dass er wieder an das Land der Dichter und Denker glauben ließ.[90]

Die Bundesrepublik und das Ausland hatten mit Willy Brandt einen Kanzler bekommen, der eine völlig andere Vergangenheit und Sichtweise auf die Welt hatte als seine Vorgänger. Er erreichte das übergeordnete Ziel, international das Bild von einem Deutschland, zu dem man Vertrauen haben kann, zu stärken. Das zeigte sich nicht zuletzt in den internationalen Reaktionen auf den Rücktritt. Die große Betroffenheit und Überraschung, die er auslöste, spiegelten Brandts Position im Ausland. Stellvertretend dafür drei Beispiele: So stelle die *Washington Post* fest: »Europa hat seinen natürlichen politischen Führer verloren«. In England, wo er der mit Abstand populärste europäische Politiker war, empfand man es als Schock, passte er doch gar nicht in das dortige Klischee der »Deutschen«. Es wurde als unwahrscheinlich angesehen, »daß je wieder ein deutscher Politiker eine so warme Aufnahme finden wird« wie Brandt. In Frankreich

---

90 The New York Times Magazine, 30.11.1969; The Times, 22.10.1969; Le Monde, 22.10.1972.

wurde es als ein schwarzer Tag für die Europäische Gemeinschaft angesehen. Der konservative Pariser *Le Figaro* machte seine Leser darauf aufmerksam, dass Brandt »in gewisser Weise die Geburt einer neuen Gesellschaft ermutigt«.[91]

Brandt war ein Politiker, der, wie er immer wieder betont hat, von seinen Exiljahren geprägt war. Hier hatte er gelernt, was Freiheit, Gerechtigkeit, Solidarität und soziale Demokratie bedeuten konnten. In Skandinavien hatte er für ein anderes, besseres, demokratisches Deutschland gearbeitet und geworben, aber auch einen Außenblick auf Deutschland entwickelt und gelernt, dass Deutschlands Nachbarn und kleine Staaten legitime Interessen haben, die berücksichtigt werden müssen, »was für Bürger einer großen Nation offenbar nicht selbstverständlich« war.[92] Er hatte gelernt, nach Konsens statt nach Konfrontation zu streben. Dennoch – und vielleicht gerade deshalb – wurde er mehr als jeder andere Politiker in der Bundesrepublik Zielscheibe gröbster Angriffe und Diffamierungen, die ihn persönlich tief verletzten.

Brandt war – schon in seinen Jugendschriften – ein visionärer, auch sensibler, nachdenklicher und zweifelnder Politiker, der auf die Notwendigkeit des Irrtums hingewiesen hat. Das hat ihm bei denen, die dem Vorhaben, mehr Demokratie zu wagen, skeptisch gegenüberstanden, das Verdikt der Führungsschwäche eingetragen. Manche haben seine Wandlungen vom jugendlichen Weltverbesserer zum pragmatisch denkenden linken Sozialisten und weiter zum regierenden, konsenssuchenden Sozialdemokraten als »Opportunismus« missverstanden. Es ging Brandt nicht um Dogmen, sondern um Entschlackung und Erneuerung, vor allem aber darum, das Los der Menschen konkret zu verbessern. In einem Fernsehinterview in Norwegen erklärte Brandt 1988, dass er an die Vielfalt und den Zweifel glaube.[93] Dieser sei produktiv, da er das Bestehende infrage stelle. Er selbst habe Lust gehabt, sein eigener Opponent zu sein. Als

---

91 DPA-Meldung 085 al vom 10.5.1974.
92 Les Prix Nobel, Stockholm 1972, S. 87.
93 Willy Brandt i bildet, Norsk rikskringkasting [NRK], 18.12.1988.

ein Politiker mit der faszinierenden Fähigkeit der Selbstüberprüfung, des Nachdenkens und der Diskussion fand er im Ausland lange mehr Verständnis als in Deutschland. Bundespräsident Richard von Weizsäcker wählte eine treffende Charakteristik, als er anlässlich von Brandts 75. Geburtstag erklärte, dass sich in dessen Person die »Spannung zwischen Macht und Moral« aufgehoben habe.[94]

---

94 Weizsäcker in Gross (Hg.), Macht und Moral, S. 17.

Oliver Rathkolb

Bruno Kreisky (1911–1990): Der »beste zweite Mann« als beliebtester Bundeskanzler der Zweiten Republik[1]

1 Ein österreichisches Paradoxon[2]

Wer Bruno Kreiskys zahlreiche autobiografische Texte und Interviews aufmerksam liest, wird immer wieder auf eine Metapher

---

1   Vgl. http://diepresse.com/home/politik/innenpolitik/624265/Umfrage_Osterreicher-halten-Kreisky-fuer-besten-Kanzler. Im November/Dezember 2010 votierten 59 % der Österreicher/innen für Bruno Kreisky als besten Regierungschef der Zweiten Republik. Von den sozialdemokratischen Kanzlern hatten Karl Renner (24 %) und Franz Vranitzky (17 %) die nächstbesten Werte (Mehrfachnennungen waren möglich). – Zur redaktionellen Vereinheitlichung der Beiträge in diesem eine historische Zeitspanne von 1918 bis 1983 umfassenden Band wird nachfolgend auf die Verwendung des Binnen-Is o. dergl. verzichtet; die gewählten personenbezogenen Bezeichnungen gelten für beide Geschlechter.
2   Teile dieses Textes beruhen auf wesentlich erweiterten und überarbeiteten früheren Publikationen des Autors: Oliver Rathkolb, Bruno Kreisky – Seiner Zeit voraus, in: Otfried Dankelmann (Hg.), Lebensbilder Europäischer Sozialdemokraten im 20. Jahrhundert, Wien 1995, S. 249-272; ders., Die Ära Kreisky, 1970–1983, in: Studienbuch Zeitgeschichte, Hg. Michael Gehler/Rolf Steininger, Wien 1996, S. 305-354; Interview in: Helene Maimann (Hg.), Gespräche aus Distanz und Nähe, Wien 2011.

stoßen: »[I]ch bin der beste zweite Mann«.[3] Noch 1982 wiederholte er diese Selbsteinschätzung in der »Europäischen Rundschau«, die von Paul Lendvai herausgegeben wird: »Vor allem habe ich mir selber eigentlich nie zugemutet, Parteivorsitzender zu werden. Ich hab' auch eigentlich meine Aufgabe immer als zweiter Mann gesehen«.[4] Ähnlich wie Otto Bauer, die prägende intellektuelle Persönlichkeit der Sozialdemokratie nach dem Ersten Weltkrieg, konnte er sich nicht vorstellen, an der formalen Spitze der Partei zu stehen. Aus Kreiskys Sicht hatten beide – er und Otto Bauer – gemeinsam den politischen »Nachteil«, jüdischer Herkunft zu sein.

Kreisky ist tatsächlich sozusagen ein »Betriebsunfall« der politischen Kultur der Zweiten Republik gewesen. Selbst wenn man die Tradition der Sozialdemokratie in der Zweiten und Ersten Republik im Kontext der politischen Kultur Österreichs berücksichtigt, hätte er auch nie Vorsitzender der Sozialistischen Partei Österreichs (SPÖ) werden dürfen. In der Geschichte der Zweiten Republik hatte ein sozialdemokratischer Exilant jüdischer Herkunft, ein Intellektueller, der Nadelstreif trägt, in einer Villa im noblen 19. Bezirk Wiens wohnt[5], eigentlich überhaupt keine Aufstiegschancen an die absolute Spitze. Zu stark war der Antisemitismus in der österreichischen Gesellschaft bereits vor 1918 in der Monarchie und dann noch stärker in der

---

3 Bruno Kreisky, Reden. Bd. 1 u. 2, Wien 1981; ders., Politik braucht Visionen, Königstein i. Ts. 1982; ders., Das Nahostproblem, Wien 1985; Oliver Rathkolb/Irene Etzersdorfer (Hg.), Der junge Kreisky. Schriften, Reden, Dokumente 1931–1945, Wien 1986; Bruno Kreisky, Decolonization & After. The Future of the Third World (Mit-Hg.), London 1987; ders. (Hg.), 20 Millionen suchen Arbeit, Wien 1989; Johannes Kunz (Hg.), Bruno Kreisky. Ansichten des sozialdemokratischen Staatsmannes, Wien 1993; Bruno Kreisky, Memoiren in drei Bänden (Bd. 1: Zwischen den Zeiten, Bd. 2: Im Strom der Politik, Bd. 3: Der Mensch im Mittelpunkt), Hg. Oliver Rathkolb u. a., überarb. Neuausg., Wien 2000; Matthew Paul Berg u. a. (Hg.), The Struggle for a Democratic Austria. Bruno Kreisky on Peace and Social Justice, New York 2000; Oliver Rathkolb (Hg.), Bruno Kreisky. Erinnerungen. Das Vermächtnis des Jahrhundertpolitikers, Wien 2007.
4 Europäische Rundschau, Bd. 11, 1982, S. 13.
5 Vgl. dazu die derzeit beste und umfassendste Kreisky-Biografie von Wolfgang Petritsch, Bruno Kreisky. Die Biographie, St. Pölten 2010. Bezüglich älterer Publikationen siehe http://www.kreisky.org/bibliographie.htm sowie zuletzt Maimann (Hg.), Gespräche.

Zwischenkriegszeit verankert gewesen – zu exzessiv hatten zahlreiche Österreicher den rassistischen und todbringenden Antisemitismus der NS-Zeit auf brutalste Weise umgesetzt. Viele »Österreicher« waren aktiv direkt in der Holocaust-Vernichtungsmaschinerie an führender Stelle beteiligt gewesen, obwohl sie sich häufig als Deutsche und Nationalsozialisten definierten.

Aber Kreisky hatte letztlich Glück, dass der schwierige Bundespräsident Theodor Körner einen politischen Sekretär von Vizekanzler Adolf Schärf zugeordnet bekommen sollte, um die innerparteiliche Kommunikation zu verbessern.[6] Diese Position, die er schnell zum Posten eines informellen Kabinettvizedirektors ausbaute, sollte Kreisky die Türen in die höchste Parteielite öffnen. Dafür schien der Diplomat Kreisky durchaus geeignet zu sein, und die nachfolgende Bestellung Kreiskys zum Staatssekretär 1953 war seitens Schärfs als ein positives Signal an Körner gedacht.

Die Zeit als Staatssekretär und als Außenminister ab 1959 nutzte er bis 1966[7], um sich national und international einen sehr guten Namen zu machen. Unbemerkt von der Öffentlichkeit war Kreisky 1965 bei der Suche nach einem emotional positiv aufgeladenen Nationalfeiertag (der auch nicht an den Zweiten Weltkrieg, Nationalsozialismus oder Befreiung 1945 erinnern sollte) aktiv. Es war der »Kleinstaatsidentitätsbauer« Kreisky, der im Rahmen eines groß angelegten Regierungsprojekts letztlich den 26. Oktober, den Tag der Unterzeichnung des Neutralitätsgesetzes, als Nationalfeiertag vorschlug.[8] Als Bundeskanzler baute er diesen symbolischen Erinnerungsort zu einem schlichten österreichischen Patriotismus aus,

---

6 Bruno Kreisky, Im Strom der Politik. Erfahrungen eines Europäers, Berlin 1988, S. 54.
7 Vgl. dazu die exzellente Studie von Elisabeth Röhrlich, Kreiskys Außenpolitik. Zwischen österreichischer Identität und internationalem Programm, Göttingen 2009.
8 Vgl. dazu Gerhard Oberkofler, Das Regierungsprojekt, in: Mitteilungen der Alfred Klahr Gesellschaft 3/2003, http://www.klahrgesellschaft.at/Mitteilungen/Oberkofler_3_03.html, und v. a. Maria Wirth, Christian Broda. Eine politische Biographie, Göttingen 2011, S. 305-313.

wobei er sich an dem Modell des »sozialen Patriotismus«[9] der Schweden orientiert, wo er sich von 1938 bis 1951 (bis 1945 im Exil, danach in österreichischen Diensten) für seinen weiteren Lebensweg durchaus prägend aufgehalten hat.

Seine zahlreichen internationalen Aktivitäten – von der Reduktion des Nord-Süd-Konflikts, über Entspannungspolitik im Kalten Krieg bis zur Nahostpolitik – standen immer auch im Zusammenhang mit der Sorge um die Zukunft Österreichs. Noch als Kleinkind hatte er die Tragik des Ersten Weltkriegs ebenso wahrgenommen wie den Bürgerkrieg im Februar 1934 und den gescheiterten Nazi-Putsch im Juli desselben Jahres und besonders stark 1938 den »Anschluß« an das nationalsozialistische Deutschland. Er war ein aktiver realistischer Pazifist, der erkannte, dass der Frieden in Europa nur durch eine internationale Gestaltungsbereitschaft gesichert werden konnte, die die kleine innenpolitische Bühne Österreichs verlassen musste. Dabei war Kreisky mangels realpolitischer Macht kein Akteur oder Mediator, aber ein höchst engagierter und durchaus auch erfolgreicher Kommunikator.

Seine Leidenschaft in außenpolitischen und internationalen Fragen trug dazu bei, die Vorurteilslawine gegen seine Person zu reduzieren – obwohl er nach wie vor mit offen antisemitischen Vorwürfen als »Saujud«[10] verfolgt oder seine Garagentüre mit Neonazischmierereien beschmutzt wurde. Diese Verbalinjurien kamen nicht nur von Nichtsozialisten, was gerne vergessen wird. Dass er sich in der Südtirol-Frage – bisher ein zentrales ÖVP-Thema – so erfolgreich einbrachte und vor der UNO gegen große internationale Widerstände

---

9 Alexander Jehn, Nachbarschaftspolitik im Donauraum: Die besonderen Beziehungen Österreichs zur Tschechoslowakei, zu Ungarn und Jugoslawien in der Ära Kreisky, Diss. Würzburg 1996, S. 251.
10 Robert Kriechbaumer, Österreich 1970–1983 in der historischen Analyse, im Urteil der politischen Kontrahenten und in Karikaturen von Ironimus, Wien 2004, S. 58; John Bunzl/Bernd Marin, Antisemitismus in Österreich, Innsbruck 1983, S. 68: Der Präsident der Niederösterreichischen Landwirtschaftskammer und ÖVP-Landtagsabgeordnete Alois Scheibenreif hatte diese antisemitische Äußerung, die im März 1966 im Wahlkampf gefallen war, in einem Ehrenbeleidigungsprozess mit dem Ausdruck des »ehrlichen« Bedauerns zurückgezogen.

für eine faire Minderheitenpolitik argumentierte, brachte ihm viel politisches Ansehen über Parteigrenzen hinweg. Doch noch 1966 kämpfte er nach der schweren Wahlniederlage der SPÖ für die Beibehaltung der Großen Koalition – um jeden Preis. Er selbst sah sich weiterhin nur als »bester zweiter Mann«, ein Code, hinter dem die Sorge stand, dass weder die SPÖ noch die österreichische Wählerschaft einen Agnostiker jüdischer Herkunft und Emigranten zum Parteivorsitzenden bzw. Bundeskanzler wählen würden.

Dass es Kreisky letztlich gegen alle diese Hindernisse schaffte, hängt mit der schweren Wahlniederlage des Jahres 1966 zusammen, mit der heftigen Auseinandersetzung um den ehemaligen Innenminister und ÖGB-Präsidenten Franz Olah, der eine eigene Partei gegründet hatte. Wenn Olah nicht gar so autoritär gewesen wäre, hätte die Demokratische Fortschrittliche Partei (DFP) als eine Art neue rechtspopulistische Partei durchaus reüssieren können.

Trotz der tiefen Krise in der SPÖ war Kreisky nicht der Kandidat des engeren Zirkels im Parteivorstand um den ehemaligen Minister Karl Waldbrunner und den scheidenden Parteivorsitzenden Bruno Pittermann gewesen. Er war der Kandidat der Bundesländerparteiorganisationen und der Minderheiten, der Jungen, der Frauen, interessanterweise auch der Alten auf dem Parteitag, und setzte sich deswegen letztlich in einer Kampfabstimmung gegen den Gewerkschafter und früheren Innenminister Hans Czettel doch mehrheitlich klar durch.

Dass er die österreichische Wählerschaft 1970 überzeugen konnte, ist der zweite »Betriebsunfall« in der Geschichte der politischen Kultur der Zweiten Republik. Das hängt wohl damit zusammen, dass es ihm nicht nur gelang, all jene Reformdefizite, die eigentlich schon die Regierung Klaus (ÖVP) in die absolute Mehrheit gebracht hatten, glaubwürdig zu benennen, sondern auch glaubhaft deren Reduzierung zu skizzieren. Was er perfekt in der Öffentlichkeit, über klassische SPÖ-Parteimedien wie die Arbeiter-Zeitung weit hinausgehend, kommuniziert hat, ist einesteils auf seinen hohen politischen Anspruch zurückzuführen, anderenteils eine Folge der Fähigkeit, komplexe politische Vorgänge und Zusammenhänge verdichtet und doch klar zu kommunizieren. Ein dritter Vorzug war, nach der Analyse sofortiges, spür- und sichtbares Handeln anzuschließen. Man sieht dies 1970: Kreiskys Minderheitsregierung agierte wie eine Regierung mit einer absoluten politischen Mehrheit im Hintergrund und wirkte in die Gesellschaft durch eine Reihe von konkreten Maßnahmen wie z. B. kostenlose Schulbücher und Schülerfreifahrten.

Kreisky war für viele Wählergruppen ein Mann aus einer längst vergangenen Zeit, den es in den 1960er-/70er-Jahren nicht mehr gab. Im Wahlkampf 1971 versuchten alle anderen Parteien, mit den üblichen Broschüren und Plakaten die Öffentlichkeit zu überzeugen. Doch Kreisky warb mit einem Büchlein von 136 Seiten, in dem er sein Leben darstellte.[11] Dies war völlig ungewöhnlich – keine Wahlkampfbroschüre, sondern Kreisky kommunizierte aus seiner Sicht über den Kommunikator und Journalisten Hellmut Andics, der als Aufzeichner und Editor fungierte, seine Biografie und versuchte dabei, alle jene zuvor genannten »Negativa« – Diplomat, Exilant jüdischer Herkunft, Intellektueller – durch eine offene Erzählung über seine Familie und Prägungen als positive Eigenschaften eines neuen Politikertyps mit Vergangenheit und Wurzeln in der Habsburger-Monarchie und dem »Roten Wien« der Zwischenkriegszeit umzudeuten. Diese Form von Dialektik sollte ihn auch für jüngere und mobilere Wählerschichten interessant machen, da er gleichzeitig ein Mehr an Demokratisierung propagierte.

Kreisky konnte mit allen Bevölkerungsschichten – vom Akademiker bis zum einfachen Arbeiter – gleich gut kommunizieren. Aber nicht nur das: Er machte das gerne und mit großer Leidenschaft. Viele Informationen aus diesen Gesprächen wurden dann tatsächlich in den politischen Entscheidungsprozess eingebracht – in vielen Fällen durchaus zum Guten, in manchen aber auch zum Negativen, wie an der »Vergangenheitspolitik« noch gezeigt werden kann. Kreisky mit dem Telefonhörer in der Hand, das Coverbild von »Mann auf Draht«, beschreibt ihn am besten. Er war fast 24 Stunden am Tag für seine Bürger erreichbar – zumindest theoretisch. Seine Telefonnum-

---

11 Spectator (= Hellmut Andics) Hg., Bruno Kreisky – Mann auf Draht, Wien 1971.

mer stand im Telefonbuch. Immer wieder befragte er auch seinen legendären Chauffeur Blauensteiner als »Stimme des Volkes«, der seinerseits ganz offen Kreisky in dem Rover mit der Autonummer W 609 seine Meinung vermittelte.

Als Zwischenbilanz kann gesagt werden: Als »Betriebsunfall« ist Kreisky gewissermaßen in einem Mondfenster der politischen Kultur in politisch zentrale Verantwortungspositionen gekommen.

2   Familiäre Prägungen[12]

Die Wurzeln von Bruno Kreisky, und das sind meiner Meinung nach seine besonderen Stärken, liegen sicherlich auf der einen Seite in der transnationalen Kulturtradition der Habsburger-Monarchie und in einem jüdischen bürgerlichen Aufsteigermilieu sowie der idealistischen und international ausgerichteten sozialdemokratischen Jugend- und Arbeiterbewegung, die eine neue und gerechtere Gesellschaft schaffen wollte. Aus diesem vielgestaltigen Umfeld ist es Kreisky gelungen, eine außergewöhnliche Persönlichkeit zu entwickeln. Obwohl er sich von allen prägenden Rahmenbedingungen letztlich emanzipierte und seinen eigenen Weg vor dem Hintergrund der verzögerten Modernisierung Österreichs entwickelte, stellte Kreisky sehr offen seine Sozialisation in seinen Erinnerungen dar, dabei auch seinen jüdischen bürgerlichen Hintergrund: väterlicherseits eine Lehrerfamilie aus Südböhmen, mütterlicherseits eine Industriellenfamilie aus Südmähren.

Die K.-u.-k.-Monarchie fand er interessant, besonders was ihre räumliche Größe in der Mitte Europas und ihre kulturelle Bedeutung für die Entwicklung der Moderne betraf. Als autoritäres politisches System verachtete er, wie alle Sozialdemokraten, die Monarchie. Sein jüdischer Hintergrund, die jüdische Kultur, jüdische Traditionen,

---

12   Vgl. dazu Petritsch, Kreisky, sowie Spectator, Mann auf Draht; Paul Lendvai/Karl Heinz Ritschel, Kreisky. Porträt eines Staatsmanns, Düsseldorf 1974; H. Pierre Secher, Bruno Kreisky, Chancellor of Austria, Pittsburgh 1993.

seine Familie waren für ihn persönlich wichtig, doch trat er 1931 im Alter von 20 Jahren aus der Israelitischen Kultusgemeinde aus; er ließ sich als politisierter, junger Sozialist und Agnostiker immer wieder in sehr heftige Konflikte mit seinem jüdischen Hintergrund und später vor allem mit der israelischen Politik gegenüber den arabischen Nachbarn und Palästinensern ein.

Gleichzeitig versuchte Bruno Kreisky, sich als Großbürger darzustellen.[13] Tatsache ist, dass er aus einem im Aufstieg begriffenen gutbürgerlichen Hintergrund stammte. Sein Vater Max Kreisky war ein anerkannter Textilfachmann und ursprünglich ein Angestellter in einer Textilfirma, der sich zu einem der Direktoren der »AG für Textilindustrie« hocharbeitete, die wiederum von der Großeinkaufsgenossenschaft (GÖC) kontrolliert wurde. Er saß auch im Verwaltungsrat der »Österreichischen Wollindustrie AG«, die aber in den Ausgleich geschickt wurde. Max Kreisky war zwar mit Irene Felix, einer begüterten Frau aus der Industriellenfamilie Felix in Trebitsch verheiratet; dennoch, und das zeigen die Lage und Art der Mietwohnungen, war es keine großbürgerliche Familie. Max Kreisky war ein anerkannter Textilmanager, der sein Gehalt großteils in eine 5-Zimmer-Mietwohnung mit Klavier im 4. Bezirk in der Rainergasse 29 und einen Haushalt mit Köchin und einer Hausangestellten investierte. 1932 wurde er Direktor der von der Arbeiterbank kontrollierten »Österreichischen Wäsche- und Bekleidungs AG«. Die schicken teuren Anzüge seines Sohnes Bruno stammten von einem verstorbenen Cousin.

Im Vergleich mit Gleichaltrigen in der Sozialistischen Arbeiter-Jugend führte Bruno Kreisky in der sozioökonomischen Krise der

---

13 Als eines der zahlreichen Beispiele für das gesellschaftliche Upgrading von Kreiskys Vater als jüdischer Großbürger siehe: Inge Cyrus, Eine Art von männlicher Maria Theresia, in: Der Spiegel, 30.4.1979 (http://www.spiegel.de/spiegel/print/d-40351639.html). Dabei spielen aber auch Journalisten und Autoren eine Rolle, die Kreiskys Angabe zu seinem Vater (»Generaldirektor der Österreichischen Wollindustrie AG und Textil AG, Zensor der Österreichischen Nationalbank, Mitglied des Zentralvereins der kaufmännischen Angestellten«) auch noch weiter ausbauen (vgl. dazu die Lebensläufe in der Stiftung Bruno Kreisky Archiv, Box 1, sowie die frühen Biografien von Viktor Reimann, Bruno Kreisky. Das Porträt eines Staatsmannes, Wien 1972, und Lendvai/Ritschel, Kreisky).

Zwischenkriegszeit ein sorgenfreies und luxuriöses Leben. 1938 hatte Max Kreisky aber persönlich zum Unterschied von seinen Brüdern Otto und Oskar kein nennenswertes Vermögen, das die Nationalsozialisten plündern konnten, wie die NS-Vermögensanmeldungen im österreichischen Staatsarchiv dokumentieren.

Warum sich Bruno Kreisky als Großbürger inszenierte, hängt damit zusammen, dass für ihn das jüdische Großbürgertum eine interessantere Projektionsfläche war. Er nutze das gerne, um seinen jüdischen Hintergrund zwar nicht zu verleugnen, ihn aber gleichzeitig in eine andere Sphäre der erfolgreichen und assimilierten jüdischen Familie zu heben, und blieb auf dieser Linie. Er distanzierte sich nie von seiner jüdischen Herkunft. Jeder in Österreich wusste, dass er aus einer später relativ begüterten bürgerlichen Familie stammte und den Lebensstil beibehielt. Er wohnte in einer repräsentativen Villa im 19. Bezirk in der Armbrustergasse 15, die einmal dem prominenten Rechtsgelehrten und deutsch-freiheitlichen Politiker Josef Redlich gehört hatte. Dieses Verhalten, offen großbürgerlich zu leben, war für Kreisky ein besonderes Kriterium der Ehrlichkeit, das ihn von vielen anderen Politikern unterschied, die versuchten, sich an ihre Wählerschichten direkt oder indirekt anzupassen. Aber auch hier wieder ein Beispiel für Kreiskys Dialektik: Er kaufte zwar mit dem Geld seiner Frau Vera, die aus einer schwedischen Industriellenfamilie stammte, die Villa von Redlichs Witwe, um sie aber sofort an die Wiener Städtische Versicherung, die enge Kontakte mit der SPÖ Wiens hatte, ohne Gewinn weiterzuverkaufen. Er wollte nicht als »kapitalistischer Jude« erscheinen und damit innenpolitisch angreifbar sein. Auch lehnte er es ab, von seinem Cousin Herbert Felix dessen Konzern Ende der 1950er-Jahre zu übernehmen, da damit seine politische Karriere in der Sozialdemokratie beendet gewesen wäre.

Bruno Kreisky gehörte zu jenen wenigen zurückgekehrten Juden, die mit allen Mitteln versuchten, dort anzuknüpfen, wo sie 1938 aufgehört hatten. Die Reproduktion eines großbürgerlichen Haushalts mit Köchin, Chauffeur etc. war auch ein Versuch, für sich persönlich einen Neuanfang durch symbolische und konkrete Rückgriffe auf eine längst zerstörte Vergangenheit zu setzen – ein Rettungsanker, um mit dem Faktum fertig zu werden, dass ein Großteil seiner Verwandtschaft in der Shoah ermordet wurde.

Damit gelang es ihm, die durch die Shoah erlittenen Traumatisierungen zu überwinden. Insgesamt wurden etwa 40 engere Verwandte von den Nationalsozialisten umgebracht; sein Lieblingscousin Arthur Kreisky wurde in Berlin-Plötzensee 1943 als tschechischer Widerstandskämpfer hingerichtet. Trotzdem war es Kreisky möglich, auch nach vielen Jahren des Exils an dieses Land Österreich und an eine Gesellschaft zu glauben, in der noch viele Täter, Mittäter und Zuschauer lebten, die, zumindest indirekt, Teil des Terror- und Vernichtungssystems gewesen waren.

Kreiskys Zugang zum Nationalsozialismus war ein eher atypischer. Er gehörte zu den Opfern – zwischen März und August 1938 war er mehrere Monate in Gestapo-Haft, wurde geprügelt, gepeinigt, vertrieben –, und trotzdem gelang es ihm, mit einer versöhnlichen Position in die Zweite Republik zu gehen. Das hängt auch damit zusammen, dass Kreisky sein ganzes Leben immer wieder versuchte, Menschen in einem aufklärerischen Sinn für die Demokratie zu begeistern. Er war überzeugt, dass es möglich sein müsse, ehemalige Mitglieder der NSDAP und Mitläufer für die Vorzüge der Demokratie einzunehmen.

3 Geschichtspolitik und die Nachwehen des Nationalsozialismus

Dass dies kein freiwilliger Prozess war, hängt sicherlich damit zusammen, dass die politische Kultur der Zweiten Republik in dem Moment, in dem Kreisky wieder österreichischen Boden betrat, bereits klare Strukturen hatte. Genau genommen verfügte er über einen ganz engen Handlungsrahmen, der durch seine jüdische Herkunft und die Zeit im Exil noch limitierter geworden war. Dass Kreisky in einem Land, mit einem so hohen Anteil an ehemaligen NSDAP-Mitgliedern und SS-Angehörigen, dennoch eine derartige politische Karriere machen konnte, hängt primär damit zusammen, dass er diesen engen geschichtspolitischen Rahmen – die Gräben zuschütten, möglichst nicht darüber reden – letzten Endes akzeptierte und wenn nötig versuchte, noch einmal eine Betonmischmaschine darüber fahren zu lassen.

Bei ersten Gesprächen 1951 nach seiner Rückkehr aus dem Exil signalisierten ihm selbst linke Sozialisten wie der Wiener Nationalratsabgeordnete Karl Mark deutlich, er solle sich nicht in die Entnazifizierungspolitik einmischen – schon gar nicht, weil er jüdischer Herkunft und im Exil gewesen sei: »Wäre man damals nicht so chaotisch und emotional vorgegangen, was ich besonders den Leuten zum Vorwurf mache, die während des NS-Regimes in Österreich nicht gelebt haben, hätten sich vielleicht schwere Fehler vermeiden lassen«.[14]

Dieses Thema sollte Kreisky auch noch in den 1970er-Jahren als Bundeskanzler begleiten: Bald nach der Regierungsbildung gab der Leiter des jüdischen Dokumentationszentrums Simon Wiesenthal bekannt, dass in der SPÖ-Minderheitsregierung 1970 fünf SPÖ-Minister ehemalige NSDAP-Mitglieder waren, darunter ein ehemaliger SS-Mann als Landwirtschaftsminister. Kreisky war sich bewusst, dass er jetzt ein geschichtspolitisches Bekenntnis ablegen musste, und dieses Bekenntnis fiel so aus, wie er auch bis dahin agiert hatte: Er nahm alle Minister mit NSDAP-Vergangenheit in Schutz, auch den SS-Mann, den er kaum kannte. Er sorgte aber dafür, dass dieser schnell wieder in der Kärntner Versenkung verschwand. Für Kreisky bedeutete diese Auseinandersetzung, dass er sich zum ersten Mal ganz offensiv vor die ehemaligen Nazis stellen musste, um nicht aufgrund seiner jüdischen Herkunft als ein unpatriotischer Politiker eingestuft zu werden.

Nicht zu vergessen ist dabei aber auch, dass Wiesenthal gerade diesen geschichtspolitischen Kompromiss der Großen Koalition von ÖVP und SPÖ bis 1970 mitgetragen hatte. Wiesenthal hatte bis zu diesem Zeitpunkt keinen einzigen Minister, sei es aus den Reihen der ÖVP oder der SPÖ, auf dessen NSDAP-Vergangenheit aufmerksam gemacht, so beispielsweise auch nicht den ÖVP-Finanzminister Reinhard Kamitz.

---

14 Karl Mark, 75 Jahre Roter Hund. Lebenserinnerungen, Wien 1990, S. 172.

Kreisky vertrat zeit seines Lebens die Meinung, dass alle Menschen für sich das Recht in Anspruch nehmen dürften, nach 1945 klüger geworden zu sein, außer es würden ihnen Kriegsverbrechen nachgewiesen. Er blieb bei dieser sehr typischen österreichischen Linie – mitgeschwommen, aber letzten Endes nicht mitverantwortlich zu sein. Auf dieser geschichtspolitischen Ebene war er, zum Unterschied von vielen anderen Bereichen, ein durchschnittlicher Österreicher seiner Generation und ein politischer Pragmatiker, der Wahlen gewinnen wollte.

Wiesenthal fand dann kurze Zeit vor den Nationalratswahlen 1975[15] – zufällig beim Aufräumen in seinem Büro, so seine Selbstdarstellung – Unterlagen, die die Zugehörigkeit des damaligen FPÖ-Obmannes Friedrich Peter zu einer SS-Mordbrigade dokumentierten. Diese Unterlagen übergab er Bundespräsident Rudolf Kirchschläger noch vor der Wahl, um ihn zu motivieren, im Falle einer möglichen Koalition SPÖ/FPÖ sein Veto einzulegen. Dass Kreisky wieder einen Wahlerfolg einfuhr und die Unterstützung der FPÖ so wie seit 1971 nicht benötigte, hinderte Wiesenthal nicht daran, wenige Tage nach der Wahl dieses Faktum publik zu machen – und damit Kreisky noch einmal rückblickend unter Zugzwang zu setzen, wie es 1970 Wiesenthal getan hatte. Gleichzeitig war Kreisky empört, weil Wiesenthal nie ÖVP-Minister mit NSDAP-Vergangenheit kritisiert hatte – da gab es einige, wie auch den ÖVP-Parteiobmann und früheren Landwirtschaftsminister Karl Schleinzer. Ein parteipolitisches Bias war also bei Wiesenthal nicht zu übersehen.

Kreisky sah darin ein neuerliches parteipolitisch motiviertes Manöver und machte diese Auseinandersetzung, meiner Meinung nach ganz bewusst, zu einer hoch emotionalisierten und geschichtspolitischen Nagelprobe. Er beschuldigte Wiesenthal nicht nur »mafioser« Methoden, sondern warf ihm Kollaboration mit den Nationalsozialisten in den Konzentrationslagern vor. Dass Kreisky diesen

---

15 Vgl. dazu ausführlich: Ingrid Böhler, »Wenn die Juden ein Volk sind, so ist es ein mieses Volk«. Die Kreisky-Peter-Wiesenthal-Affäre 1975, in: Michael Gehler/Hubert Sickinger (Hg.), Politische Affären und Skandale in Österreich vom Ende der Monarchie bis zur Zweiten Republik, Thaur 1995 (Neuaufl. 2008), S. 502-531.

Schritt ging, hing auf der einen Seite mit seinen vielfältigen Konflikten mit Wiesenthal über die Nazifrage zusammen; auf der anderen Seite war es für ihn noch einmal der Versuch, sich als eine Art Schutzpatron vor die Österreicher zu stellen und selbst einen Mann wie Friedrich Peter mit einer derartigen SS-Vergangenheit zu verteidigen.

Peter hatte einer Einheit angehört, die zigtausende Juden und Partisanen, Kinder, Frauen und Greise auf das Entsetzlichste verfolgte, peinigte und ermordete. Kreisky wischte das mit einem Federstrich weg. Es war der Versuch, sich aus dieser geschichtspolitischen Klammer, die ihm Wiesenthal umgelegt hatte, zu befreien. Kreisky wiederholte in einem Gerichtsverfahren in den 1980er-Jahren noch einmal seine Vorwürfe gegen Wiesenthal, die sich auf dubiose Informationen stützten und teilweise auch von kommunistischen Geheimdiensten fabriziert worden waren, einschließlich eines angeblichen Zeugen für Wiesenthals Kollaboration. Kreisky glaubte und wollte daran glauben, dass es diesen Zeugen gab, den früheren CDU-Vertriebenenminister Theodor Oberländer, der sich aber nicht äußerte und selbst mit Wiesenthal in Kontakt war.

Bei genauerer Analyse zeigt sich, dass Kreisky auch in dieser Frage sehr von den Erfahrungen der Zwischenkriegszeit beeinflusst war. Kreisky war schon in der Schulzeit ein glühender Sozialist und ganz gut theoretisch belesen. Er kannte sich im Austromarxismus ebenso aus wie in den Werken von Lenin. Auch war er schon sehr früh ein Politiker, der versuchte, die Menschen in ihrem sozialen und ökonomischen Rahmen zu erklären und zu interpretieren. Das war auch einer der Gründe, warum er Nationalsozialisten nach 1945 in Schutz nahm; er versuchte, die Gründe zu entschlüsseln, warum die Menschen sich der NSDAP anschlossen oder warum sie vor 1938 Bombenattentate verübten.

Kreiskys Sichtweise in Bezug auf Friedrich Peter war die folgende: Dieser kam aus einer teilweise sozialdemokratischen Familie. Nach dem Bürgerkrieg im Februar 1934 brach für diese Familie eine ganze Welt zusammen, und Peter wurde von dieser militanten Auseinandersetzung und dem autoritären Dollfuß-/Schuschnigg-Regime in die Hände der Nazis getrieben. Peter stand seiner Ansicht nach stellvertretend für eine ganze Generation.

Ganz so Unrecht hatte Kreisky nicht, was die geschichtspolitischen Sichtweisen der österreichischen Gesellschaft betraf. Als 1978 erstmals die autoritären Einstellungen der Österreicher auf der Basis einer Meinungsumfrage analysiert wurden, wurde der Grad an Antisemitismus, die Tendenz zur Verherrlichung des Nationalsozialismus als ein gutes System, das aus dem Ruder gelaufen sei, deutlich sichtbar. Kreisky war fest davon überzeugt, dass es mit einem sozialen und wirtschaftlichen Maßnahmenpaket gelingen würde, diesem autoritären Bodensatz die Grundlage zu entziehen. Er glaubte zeit seines Lebens daran, dass ein entsprechender sozialer Rahmen, ein Wohlfahrtsstaat, im Stande wäre, vorhandene extremistische Entwicklungen in einer Gesellschaft niederzuhalten. In diesem Sinne war er ein Produkt der krisengeschüttelten und in politische Lager gespaltenen Gesellschaft der Zwischenkriegszeit. Gleichzeitig war er auch geprägt von den positiven Erfahrungen in Schweden, wo ein deutlich schwächerer Extremismus ganz an den Rand gedrängt werden konnte.

4 Katalysator der Moderne

Bruno Kreisky hatte die neueste »Moderne« nicht erfunden, aber er war der Katalysator und vor allem auch Transformator der Öffnung und Modernisierung der Gesellschaft ab 1970, wofür die Wählerschaft 1966 eigentlich Josef Klaus auserkoren hatte. Das Bewusstsein für den Nachholbedarf und die Auflösung traditioneller autoritärer Rahmenbedingungen in der Gesellschaft (z. B. im universitären Bereich), die absolut fortschrittsfeindlich waren, hatte mit einiger Verzögerung auch in Österreich an Wirksamkeit zugenommen. In diesem Sinne waren die engen Interaktionen zwischen Kreisky und Künstlern – häufig aus Kreiskys Perspektive unter ästhetischem Rückgriff auf die von vielen nach wie vor als »verjudet« und »entartet« stigmatisierte Moderne um 1900 – klare Indikatoren für die Reformnotwendigkeiten. Ähnlich wie in der Zwischenkriegszeit kam der Kunst eine große Bedeutung im gesellschaftlichen Veränderungsprozess zu.

Bereits in der ersten Hälfte der 1960er-Jahre waren Anzeichen in Richtung tief greifender gesellschaftlicher Reformwünsche vorhanden. Die Informationstechnologie mit der »Computerrevolution« sandte bereits ihre Signale voraus. Die Berufsfelder verschoben sich neben dem weiterhin starken sekundären (industriellen) Sektor vom Agrarbereich in Richtung einer Dienstleistungsgesellschaft, bei gleichzeitigem Rückgang des Anteils der Selbstständigen. Die parteipolitischen Versäulungen der Zwischenkriegszeit, die in anderer Form auch in der Wiederaufbauzeit wirksam geblieben waren, begannen durchlässiger zu werden. Die Dominanz und Wirkung der Katholischen Kirche auf ihre Kernschichten wurden allmählich schwächer. Der ökonomische, soziale und politische Wiederaufbau der Nachkriegszeit hatte einen Punkt erreicht, wo es nicht mehr um Überleben und die Behebung der Kriegsschäden ging, sondern die Beseitigung autoritärer Strukturen und die Anpassung an aktuelle europäische und globale Trends gefordert wurden. In Österreich bedeutete dies zunehmende Ablehnung der Großen Koalition des Proporzes und der direkten Einflussnahme der Parteien in diverse Lebensbereiche, z. B. im Rundfunk (Stichwort Rundfunkvolksbegehren 1964).

Bemerkenswert ist, dass dieser gesellschaftspolitische Nachholbedarf in Österreich bereits vor der 68er-Bewegung ansatzweise spürbar war und vor allem die Österreichische Volkspartei unter Josef Klaus zunächst kritisches Potenzial für sich gewinnen konnte. Das Ende der Großen Koalition zwischen ÖVP und SPÖ wurde innerhalb der Reformkräfte primär von jugendlichen Wählern und den Gemeinden unter 5.000 Einwohnern getragen. In diesen Segmenten gab es offensichtlich den stärksten Reformdruck zum Abbau von überkommenen Strukturen und zur Anpassung der ökonomischen und sozialstrukturellen Rahmenbedingungen. Die ÖVP verstand es zunächst wesentlich besser als die SPÖ, durch die Einbindung von Wissenschaftlern – Stichwort Aktion 20 – und Berufung auf moderne technische Entwicklungen (»Informationsgesellschaft«) Reformkompetenz zu signalisieren.[16]

Immer wieder betonte Kreisky – und zwar lange vor der 1970er-Wahl: »Unsere Partei ist eine offene Partei. Sie ist offen für alle, die mit uns arbeiten wollen.«[17] Zu diesem Konzept der »offenen Partei« gehörte auch eine Fortsetzung des Ausgleichs mit der Katholischen Kirche, den der Agnostiker Kreisky konsequent betrieb.[18] Heikle Fragen wie die Entkriminalisierung der Abtreibung in Verbindung mit der Fristenlösung wurden vor 1970 nicht offensiv andiskutiert und sollten erst in den folgenden Jahren eine wichtige innenpolitische Rolle spielen.[19]

Dass mit diesen pragmatischen Konzepten die SPÖ plötzlich zu einer »liberalen Volkspartei« geworden wäre, entspricht keineswegs den Tatsachen. Aus Umfragen 1969 war klar, dass die SPÖ unter Kreisky ihr Wählerpotenzial der Arbeiterschaft arrondiert hatte. 59 % der befragten Arbeiter gaben an, der SPÖ nahezustehen.[20] Gleichzeitig setzte aber seit 1970 ein Trend bei den oberen Bildungsschichten (Akademiker, Maturanten) ein, vermehrt die dort freilich weit unterrepräsentierte SPÖ-Wahlpräferenz zu nennen (1969: 18 %; 1972: 29 %; 1977: 30 %). Gleichzeitig begann auch eine verstärkte Bewegung der Frauen in Richtung SPÖ-Präferenz (1969: 39 %; 1972: 45 %). In der Jungwählerschaft erreichte die SPÖ 1970 sogar die absolute Mehrheit.

Die Reformvorstellungen der SPÖ, die kurz vor den Nationalratswahlen 1970 noch durch einen Slogan bezüglich der Dauer des allgemeinen Präsenzdienstes im Bundesheer ergänzt wurden – »Sechs

---

16 Vgl. dazu Robert Kriechbaumer u. a. (Hg.), Die Transformation der österreichischen Gesellschaft und die Alleinregierung von Bundeskanzler Dr. Josef Klaus, Salzburg 1995.
17 Bruno Kreiskys Vorwort in: Im Mittelpunkt der Mensch. Für ein modernes Österreich. Das Humanprogramm der SPÖ, Wien 1969, S. VII.
18 Erika Weinzierl, Kirche seit 1970, in: Erich Fröschl/Helge Zoitl (Hg.), Der »Österreichische Weg« 1970–1985, Wien 1986, S. 247.
19 Maria Mesner, Geschichte der Abtreibungsdiskussion 1945–1992, Wien 1994.
20 Zit. bei Christian Haerpfner, Die Sozialstruktur der SPÖ. Gesellschaftliche Einflußfaktoren der sozialdemokratischen Parteibindung in Österreich 1969–1988, in: Österreichische Zeitschrift für Politikwissenschaft 18 (1989), S. 375.

Monate sind genug« –, wurden überdurchschnittlich in bisher von der ÖVP dominierten Kleingemeinden neu perzipiert, mit Schwerpunkten bei gehobener Mittelschicht, Frauen, Angestellten und Jungwählern. Insgesamt wanderten 158.000 Stimmen direkt von der ÖVP zur SPÖ. Die Kerngebiete des SPÖ-Zuwachses waren überdies vom primären Strukturwandel besonders betroffen. Gleichzeitig konnte aber Kreisky das Stammwählerreservoir wieder voll und ganz zur SPÖ bringen.

Ausgehend von dem neuen Wirtschaftsprogramm, das unter Koordinierung durch Ernst Eugen Veselsky, dem von der Arbeiterkammer nominierten Geschäftsführer des Beirates für Wirtschafts- und Sozialfragen, auch unter Beiziehung junger und unabhängiger Experten entwickelt wurde, sollten auch andere wesentliche Lebensbereiche diskutiert werden.[21] Noch immer gab es halbherzige Versuche, diese Initiativen zu blockieren, doch die Eigendynamik und Außenwirkung – auch in der bürgerlichen und unabhängigen Presse – war bereits zu stark geworden. Überdies hatte der neue Parteiobmann Kreisky die SPÖ innerhalb kürzester Zeit wieder geeint. Dies gelang ihm durch konkrete Integrationsmaßnahmen und Machtzugeständnisse (z. B. an seinen Vorgänger Pittermann, mit dem es zuletzt heftige Konflikte gegeben hatte, der aber die Parlamentsarbeit durchaus autonom koordinieren konnte; auch mit dem ÖGB-Chef Anton Benya und anderen kam es sehr rasch zu einer politischen Versöhnung). Insgesamt nahmen an diesen Reformkommissionssitzungen 1.400 Experten teil – die Kern-Redakteursgruppe war natürlich wesentlich kleiner –, wobei auch ein Humanprogramm mit Strategien zur Gesundheitspolitik und Umwelthygiene unter der Leitung von Hertha Firnberg erarbeitet wurde. Weitere Schwerpunkte lagen im Hochschulprogramm (koordiniert von Heinz Fischer) und im Justizprogramm (Christian Broda).

Zur selben Zeit zeigte es sich, dass die ÖVP nicht in der Lage war, die in sie gesetzten Erwartungen zur gesellschaftspolitischen Öffnung

---

21 Julian Uher, Das Wirtschaftsprogramm 1968, in: Fritz Weber/Theodor Venus (Hg.), Austrokeynesianismus in Theorie und Praxis, Wien 1993, S. 58 ff.

zu erfüllen; z. B. im Bereich der Justizreform, wo aufgrund von Pressionen seitens der Katholischen Bischofskonferenz klar rückschrittliche Vorschläge Eingang in die Regierungsvorlage zur Novellierung des Strafrechts gefunden hatten. Die Judikatur wiederum blieb beispielsweise im Bereich des Scheidungsrechtes völlig stehen – entgegen dem allgemeinen tatsächlichen Trend in Richtung Scheidungen.

Im kleinen Kreis war Kreisky ein belesener, sehr guter Erzähler, der häufig zu Monologen neigte, bei denen er aber versuchte, neue Ideen und Strategien zu entwickeln. Seine enge und langjährige Beziehung mit Journalisten aller Couleurs hing mit seinem Interesse am Journalismus zusammen. Genauer als andere wusste er über die Bedeutung von akzentuierten Aussagen (auf der Basis umfassender Konzepte und Theorien) Bescheid und bediente die publizistische Suche nach internen Informationen und Debatten, um letztlich selbst auch manchmal Agenda Setting zu betreiben. Zum Unterschied von der gegenwärtigen Medialisierung bedeutete dies aber nicht, dass Medienkampagnen und Eigentümerinteressen die politische Agenda bestimmten. In der eigentlichen strukturellen Medienpolitik sollte viel nicht funktionieren; weder Kreiskys Idee des unabhängigen Verlegerfernsehens noch die Zeitungsförderung konnten Monopolentwicklungen und Boulevardisierung in Österreich verhindern.

5   Reformpolitik mit Konzeptionen und »Bauchgefühl«

Kreisky war sicherlich ein Politiker, der ein politisches »Bauchgefühl« hatte, welche Projekte möglich seien und welche politischen Selbstmord bedeuten würden. Gleichzeitig hatte er starke Ministerpersönlichkeiten, die wie er selbst einen besonderen Gestaltungswillen besaßen. Ein Beispiel im universitären Bereich war Hertha Firnberg, die die Ordinarienuniversität aufgebrochen hat und die Forschungsförderung professionalisierte und ausweitete. Kreisky hatte ein Sensorium für den gesellschaftlichen Trend und die Sorgen und Ziele der Jungen. Dies betraf die Reformen des Justizministers Broda, der

Tabus im rückständigen Justizbereich ansprach. Bei der Diskussion um den § 144, den sogenannten »Abtreibungsparagraphen«, schritt Kreisky allerdings ein. Er fürchtete, dass das fragile gesellschaftliche Band mit der Katholischen Kirche zerreißen und der doktrinäre politische Katholizismus der Zwischenkriegszeit zurückkehren würde. Erst Frauen innerhalb und außerhalb der Partei und konnten Broda und Kreisky in dieser Frage mitreißen. In der Frauenpolitik gelang es ihm aber nur, Anstöße zu setzen, die dann Akteurinnen um Johanna Dohnal, die er zur Staatssekretärin bestellt hatte, fortsetzten und ausbauten. Doch auch sie konnten die Lohnunterschiede zwischen Frauen und Männern für gleiche Arbeitsleistung nicht grundlegend aufheben. Weitere wichtige Akteure in der Bundesregierung waren der junge Finanzminister Hannes Androsch und Handelsminister Josef Staribacher, die die Finanz- und Wirtschaftspolitik sehr professionell prägten.

Im Folgenden werden einige der innenpolitischen Ziele der SPÖ-Alleinregierungen unter Bundeskanzler Kreisky 1970/71–1983 und deren Realisierung bzw. Scheitern analysiert. Es wäre eine Fehleinschätzung zu glauben, dass der »Sozialdemokrat« Kreisky – er schätzte diesen Begriff positiver ein als die offizielle Eigenbezeichnung »Sozialistische Partei« – als Pragmatiker auf gesellschaftliche Reformen und politische Visionen verzichtete. Die ersten Jahre der SPÖ-Minderheits- bzw. Alleinregierungen zeichnete insbesondere aus, dass politisch kontroverse Konzepte umgesetzt wurden, obwohl z. B. in der Frage der »Fristenlösung« durchaus mit (katholischen) Stimmenverlusten bei künftigen Wahlen zu rechnen war.

Kreisky und sein Kabinett verstanden es, das gesamtgesellschaftliche Reformpotenzial auszuloten und rasch mit täglich spürbaren konkreten Inhalten – zum Vorteil der sozial benachteiligten Gruppen (z. B. Schülerfreifahrten, Gratisschulbücher u. a.) – zu füllen. In vielen Fällen kam es jedoch zu keiner Umverteilung, da alle Gruppen diese Sozialleistungen unabhängig von ihrem Einkommen in Anspruch nehmen konnten. Allein für Bezieher von Ausgleichszulagen und im Pensionsbereich wurden Mitte der 1970er-Jahre gesonderte Erhöhungen durchgesetzt. Nur sehr vorsichtig drehte die SPÖ an der Schraube der Umverteilung, um nicht die politische Mehrheit aufs Spiel zu setzen.

Die theoretischen Ideen des SPÖ-Vorsitzenden und Bundeskanzlers konzentrierten sich zunehmend auf die Umsetzung der »sozialen Demokratie«. Kreisky selbst bezeichnete sich als »Zentrist« und »Aufklärer« im positiven Sinn. Trotzdem blieb die SPÖ bei dem grundsätzlichen Streben nach einer »klassenlosen Gesellschaft«, um zumindest ein theoretisches Korrektiv gegen neue klassenartige Entwicklungen im Sozialstaat zu haben. Kreiskys politisches Ziel war es jedoch keineswegs, aus der SPÖ langfristig eine »linke Partei der Mitte« zu machen, obwohl er 1972 auf dem Villacher Parteitag durchaus signalisierte, dass »es viele gibt, die mit uns ein großes Stück des Weges gemeinsam gehen wollen, ohne dass sie sich vorerst deshalb zur Gänze unseren Zielvorstellungen zu verschreiben wünschen«.[22] Insbesondere im Zuge der innerparteilichen Debatte um das neue Parteiprogramm 1978 versuchte die SPÖ wieder bewusster, neue/ alte gesellschaftspolitische Visionen festzuschreiben – nicht nur um die »Linke« in der Partei zu beschäftigen, sondern um dem Machtmissbrauch und der Sättigung der Regierenden entgegenzuwirken.

Die österreichische Innenpolitik Ende der 1970er- und Anfang der 1980er-Jahre wurde zunehmend von Affären dominiert (z. B. AKH-Skandal), in die sozialistische Manager und Politiker verwickelt waren. Die Auseinandersetzung zwischen Kreisky und dem Vizekanzler, Finanzminister und langjährigen präsumptiven Nachfolger Androsch, ausgelöst durch dessen private geschäftliche Expansion, steht paradigmatisch für Kreiskys Scheitern in dem Bestreben, in allen gesellschaftlichen Bereichen – und insbesondere in der SPÖ – einen permanenten Reformprozess mit hohen moralischen Werten als Korrektiv zu implantieren. Letztlich wurden Androsch höchstgerichtlich Steuerhinterziehungen nachgewiesen.

Der realpolitische Kern der Konfrontation Kreisky-Androsch ging aber bereits auf das Jahr 1974 zurück, als sowohl Androsch als auch

---

22 Sozialistische Partei Österreichs (Hg.), Dr. Bruno Kreisky, Vom Heute ins Morgen. Rede vor dem Villacher Parteitag 1972, Wien 1972, S. 8.

der Wiener Bürgermeister Leopold Gratz das Ableben des Bundespräsidenten Franz Jonas dazu nutzen wollten, Kreisky in die Bundespräsidentschaftskandidatur abzuschieben.[23] Gleichzeitig sollten vorgezogene Wahlen 1974 die Weichen für eine etwaige Kleine Koalition mit der FPÖ unter Friedrich Peter stellen, falls die absolute Mehrheit verloren gehen würde. Androsch sollte Bundeskanzler werden und Gratz den Parteivorsitz übernehmen – an eine neuerliche absolute Mehrheit glaubten viele in der SPÖ-Parteispitze bereits 1974 nicht mehr.

Nachhaltige Änderungen konnten in der Universitäts- und Wissenschaftspolitik erzielt werden. Bereits von der sozialistischen Minderheitsregierung wurde ein neues Bundesministerium für Wissenschaft und Forschung unter der Leitung von Hertha Firnberg gegründet und damit erstmals in der jüngeren Geschichte der Universitäten die klassische Nabelschnur zur Unterrichtsverwaltung gekappt.[24] Binnen kurzer Zeit wurde von einer Sechserarbeitsgruppe der Entwurf für ein Universitätsorganisationsgesetz (UOG) ausgearbeitet, der ab 1971 zur Diskussion stand. Das UOG selbst wurde erst am 11. April 1975 vom Nationalrat beschlossen und sollte vor allem eine Öffnung und Demokratisierung der Universitäten garantieren. Besonders heftig diskutiert wurde die Drittelparität zwischen Universitätsprofessoren, »Mittelbau« und Studierenden, die die Demokratie in die Entscheidungsprozesse der Universität – bis hin zu Berufungs- und Habilitationsverfahren – bringen und für mehr Objektivität sorgen sollte. Die gesellschaftliche Brisanz des UOGs zeigt sich auch daran, dass es zu den am längsten beratenen Gesetzen in der Zweiten Republik gehört.[25]

---

23 Barbara Liegl/Anton Pelinka, Chronos und Ödipus: der Kreisky-Androsch-Konflikt, Wien 2004, S. 15.
24 Wolf Frühauf, Über die Gründung des Ministeriums für Wissenschaft und Forschung, in: Ders. (Hg.), Wissenschaft und Weltbild. FS für Hertha Firnberg, Wien 1975, S. 235-260.
25 Raoul F. Kneucker, Das Universitäts-Organisationsgesetz 1975: Die gesetzgebenden Kräfte, in: Österreichische Zeitschrift für Politikwissenschaft 9 (1980), S. 262.

Gleichzeitig wurde durch Begleitmaßnahmen wie die Abschaffung der Hochschultaxen und die Etablierung neuer Universitäten in Linz und Klagenfurt eine Erweiterung der Zugangsmöglichkeit aus allen Schichten der Gesellschaft angestrebt. Ebenso wie im Bereich Justiz wurde auch hier ein Nachholverfahren in Gang gesetzt – begleitet von punktuell langfristigen Reformbestrebungen, die durchaus noch in der Gegenwart spürbar sind.

Die kontroverseste Reform betraf, wie bereits erwähnt, den § 144 – den »Abtreibungsparagraphen«. Von der ÖVP wurde selbst die Scheidungsreform im Rahmen einer umfassenden Änderung des Familienrechtes bekämpft.[26] Aber auch hier arbeiteten gesellschaftliche Entwicklungen letztlich eher in Richtung der SPÖ und gegen die ÖVP-Linie. Noch 1951 hatte die ÖVP primär im Bereich des Familienrechts die Abschaffung der 1938 von den Nationalsozialisten in Österreich eingeführten obligatorischen Zivilehe verlangt. Die Argumentationslinien aus dieser Zeit – teilweise eine Art Vulgärbiologie, die versuchte, die Unterschiede im Familienrecht zwischen Mann und Frau zu rechtfertigen – sollten in den 1970er-Jahren wiederverwendet werden. An sich folgte die SPÖ hier bestimmten Traditionslinien aus der Monarchie (1901) und der Zwischenkriegszeit (Gleichstellung der Ehegatten, Rechtsstellung der ehelichen Kinder, vermögensrechtliche Beziehungen zwischen den Ehegatten). Im Familienrecht wurde kein einheitliches neues Gesetzbuch geschaffen, sondern es wurden Teilbereiche geändert: z. B. Gleichstellung unehelicher Kinder mit ehelichen Kindern, Neuregelung der Rechtsstellung des ehelichen Kindes (elterliche Rechte und Pflichten statt elterlicher Gewalt), Revision des Rechtsverhältnisses der Ehegatten zueinander.[27]

Insgesamt gesehen gehört der Bereich Justizreform im engeren Sinn sicherlich zu den für die Entwicklung der Zweiten Republik

---

26 Grundlegend zur Entwicklung des Familienrechts in Österreich Oskar Lehner, Familie – Recht – Politik. Die Entwicklung des österreichischen Familienrechts im 19. und 20. Jahrhundert, Wien 1987.
27 Christian Broda, Die österreichische Sozialdemokratie und die Familienrechtsreform, in: Frühauf (Hg.), Wissenschaft und Weltbild, S. 62.

prägendsten Reformwerken der 1970er-Jahre, die durchaus noch über Jahrzehnte hinaus wirksam geblieben sind. Broda und Kreisky waren bestrebt gewesen, im Parlament eine breite Mehrheit für die Reformvorhaben zu bekommen, was auch gelang, mit zwei Ausnahmen: der Neuregelung des Schwangerschaftsabbruches durch die Fristenlösung und der Scheidung gegen den Widerspruch des Ehepartners, wenn die häusliche Gemeinschaft schon mehrere Jahre aufgelöst war; bei letzterem stimmte immerhin die FPÖ zu.

Die Jahre ab 1970 beschleunigten langfristig gesehen den Trend in Richtung einer Verwestlichung der österreichischen politischen Kultur in dem Sinne, dass die politischen Lager ebenso einem Erosionsprozess unterworfen waren wie der parteipolitische Einfluss auf gesellschaftliche Entwicklungen. Aufgrund der Bildungs- und Ausbildungsexplosion wurden auch die Staatsbürger zunehmend demokratiebewusster und stellten sich bereits in einzelnen Fragen Regierungs- bzw. Oppositionsabsichten entgegen. Die Volksabstimmung gegen die Inbetriebnahme des fertig gebauten Atomkraftwerks Zwentendorf 1978 ist ein erstes Beispiel für das beginnende Aufbrechen der Lager- und Untertanenmentalitäten, obwohl dieser Prozess ansonsten erst Anfang der 1980er-Jahre wirklich spürbar wurde.

Bereits 1975 versuchte der damalige SPÖ-Klubobmann im Parlament Heinz Fischer, in einem Vortrag in Innsbruck die Frage »Die Ära Kreisky – eine Ära der Gesellschaftspolitik?« zu diskutieren. Er machte deutlich, »dass die Zeit sozialistischer Regierungstätigkeit in Österreich seit 1970 zweifellos eine besondere Reformperiode der Zweiten Republik gewesen sei. Sie brachte in vielen Bereichen Veränderungen und Innovationen, aber sie sprengte die Struktur der Gesellschaftsordnung nicht, und war auch ihrem eigenen Selbstverständnis nach eine Periode systemkonformer Reformtätigkeit und keine Periode radikaler Systemveränderung«.[28] Dazu gehörte, dass die österreichische Form der Sozialpartnerschaft, der stillen Aushandlung von Interessen und sozialen sowie ökonomisch relevanten Gesetzen zwischen einer kleinen Gruppe von Vertretern der Arbeit-

---

28 Heinz Fischer, Positionen und Perspektiven, Wien 1977, S. 93.

geber- und Arbeitnehmerverbände, ihre Hochblüte gerade in der Zeit der Alleinregierungen Kreiskys erreichte.

Die zitierte Aussage Fischers signalisierte den relativ breiten Konsens der 1970er-Jahre trotz teilweise heftiger Opposition gegen die oben skizzierten Reformen. Durch diesen Konsens wurden die inneren Verfallserscheinungen der sozialistisch-sozialdemokratischen Säule kaschiert, die umso heftiger in den 1980er-Jahren und vor allem dann Ende der 1990er-Jahre aufbrachen. Zwei prägende Elemente sind im öffentlichen Gedächtnis in Österreich über die Kreisky-Ära, also über die sozialistische Alleinregierung 1970–1983 präsent: internationale Anerkennung und Reputation für einen neutralen Kleinstaat und seinen außenpolitisch höchst aktiven Bundeskanzler sowie die »Schuldenpolitik«.

6 »Schuldenpolitik« neu betrachtet

Grundsätzlich muss darauf hingewiesen werden, dass es den Austrokeynesianismus als wirtschaftspolitische Strategie in den Vorbereitungen zum Wahlkampf 1970 nicht gab. Vor allem in den ersten Jahren nach 1970 wurden Transferleistungen (Schulfreifahrten, kostenlose Schulbücher, kostenlose Mutter-Kind-Untersuchungen, Heiratsbeihilfe) geschaffen, um die niedrigen Einkommen zu entlasten. Gleichzeitig wurden aber alle Einkommen dadurch erhöht, dass diese Maßnahmen nicht sozial gestaffelt waren – ein deutliches Signal des sozialpartnerschaftlichen Grundkonsenses, der in der Kreisky-Ära trotz absoluter Mehrheit der SPÖ im Parlament wirksam wurde. Der Nachteil dieses System ist, dass im Vergleich zu anderen Staaten mit einem ausgeprägten Wohlfahrtssystem die Einkommensunterschiede in Österreich relativ groß sind (und hier insbesondere Frauen betreffen, die nach wie vor keinen gleichen Lohn für gleiche Arbeit erhalten). Das schwedische Modell der hohen Steuerquoten wurde in diesem Bereich ausdrücklich nicht angestrebt; Kreisky fürchtete um seine absolute Mehrheit. Jene konservativen und unabhängigen Wähler, die primär ihn und nicht die SPÖ gewählt hatten, hätten in einem solchen Fall wohl nicht mehr für ihn gestimmt.

Bereits die letzte Große Koalition war ab 1962 mit einer Rezession in Österreich konfrontiert gewesen, die zu steigenden Budgetdefiziten, einer Benachteiligung österreichischer Exporte durch die Nichtteilnahme am ersten geschlossenen europäischen Markt der EWG, einer Krise der Verstaatlichten Industrie und zu Indizien für Probleme in der Vollbeschäftigungsstrategie geführt hatte. Dieser Rezession, die auch durch internationale Entwicklungen im Bereich der europäischen Integration beeinflusst worden war, versuchte der neue Finanzminister der ÖVP-Alleinregierung, Stephan Koren, 1967 entgegenzuwirken und konsolidierte den Staatshaushalt durch Ausgabenkürzungen und Steuererhöhungen. Die erzielten Überschüsse wurden zur Konjunkturbelebung verwendet. Profitiert davon hat letztlich die sozialistische Alleinregierung unter Kreisky.

Die Phase eins des Deficit Spending in der Regierung Kreisky II nach 1973 war eine wirtschaftspolitische Reaktion auf den ersten Erdölpreisschock 1973 und entsprach keineswegs sozialistischen Planungen. Die Rezession der Jahre 1973 bis 1975 beendete das Goldene Zeitalter des Wachstumsbooms in Europa und in den USA (so hatte Österreich in den 1960er-Jahren Wachstumsraten von fast 5 % erzielt, ab 1973 nur mehr 2,6 % pro Jahr). Der Begriff »Austro-Keynesianismus« für diese Politik wurde erst Ende der 1970er-Jahre von dem Ökonomen und Staatssekretär in der letzten Regierung Kreisky, Hans Seidel, ex post geprägt. Realpolitisch handelte es sich um eine 1973/74 entwickelte aktive Strategie, durch eine »Kombination von Nachfragemanagement, Einkommenspolitik und Hartwährungspolitik«[29] dem Angebotsschock der Erdölpreiserhöhungen entgegenzuwirken. Wirtschaftspolitisch war diese Vorgangsweise ein letzter – kurzfristig gesehen durchaus erfolgreicher – Versuch, die Möglichkeiten einer kleinen »Inselökonomie mit Außenwirtschaftsbeziehungen« (so Hans Seidel 1986) auszunutzen und gegen den weltwirtschaftlichen Strom

---

29 Hans Seidel, Small is beautiful. Österreichs Wirtschaft heute – morgen, in: Androsch/Haschek (Hg.), Austria. Geschichte und Gegenwart, Wien 1987, S. 158-184.

zu schwimmen, sozusagen unter den negativen Auswirkungen des ersten Erdölpreisschocks durchzutauchen. Zu Recht bezeichnete Androsch, der prägende Finanzminister dieser Phase, diese spezifische Wirtschaftspolitik als Policymix[30], der ihm zufolge auch als Austromonetarismus hätte bezeichnet werden können. Als Folge der Hartwährungspolitik wurde der Schilling an die Deutsche Mark gebunden. Trotzdem ist Austromonetarismus eine übertriebene Formulierung, auch wenn die Hartwährungspolitik ein wesentliches Stabilisierungselement blieb.[31]

Der »Policymix« zeigte im Bereich der Arbeitslosenraten deutliche Erfolge; während 1973 Österreich und OECD-Europa noch moderat unterschiedliche Ausgangsbedingungen hatten (1,2 % gegenüber 3,5 %), war 1979 die Differenz bereits größer geworden (2 % gegenüber 6,2 %), um 1983 endgültig einen markanten Strukturunterschied zu signalisieren (4,4 % gegenüber 10,4 %).[32] Immer wieder wurde klar, dass Kreisky selbst, aber auch eine Reihe seiner Minister und die Sozialpartner, diese Beschäftigungspriorität forcierten, auch um das gesamte demokratische Gefüge zu stabilisieren. Daran änderten auch manche Zwischenrufe der Privatwirtschaft und Privatindustrie nichts. Die negativen Erfahrungen mit der Massenarbeitslosigkeit der Zwischenkriegszeit hatten nach 1945 einen Grundkonsens geschaffen, den Kreisky selbst immer wieder betonte. Hier zeigt sich, dass ihn die positive Erfahrung in Schweden sehr geprägt hatte.

---

30 Hannes Androsch, Wirtschaft und Gesellschaft. Österreich 1945–2005, Wien 2005, S. 42.
31 Interessant ist, dass Androsch heute seine Meinungsunterschiede mit Kreisky in dieser Frage für den Bruch mit dem Kanzler verantwortlich macht. Dieser tendierte zu einer eher eigenständigen Strategie, phasenweise nicht jede Aufwertung der D-Mark mitzumachen und damit die Exportmöglichkeiten zu erhöhen. Richtig ist, dass Kreisky – auch motiviert von seinem privaten Freund Hans Igler, dem Präsidenten der Industriellenvereinigung – auf eine etwas weichere Währung gedrängt hat, um die Exportwirtschaft zu fördern.
32 Felix Butschek, Die österreichische Wirtschaft im 20. Jahrhundert, Wien 1985, S. 159 u. 210.

Ein zweiter Effekt des Deficit Spending, der jedoch bereits vor 1970 geplant war und Ideen von Koren fortsetzte, betraf die »Modernisierung« der österreichischen Wirtschaft. Symbolisiert wurde diese Strategie durch den SPÖ-Wahlslogan von 1970: »Österreich europareif machen«. Die 1970er-Jahre sind jene Periode in der österreichischen Volkswirtschaft, in der die meisten Infrastrukturmaßnahmen (Verkehrswege, Schulen, Krankenhäuser, Wohnanlagen) gesetzt wurden, auf denen sie noch heute aufbaut. Das traditionelle Technologiedefizit Österreichs hingegen und die extrem niedrige Forschungs- und Entwicklungsförderungsquote wurden nur in geringerem Ausmaß verkleinert.

Die ökonomischen Strukturen wurden in den 1970er-Jahren stabilisiert, aber nicht verbessert. Zwar versuchten – ausgehend von den Planungen der 1.400 Experten der SPÖ im Wahlkampf 1970 – Kreisky und sein Team, die Verstaatlichte Industrie durch Zusammenlegung von Kapazitäten im Bereich der Stahlindustrie und im Bergbau konkurrenzfähiger zu machen (ein Trend zur Konzentration, der sich damals in vielen europäischen Ländern zeigte), doch scheiterte dieses Konzept. In der Folge der internationalen Wirtschaftskrise und des zweiten Erdölpreisschocks ab 1979 war ein neuerliches »Durchtauchen« wie 1973/74 nicht mehr möglich. Sowohl Kreisky als auch sein neuer Finanzminister Herbert Salcher versuchten 1982 in einem Überraschungscoup, der Wählerschaft vor der Stimmabgabe reinen Wein einzuschenken: Ein Steuerpaket sollte die Budgetsanierung bewirken. Dieses Paket, das als Kern eine in Europa durchaus übliche Abgabe von den Kapitalerträgen, eine sogenannte Quellensteuer, enthielt, wurde im Feriendomizil des Kanzlers auf Mallorca ausgearbeitet. Damit war der Medienslogan »Mallorca-Paket« geboren. Die Quellensteuer wurde als »Sparbuchsteuer« zu einem Fokus von Angriffen der Boulevardpresse auf Kreisky, um dann zehn Jahre später doch noch eingeführt zu werden.

7 »Österreichische Außenpolitik ... eine nationale Politik im besten Sinne des Wortes«[33]

Für Bruno Kreisky war Außenpolitik ein Teil der österreichischen Identitätsfindung – durchaus auch vor dem Hintergrund der historischen Entwicklungen, jedoch in einem wesentlich größeren Zusammenhang (»Österreich das Ergebnis eines mehr als 2.000-jährigen Prozesses der Integration verschiedener großer europäischer Völkerschaften«). Sie sollte die »Außenpolitik des österreichischen Volkes sein« – unter bewusster Abgrenzung von Deutschland mit einer »selbstbewussten Außenpolitik, die in einer vernünftigen Relation zu seinen Möglichkeiten steht, die jedoch dem Land eine Reputation gibt, die über das Maß seiner tatsächlichen wirtschaftlichen und politischen Potenz hinausgeht«[34]. In diesem Sinne sollte die österreichische Neutralitätspolitik keineswegs zu sehr vom »Strom der Weltpolitik« abweichen, aber eine Politik in alternativen Szenarien entwickeln.

Aus diesem Grund engagierte sich Kreisky schon als Staatssekretär 1953–1958 und dann als Außenminister 1959–1966 sowie als Bundeskanzler nach 1970 in Entspannungsbemühungen, um einen möglichen Dritten Weltkrieg auf europäischem Boden zu verhindern. Abrüstungsinitiativen waren genauso wichtig wie die Konferenz für Sicherheit und Zusammenarbeit in Europa oder die österreichische Nachbarschaftspolitik mit kommunistischen Staaten. Besondere Bedeutung dieser auch österreichischen Sicherheitspolitik kam dabei der UNO zu. Aus diesem Grund wurde das Projekt der Klaus-Regierung, einen dritten Amtssitz der UNO in Wien zu bauen, gegen heftigen Widerstand und ein erfolgreiches Volksbegehren realisiert. Je mehr internationale Organisationen in Wien einen Sitz haben, umso geringer die Gefahr einer neuerlichen militärischen Konfrontation oder eines Einmarsches wie 1938, war das zugrunde liegende Motiv.

---

33 Stiftung Bruno Kreisky Archiv, Material Bundesministerium für Auswärtige Angelegenheiten, Kopien Material Martin Fuchs, Protokoll der Abteilungsleitersitzung auf Schloss Wartenstein, 6. Juli 1961, S. 17.
34 Ebd.

Sowohl der Nord-Süd-Konflikt als auch der Konflikt zwischen Israel, den Palästinensern und seinen arabischen Nachbarn hatten – wie sich in den Erdölkrisen der 1970er-Jahre bewahrheiten sollte – durchaus direkte Auswirkungen auf Europa und Österreich. In diesem Sinne erweiterte Kreisky das aus Ost-West-Fragen reduzierte neutralitätspolitische Konzept um zwei globale Themen, die aber ebenfalls Sicherheitsrelevanz hatten.

Vergeblich versuchte Kreisky, nahostpolitische Initiativen bereits Ende der 1960er-Jahre mit dem Projekt einer europäischen Entspannungskonferenz zu verknüpfen. Wesentlich erfolgreicher war er aber in der Folge bei dem Versuch, westeuropäische Interessen an den Rechten und Problemen der Palästinenser, repräsentiert durch die PLO, zu wecken, als die Erdölpreiskrisen 1973/74 und 1979 auch Westeuropa die Abhängigkeit vom arabischen Raum vor Augen führten. Hier konnte Kreisky seine frühen Initiativen Ende der 1970er- und in den frühen 1980er-Jahren weiterentwickeln. Seit einer ausgedehnten Gesprächstour durch alle direkt am Konflikt beteiligten arabischen Staaten und Israel 1974/75 im Rahmen der Sozialistischen Internationale blieb Kreisky als fixer und für manche höchst unbequemer politischer Beobachter und Kommentator aktiv. Zwar gelang es ihm, seiner Überzeugung, dass Ägypten unter Präsident Sadat zu Friedensgesprächen bereit sei, entsprechendes Gehör zu verschaffen und auch an einer Annäherung Sadat/Nixon mitzuwirken. Seine zentrale politische Botschaft blieb aber ungehört: Schon bei dem ersten Kontakt mit Sadat hatte ihm dieser ein Gespräch mit dem Vorsitzenden der PLO Arafat vermittelt, aus dem mit Unterbrechungen ein jahrzehntelanger enger politischer Kommunikationskanal entstand. Seit 1974/75 war Kreisky klar geworden, dass nicht Ägypten, Jordanien oder Syrien, sondern dass die Lösung des Palästinenserflüchtlingsproblems der zentrale Bereich einer friedlichen Nahostlösung ist.[35]

---

35 Vgl. dazu im Detail Oliver Rathkolb, Die Beziehungen Österreich–Israel in der Ära Kreisky (1970–1983), in: Eva Grabherr (Hg.), Das Dreieck im Sand. 50 Jahre Staat Israel, Wien 1997, S. 189-198.

Aus diesem Grund kritisierte Kreisky offen das Camp-David-Abkommen zwischen Ägypten und Israel unter der Schirmherrschaft der USA, weil die Palästinenser-Frage ausgeklammert blieb. Im März 1980 setzte er einen entscheidenden Schritt zur Anerkennung der PLO durch die Republik Österreich als erster westlicher Staat, eine damals gewagte und außenpolitisch umstrittene Maßnahme, die aber sehr rasch von anderen westeuropäischen Staaten nachgeahmt wurde. In diesem Sinne agierte Kreisky durchaus als Wegbereiter auch für die Europäische Wirtschaftsgemeinschaft, die nach den Erdölpreiskrisen zunehmend begann, sich für diesen Raum zu interessieren. Der damalige Kommissionspräsident Gaston Thorn suchte ebenso seinen Rat wie viele andere Staatsmänner Europas. Die Kontakte nach Israel hingegen blieben nur zu den Friedensaktivisten um Peace Now und Uri Avnery bestehen; sogar Simon Peres hatte in einem offenen Brief 1980 nach der Anerkennung der PLO alle Brücken mit Kreisky abgebrochen, um dann aber selbst in den späten 1990er-Jahren die Richtigkeit dieses Weges zu erkennen und dafür den Friedensnobelpreis zu erhalten. Kreiskys Linie – Frieden durch Integration der PLO um Arafat – schien auch später führenden Aktivisten in der Oslo-Lösung zu utopisch. In der Nahost-Frage ist sicherlich dem prominenten US-Kolumnisten James Reston zuzustimmen: »Washington listened to the old man's faith, but wasn't really convinced«; der alte weise Mann Kreisky war 1983 seiner Zeit weit voraus.[36]

Zunehmend negativ kommentiert wurde Kreiskys Neutralitätspolitik in den 1980er-Jahren, seitdem die USA nach der Intervention der UdSSR in Afghanistan und vor allem in der Reagan-Administration mit der US-Hochrüstung im illusionären »Star War«-Programm eine härtere Gangart im Kalten Krieg eingelegt hatten. Diese engte zunehmend den Handlungsspielraum von Neutralen wie Österreich ein.

---

36 James Reston, An Old Man's Faith, in: New York Times, 6.2.1983 und Oliver Rathkolb, Bruno Kreisky's Perception of the United States, in: David F. Good/ Ruth Wodak (Hg.), From World War to Waldheim. Culture and Politics in Austria and the United States, New York 1999, S. 37-50.

Plötzlich entstand Anfang der 1980er-Jahre auch ein Bild des Antiamerikaners Kreisky, der den libyschen Revolutionsführer al-Gaddafi zum Ärger der Reagan-Administration als Staatsgast empfing und auch die NATO-Nachrüstung heftig kritisierte. In der Debatte um die Kriegsvergangenheit Kurt Waldheims wurde von gegnerischer Seite konsequenterweise argumentiert, dass daher Kreiskys häufige negative Kritik an den USA seit den späten 1970er-Jahren den »Boden« an der amerikanischen »Ostküste« bereitet habe, auf dem sich die »Waldheim-Kampagne« entwickelte. Ein Studium der Unterlagen in den Presidential Libraries von Carter und Reagan dokumentiert in Verbindung mit anderen Dokumenten die Haltlosigkeit dieser These: Mediale Konfrontationen dieser Art hatten keinerlei Einfluss auf die Waldheim-Debatte, da sie keine langfristigen Imageprobleme – wohl aber Kontroversen – mit sich gebracht hatten. Eher ist es richtig festzuhalten, dass das Konzept der Neutralität an sich im Zuge der neuen Konfrontationen zwischen den USA und der UdSSR in den 1980er-Jahren zunehmend von westlicher Seite kritisiert wurde.

8 Das internationale Netzwerk Brandt – Palme – Kreisky[37]

Dieses bestand im Kern aus den drei sozialdemokratischen Politikern und ihren Aktivitäten sowohl im Rahmen der Sozialistischen Internationale (SI) als auch in der internationalen Öffentlichkeit: Willy Brandt, Kanzler der Bundesrepublik Deutschland 1969–1974 und SI-Präsident 1976–1992[38], Bruno Kreisky, österreichischer Bundeskanzler 1970–1983, und Olof Palme[39], schwedischer Premierminister 1969–1976 und 1982–1986. Im Rahmen bisheriger Studien wurde nur

---

37 Vgl. dazu v. a. B. Vivekanandan, Global Visions of Olof Palme, Bruno Kreisky and Willy Brandt, Cham 2016.
38 Zur Biografie Brandts siehe den Beitrag von Einhart Lorenz in diesem Band und die dort verzeichnete Literatur.
39 Hennrik Berggren, Olof Palme, München 2010.

auf die Existenz und Bedeutung dieses »Männerdreiecks«[40] im SI-Kontext hingewiesen, aber selbst in biografischen Einzelstudien[41] blieb deren Beziehungsgeflecht unerforscht. Es gab auch enge persönliche Beziehungen dieser drei mit anderen hochrangigen SI-Mitgliedern. So hat Brandt betont, dass ihm François Mitterrand so nahe stand wie Kreisky und Palme.[42] Die gegenseitige Wertschätzung und politische Nähe war jedoch nur bei diesen drei Politikern untereinander so stark ausgeprägt. Sie selbst haben bereits früh mit einer Publikation[43] versucht, ihre engen Kontakte als Markenzeichen mit großer symbolischer Wirkung nach außen zu porträtieren. Für sie stellte die SI ein transnationales institutionalisiertes Netzwerk sozialdemokratischer und sozialistischer Parteien und Bewegungen dar, deren Tradition bis zur Gründung der Zweiten Internationale in Paris 1889 zurückreichte. Die Funktionen dieses Netzwerkes machten sich in der Nahostpolitik geltend.[44]

Inzwischen ist auch dokumentiert, dass das SI-Netzwerk von der norwegischen Arbeiterpartei intensiv genutzt wurde, die ursprünglich nur sehr enge Beziehungen zu Israel hatte. Die sozialdemokratische Politikerin und mehrfache Ministerpräsidentin Gro Harlem Brundtland traf Arafat und diskutierte mit ihm ebenfalls die Option eines direkten palästinensisch-israelischen geheimen Gesprächsfo-

---

40 Z. B. Donald Sasson, One Hundred Years of Socialism. The West European Left in the Twentieth Century, New York 1996, S. 470; Karl-Ludwig Günsche/Klaus Lantermann, Kleine Geschichte der Sozialistischen Internationale, Bonn 1977, S. 143.
41 Vgl. dazu die kommentierte englische Fassung der gekürzten Kreisky-Memoiren: Matthew Paul Berg u. a. (Hg.), The Struggle for a Democratic Austria, New York 2000, S. 218 u. 435.
42 Ulrich Lappenküper, Willy Brandt, Frankreich und die Ost-West-Beziehungen (1974–1990), in: Horst Möller/Maurice Vaïsse (Hg.), Willy Brandt und Frankreich, München 2005, S. 239.
43 Willy Brandt/Bruno Kreisky/Olof Palme, Briefe und Gespräche 1972 bis 1975, Frankfurt a. M. 1975.
44 Oliver Rathkolb, Sozialdemokratische Netzwerke in der europäischen Nahostpolitik – Brandt, Kreisky und Palme als politische Unternehmer, in: Michael Gehler u. a. (Hg.), Netzwerke im europäischen Mehrebenensystem. Von 1945 bis zur Gegenwart, Wien 2008, S. 121-137.

rums.⁴⁵ Nachdem 1986 die Arbeiterpartei in Norwegen wieder Regierungsverantwortung übernommen hatte, signalisierte Außenminister Thorvald Stoltenberg eine auch propalästinensische Haltung. Aber erst zwischen dem 20. und 22. Januar 1993 war dieser neue Kontakt erfolgreich, und die Geheimgespräche in Oslo konnten beginnen.

Ohne die intensive Kommunikationsarbeit von Kreisky, Brandt und Palme hätte die SI nicht ein Forum entwickelt, das die PLO als Gesprächspartner akzeptabel machte und sogar eine der am stärksten proisraelisch eingestellten sozialdemokratischen Parteien, jene von Norwegen, als idealen Moderator der Oslo-Gespräche aufbaute. Ohne die intensive Arbeit der drei politischen Akteure Brandt, Kreisky und Palme wäre wohl auch die PLO im EG-Rahmen nicht als Faktor so früh mitgedacht worden, selbst wenn eine Anerkennung der PLO von den meisten EG-Staaten noch ausgeschlossen wurde. Sogar die Bundesrepublik Deutschland, der zweitgrößte Handelspartner Israels und aufgrund der Holocaust-Vergangenheit besonders eng an Israel gebunden, unterhielt bereits 1974 Geheimkontakte mit einzelnen PLO-Vertretern im Libanon. Aber erst nach den offiziellen Gesprächen Kreiskys, Brandts und Arafats 1979 wurde der informelle PLO-Vertreter in Bonn, Abdallah Frangi, öffentlich positiver wahrgenommen.⁴⁶ Die ersten de facto diplomatischen Anerkennungen, d. h. die Eröffnung von offiziellen PLO-Büros, gingen aber von Spanien (1977) und Portugal (1978) aus⁴⁷; Österreich folgte im März 1980 vor Frankreich, Italien und Griechenland. In Spanien wurde Arafat aber erst empfangen, nachdem er in Wien mit Kreisky und Brandt zusammengetroffen war. Auch hier zeigt sich die Vorreiterrolle des SI-Netzwerkes.

Dass die Erklärung von Venedig nicht noch stärker zugunsten der PLO ausfiel, hing auch damit zusammen, dass Margaret Thatcher

---

45 Oliver P. Richmond/Henry F. Carey, Subcontracting peace: the challenges of the NGO peacebuilding, Aldershot 2005, S. 76.
46 http://www.zeit.de/1979/36/Arafats-Mann-in-Bonn (abgerufen am 10.3.2008).
47 David Allen/Alfred Pjipers (Hg.), European foreign policy-making and the Arab-Israeli conflict, Den Haag 1984, S. 236.

propalästinensische Politik mit SI-Politik gleichsetzte und daher nicht zustimmen wollte. Gleichzeitig lehnte sie sich stärker an die Linie der frühen Reagan-Administration an, sozusagen als verlängerter Arm der USA in der EG. Auf bilateraler Ebene strebte sie eine Verbesserung der Beziehungen zu Israel an und wollte die historische Last aus der britischen Mandatszeit beseitigen. Auch der deutsche Bundeskanzler Kohl (CDU) zeigte eher Zurückhaltung in der Nahostpolitik. Darin liegt aber auch eine Schwäche dieses sozialdemokratischen Netzwerks in den 1980er-Jahren: In Europa wurden für die Nahostaktivitäten keine konservativen Spitzenpolitiker integriert, während diese jedoch erneut zahlreiche EG-Staaten regierten.

9 Epilog

Anlässlich des 100. Geburtstags von Bruno Kreisky 2011 überschlugen sich Medien aller Art in Auseinandersetzungen mit dem »Mythos« Kreisky, wobei das gesellschaftliche Umfeld dieses offensichtlich außergewöhnlichen Politikers meist ausgeklammert bleibt. Selbst 27 Jahre nach seinem Rücktritt als Bundeskanzler hielten wie erwähnt 59 % der Österreicher ihn für den besten Regierungschef der Zweiten Republik, obwohl die Jungen bis 30 Jahre mit Kreisky inzwischen häufig eher die 2005 gegründete Musikband, die seinen Namen trägt, assoziieren.

Bruno Kreisky selbst war sich wohl bewusst, dass er in vielen gesellschaftlichen Bereichen nur Anstöße geben konnte; in manchen hatte er tiefe Spuren hinterlassen – so in der Außenpolitik oder, vor allem geprägt durch starke Persönlichkeiten als Minister, in der Justizpolitik durch Christian Broda und in der Universitäts-, Forschungs- und Wissenschaftspolitik durch Hertha Firnberg, oder in der Infrastrukturpolitik mit Finanzminister Hannes Androsch sowie in der Sozialpartnerschaft mit Handels- und Industrieminister Josef Staribacher. In der Frauenpolitik gelang es ihm, erste Anstöße zu setzen, die dann Akteurinnen um Johanna Dohnal, die er zur Staatssekretärin bestellt hatte, fortsetzen und ausbauen konnten.

Die konkrete Transformation der Verstaatlichten Industrie konnten erst sein Nach-Nachfolger Franz Vranitzky und sein ehemaliger Kabinettschef Ferdinand Lacina als Finanzminister initiieren. Und die »Schulfrage« beschäftigt trotz der Gratisschulbücher und freien Schulfahrt bis heute als großkoalitionäres Streitthema die Politik.

Es ist kein Zufall, dass die »Unvollendete« von Franz Schubert zu Kreiskys Lieblingswerken gehörte und er unter Hinweis darauf 1983 resümierte, »dass wir den Mut haben, uns immer wieder selber in Frage zu stellen und zur Kenntnis nehmen, dass eben alles, was wir beginnen, unvollendet bleibt. Aber es müssten eben andere erneut versuchen«.[48]

---

48 Bruno Kreisky, Politik braucht Visionen: Aufsätze, Reden und Interviews zu aktuellen, weltpolitischen Fragen, Königstein i. Ts. 1982, S. 97.

Hartmut Soell

Helmut Schmidt (1918–2015): Kanzler der internationalen sicherheits- und wirtschaftspolitischen Herausforderungen

Helmut Schmidt wurde am 23. Dezember 1918 in Hamburg geboren.[1] Er gehörte also noch knapp einer Generation an, über die es in der chauvinistisch aufgeheizten Atmosphäre der 1920er-Jahre hieß: »Geboren im Krieg, für den (nächsten) Krieg«. Seine Eltern entstammten halb proletarischen, halb kleinbürgerlichen Verhältnissen, die für das schnell wachsende Hamburg im ausgehenden 19. und frühen 20. Jahrhundert typisch waren. Der Vater hatte es durch Intelligenz und enormen Fleiß vom Volksschüler bis zum Studienrat und Leiter einer Handelsschule gebracht. Disziplin und

---

1   Nur Zitate und besondere Details aus anderer Quelle werden nachfolgend belegt, die Informationen und Beurteilungen basieren auf den eigenen Publikationen: Hartmut Soell, Helmut Schmidt. Vernunft und Leidenschaft 1918–1969, München 2003, und ders., Helmut Schmidt. Macht und Verantwortung, München 2008, sowie ferner auch Gunter Hofmann, Helmut Schmidt. Soldat, Kanzler, Ikone, München ²2016; Thomas Karlauf, Helmut Schmidt. Die späten Jahre, München 2016; Theo Sommer, Unser Schmidt. Der Staatsmann und der Publizist, München 2011; Kristina Spohr, Helmut Schmidt. Der Weltkanzler, Stuttgart 2016.

Leistung waren auch die Normen, mit denen der junge Helmut Schmidt aufwuchs. 1933 erfuhr er von seiner Mutter, dass der Großvater mütterlicherseits jüdischer Herkunft war – ein angesichts der Zeitumstände die Psyche in der Tiefe veränderndes Faktum. Der jugendliche Hang zum Aufbegehren wurde so gedämpft, Umsicht, ja Vorsicht musste oft dort vorwalten, wo Temperament und Intelligenz nach offener Kritik an Diktatur und Krieg verlangten.

Mit viel Glück kam er so durch Wehrdienst, Krieg und britische Gefangenschaft. Weithin ist vergessen, dass Schmidt einer Generation angehörte, die mit Fug und Recht als »zornige Generation« hätte auftreten können. Ihren Zorn konnten sie aber nicht ausleben, weil angesichts der – einer Mehrheit der Deutschen – erst nach dem Krieg in Ausmaß und Tiefe bekannt gewordenen Barbareien des NS-Regimes ihr Land über Nacht das Antlitz eines Monsters trug, das jeden Zornesschrei verstummen ließ. Denn ihr Patriotismus und ihr Pflichtbewusstsein war vom Regime zur Eroberung jenes »Lebensraums im Osten« missbraucht worden, den es für Juden, Polen, Russen und andere Völker zum Todesraum werden ließ. Das prägte ihn und trieb ihn auch Jahrzehnte später immer wieder um.

1 Politischer Weg 1953–1974: Bundestagsabgeordneter, Senator, Fraktionsvorsitzender, Minister

Nach dem Studium der Volkswirtschaft war Schmidt vier Jahre in der Hamburger Behörde für Wirtschaft und Verkehr tätig – zunächst als Referent Karl Schillers, später als Abteilungsleiter und Präsident des Amtes für Verkehr. Von 1953 bis 1961 war er Abgeordneter eines Hamburger Wahlkreises im Bundestag und arbeitete dort auf den Feldern der Wirtschafts- und Verkehrspolitik, später immer stärker auch auf denen der Verteidigungs- und Sicherheitspolitik mit. Von 1961 bis 1965 diente er seiner Vaterstadt als Innensenator. Durch sein tatkräftiges Eingreifen während der Flutkatastrophe im Februar 1962 wurde er zu einer national bekannten Persönlichkeit, um den sich fortan immer dann Meldungen rankten, wenn es um die Besetzung von Spitzenpositionen in Hamburg oder Bonn ging. Nach der Bundestagswahl 1965 gab er dem Druck der SPD-Führung nach, kehrte nach Bonn zurück und wurde dort zunächst stellvertretender Fraktionsvorsitzender. Nach dem frühen Tod von Fritz Erler im Februar 1967 wählte ihn die Fraktion zu dessen Nachfolger. Ein Jahr später wurde er auch – wiederum in der Nachfolge Erlers – zum stellvertretenden Parteivorsitzenden gewählt. In diesen beiden Rollen hatte Schmidt – gemeinsam mit dem CDU/CSU-Fraktionsvorsitzenden Barzel – nachhaltig Einfluss auf die Politik der seit Dezember 1966 in Bonn regierenden Großen Koalition genommen. Die Art und Weise, wie er die SPD-Fraktion durch die Klippen der Großen Koalition steuerte und dabei Impulse aus den Parteigliederungen aufnahm, begründete seinen Einfluss auf dieses für die Tagespolitik entscheidende Gremium, der ihm auch als Minister und Kanzler zugutekam.

Die vielfältigen Gestaltungschancen, die ihm das Amt des Fraktionsvorsitzenden boten, hatten ihn im Oktober 1969 zögern lassen, das Amt des Verteidigungsministers in der neuen sozialliberalen Koalition zu übernehmen, obwohl er für diese Rolle vorbereitet war wie kaum ein anderer Politiker. Tatsächlich ist es ihm seit Oktober 1969 als Verteidigungsminister gelungen, einen erheblichen Teil seines fünf Jahre zuvor schon für die SPD entworfenen Reformprogramms für die Bundeswehr zu verwirklichen – und das in einem Meinungsklima innerhalb der SPD und in weiten Teilen der Öffentlichkeit, das angesichts der ersten Erfolge der Entspannungspolitik gegenüber den östlichen Nachbarn die Notwendigkeit eigener Verteidigungsanstrengungen in Zweifel zu ziehen begann. Die Gründung von Hochschulen für die Bundeswehr gehörte gewiss zu den folgenreichsten dieser Reformen.

Von außen- und sicherheitspolitisch großer Bedeutung war die Bemühung, den Primat der Politik, d. h. ein deutsches Veto – eine Forderung, die er seit 1965 erhoben hatte – bei der Planung und beim Einsatz sogenannter »taktischer« Atomwaffen durchzusetzen. Das gelang ihm zunächst bei den »Atomminen«, später auch bei allen

»taktischen« Atomwaffen, die von deutschem Boden eingesetzt werden sollten oder auf deutsche Ziele gerichtet waren. Als Verteidigungsminister unterstützte er die von Brandt, Bahr und Scheel vereinbarten Verträge mit dem Osten öffentlich und sicherte sie dadurch als eine Art Brandmauer gegenüber dem im Inneren wie im westlichen Ausland immer wieder aufkeimenden Misstrauen hinsichtlich eines zu weit gehenden Einverständnisses der sozialliberalen Bundesregierung mit Moskau und Ostberlin in erheblichem Umfang ab.

Hohe Erwartungen auf innere Reformen und sparsame Haushaltsführung stießen sich schon in den ersten Jahren der sozialliberalen Regierung hart im Raum. Hinzu kam seit August 1971 wegen der Freigabe des Dollarkurses durch den amerikanischen Präsidenten Nixon eine Serie von Spekulationswellen an den Devisenbörsen. Durch diese inneren wie äußeren Faktoren waren 1971/72 zwei Finanzminister – Alex Möller und Karl Schiller – zerrieben worden. So wurde Schmidt im Sommer 1972 als Schillers Nachfolger der wichtigste Nothelfer Brandts auf diesem zentralen Feld der Politik. Die Probleme, die Schmidt seit Herbst 1972 zu lösen hatte, kamen zunächst von außen. Zur Dollarschwäche, dem dadurch periodisch ausgelösten Aufwertungsdruck auf die DM sowie, damit verbunden, Zahlungsbilanzkrisen schwächerer EWG-Partner, die die Gefahr des Zerfalls der EWG enthielten, gesellten sich seit Herbst 1973 die Preiserhöhungswellen des Kartells der Öl produzierenden Staaten (OPEC) hinzu. Die außenwirtschaftliche Stärke der Bundesrepublik hat Schmidt in diesen Jahren kooperativ genutzt.

Dabei half ihm der Aufbau eines internationalen Netzwerkes der Finanzminister der wichtigsten Industriestaaten: des Franzosen Giscard d'Estaing, des Amerikaners George Shultz, des Briten Chris Barber und des Japaners Fukuda. Dieses Quintett – eine Vorform der späteren G 7 – traf sich zum ersten Mal im März 1973 in der Bibliothek des Weißen Hauses. In den Wochen zuvor, in denen das System vom Bretton Woods endgültig zu Grabe getragen wurde, stieß Schmidts Bestreben, einen deutschen Alleingang unter fast allen Umständen zu vermeiden, auf heftige Kritik der Opposition im Bundestag wie im Gros der Medien. Der *Spiegel* nannte ihn einen

»glücklosen Spekulantenjäger«.[2] Kurz darauf, nachdem er in dieser Fünfergruppe, der Library-Group, erreicht hatte, dass die USA den Dollar um zehn Prozent abwerteten, wurde er vom gleichen Blatt zum »eisernen Schatzkanzler« ausgerufen, der »selbst Nixon in die Knie« gezwungen habe.[3]

Drastische Wechselbäder in der Zustimmung oder Ablehnung der Bonner Politik durch die öffentliche Meinung in Europa wie im Inland verrieten die Sorgen über das Ausmaß der durch die Währungs- und Finanzkrisen heraufbeschworenen wirtschaftlichen Verwerfungen. Die erwähnte Gruppe der fünf Finanzminister erlaubte zwar flexibles Management von Währungskrisen; sie war aber nicht in der Lage, den von den arabischen Mitgliedsländern der OPEC während des Jom-Kippur-Kriegs im Oktober 1973 – den Ägypten und Syrien gegen Israel begonnen hatten – ausgelösten Lieferboykott gegen die USA und europäische Länder wie die Niederlande, die den USA bei der Unterstützung Israels geholfen hatten, zu konterkarieren.

Die Europäische Gemeinschaft war wieder einmal dabei, auseinanderzufallen. Schmidt wurde von dem politisch motivierten Ölpreisschock nicht völlig unvorbereitet getroffen. Die durch die Dollarkrisen bereits zuvor ausgelöste schrittweise Verteuerung des Öls hatte ihn schon im Sommer 1972 dazu veranlasst, ein Energieprogramm zu initiieren, das dann im September 1973 von der Bundesregierung verabschiedet wurde. In der deutschen Gesellschaft waren die von der Ölpreiskrise ausgehenden Signale trotz der von der Bundesregierung Ende 1973 verordneten autofreien Sonntage nicht richtig angekommen. Die Gewerkschaft des Öffentlichen Dienstes (ÖTV) setzte die von ihr geforderte zweistellige Erhöhung der Löhne und Einkommen durch. Brandt hatte sich dagegen zu wehren versucht. Vergeblich – weil Länder und Kommunen einknickten. Diese Niederlage trug wohl sogar mehr zum Rückzugs Brandts aus dem Kanzleramt bei als die Affäre um den DDR-Spion Guillaume einige Monate später.

---

2   Der Spiegel Nr. 7 v. 12.2.1973.
3   Der Spiegel Nr. 8 v. 19.2.1973.

2 Bundeskanzler 1974–1982 mit sicherheitspolitischer und weltwirtschaftlicher Kompetenz

Das *Amt* des Kanzlers kam für Schmidt überraschend, die damit verbundenen Aufgaben aber keineswegs. Wie keinem anderen Kanzler zuvor waren ihm durch die vielfältigen Rollen und Funktionen, die er innerhalb von zwei Jahrzehnten ausgeübt hatte, die wichtigsten Gebiete der Politik vertraut. Das verschaffte ihm Vorteile nicht nur beim Start. In den ersten Jahren seiner Kanzlerzeit kam ihm dreierlei zugute: Erstens gab es in der Koalition und in seiner Partei niemand, der ihn in seiner nationalen und internationalen Rolle hätte ersetzen können. Zweitens hielten ihm in diesen Jahren Brandt in der Partei und Wehner in der SPD-Bundestagsfraktion den Rücken weitgehend frei. Drittens traf er in der Person des Ende Mai 1974 – also knapp zwei Wochen nach seiner Wahl zum Kanzler – gewählten französischen Präsidenten Valéry Giscard d'Estaing auf einen Partner und Freund, mit dem sich in dieser skizzierten komplexen Lage, in der Schmidt als Kanzler angetreten war, Politik in und für Europa gemeinsam gestalten ließ. Einstmals als »Anglophiler« aufgewachsen, machte ihn nun das wachsende Einvernehmen zwischen Bonn und Paris – wie er 1979 dem *Economist* bekannte – zum »Frankophilen«.[4]

Dem französischen Präsidenten überließ er meist die Urheberschaft an Lösungsvorschlägen, die das Vakuum füllten, das sowohl durch das Ende des dollargestützten Weltwährungssystems wie durch die Schwächung der führenden Position der USA im westlichen Bündnis infolge des Vietnam-Debakels, ferner den durch die Watergate-Affäre erzwungenen Rücktritt Nixons entstanden war. Schmidt trat deshalb nachhaltig für den von Giscard d'Estaing und ihm vorgeschlagenen Gipfel der großen Industriestaaten ein, der im Herbst 1975 zum ersten Mal im Schloss Rambouillet bei Paris und von da an jährlich stattfand. Er war es, der den amerikanischen Präsidenten Ford zur Teilnahme überredete.

---

4 The Economist Nr. 7100 v. 29.9.1979.

Die Devisenmärkte ließen sich durch die Koordinierungsbemühungen der später so genannten G-7-Staaten allerdings kaum beeinflussen. Deshalb wurde durch eine gemeinsame Initiative von Paris und Bonn 1978/79 das Europäische Währungssystem (EWS) geschaffen. Obwohl in den folgenden Jahren immer wieder Kursanpassungen der beteiligten Währungen notwendig wurden, bildete das EWS ein Stück europäischer Selbstbestimmung und Konvergenz der Wirtschafts- und Finanzpolitik der beteiligten Länder auf einem wichtigen Felde und in einer Zeit aus, in der die Versuchung zu nationalen Alleingängen – meist auf Kosten der Nachbarn – wieder überhand zu nehmen drohte.

Komplexer und dadurch vom Misserfolg ungleich stärker bedroht als in der Wirtschaftspolitik, in der die Bundesrepublik als *économie dominante* Europas weltpolitisches Gewicht besaß, war Schmidts Handeln in der Sicherheitspolitik. Die von ihm verfolgte kooperative Sicherheitspolitik suchte annäherndes Gleichgewicht der wichtigsten militärischen Potenziale beider Seiten in Europa durch den Abbau der Hochrüstung zu erreichen, um so zur Vertrauensbildung zwischen West und Ost beizutragen. Die frei werdenden Mittel sollten die wirtschaftliche Zusammenarbeit und Vernetzung stärken, um auf diese Weise den Entspannungsprozess materiell zu unterfüttern. Das setzte Partner auf der Gegenseite voraus, die darauf einzugehen bereit waren.

Zuerst betrieb Schmidt diese Politik im Rahmen der von ihm wesentlich initiierten Wiener Verhandlungen über die Reduzierung der konventionellen Streitkräfte (MBFR) in Mitteleuropa. Die Sowjetunion war aber nicht bereit, ihr in diesem Bereich vorhandenes Übergewicht wesentlich abzubauen. Vielmehr begann sie seit Mitte der 1970er-Jahre, neue, zielgenaue Mittelstreckenraketen, die sogenannten SS 20, zu stationieren. Da Washington und Moskau sich in den SALT-Verhandlungen darauf geeinigt hatten, dass nur solche Waffensysteme als »strategische« anzusehen seien und damit der Rüstungsbegrenzung unterliegen sollten, die das Territorium der anderen Weltmacht erreichen konnten, schienen die »eurostrategischen« SS 20 besonders geeignet zu sein, der sowjetischen Absicht, die Bundesrepublik durch politische Nötigung vom Westen zu trennen, Nachdruck zu verleihen. Aus Schmidts Londoner Rede vom Oktober 1977, in der er seine im Bündnis schon mehrfach vorgetragene Forderung öffentlich machte, die eurostrategischen Waffensysteme in die Verhandlungen über strategische Rüstungsbegrenzung einzubeziehen, wurde zwei Jahre später der NATO-Doppelbeschluss. Danach sollten, falls Moskau nicht bereit sein sollte, seine Vorrüstung aus SS 20 abzubauen, auf westlicher Seite Waffensysteme mit ähnlicher Wirkung nachgerüstet werden.

Schmidt hatte seit 1977 mehrfach persönlich und über den von Egon Bahr bedienten Kanal zu Breschnew die sowjetische Führung davor gewarnt, die SS-20-Rüstung weiter zu forcieren. Seine sowjetischen Gesprächspartner »spielten das Schweigespiel«, wie dies Valentin Falin, der langjährige sowjetische Botschafter in Bonn, in seinen Memoiren (1993) selbstkritisch anmerkte.[5] Die Gründe, die Gorbatschow zehn Jahre nach der Londoner Rede Schmidts dazu bewegten, der völligen Abschaffung der Mittelstreckenraketen auf beiden Seiten zuzustimmen, gaben Schmidt letztlich Recht, nicht seinen Kritikern, zu denen auch ich gehörte. Kurz nach Amtsantritt als Generalsekretär im März 1985 – so Gorbatschow im März 1992 zu Schmidt – habe er das ringsum Moskau stationierte Antiraketensystem besucht. Seine Frage, ob dieses System – wie die militärische Führung im Politbüro behauptet hatte – gegen die Pershing II schütze, sei vom Kommandierenden General verneint worden. Seither habe Gorbatschow, unterstützt von seinen zivilen Beratern, versucht, aus der Sache herauszukommen.[6]

Angesichts der Ablehnung der Stationierung westlicher Gegenrüstung durch die große Mehrheit der SPD und ihrer Bundestagsfraktion ernteten andere, nicht zuletzt sein Nachfolger Helmut Kohl – der am Erfolg des Doppelbeschlusses als Oppositionsführer gezweifelt hatte – die Früchte von Schmidts Sicherheitspolitik. Diese trug

---

5   Vgl. Valentin Falin, Politische Erinnerungen, München 1993, S. 283.
6   Helmut-Schmidt-Archiv, Aufzeichnungen des Gesprächs von Uwe Plachetka, S. 3-6.

auch dank Gorbatschow und seiner Mannschaft zum Ende dieser zweiten Phase des Kalten Krieges und damit indirekt zum Ende der sowjetischen Hegemonie über »Zwischeneuropa« bei.

Immerhin kann Schmidt für sich in Anspruch nehmen, dass ihm bis Anfang der 1980er-Jahre, also in der Zeit weltwirtschaftlicher Dauerkrisen – im Unterschied zu einer Reihe anderer Industriestaaten – die Integration der großen gesellschaftlichen Gruppen in der Bundesrepublik glückte. Sie beruhte nicht nur auf institutionellen und ökonomischen Voraussetzungen, sondern auch darauf, dass er viele Stunden darauf verwandte, in zahllosen Einzel- und Gruppengesprächen wie auch öffentlich in Betriebsversammlungen und Tagungen von Gewerkschaften und Unternehmern zu raten, zu überzeugen und sich beraten zu lassen. Integration durch sozialen Ausgleich wie durch geregelten Konflikt – dies war auf eine kurze Formel gebracht das Grundmuster der Regierung Schmidt, für das es keinen treffenderen Ausdruck gibt als sozialliberal. Die zunehmende Entfernung der FDP-Führung vom sozialliberalen Grundmuster, vor allem in den Fragen der Mitbestimmung, bei denen anfangs – so im Mai 1976 mit der Erweiterung der Unternehmensmitbestimmung – noch Kompromisse möglich waren wie in denen der Verteilungs- und Belastungsgerechtigkeit, war einer der Hauptgründe für das Scheitern der SPD/FDP-Koalition.

Auf dem Feld der Umweltpolitik war die von Schmidt geführte Regierung vielfältigem Druck von Unternehmerverbänden wie teilweise von Gewerkschaften ausgesetzt. Dieser Druck konnte allerdings keine Umweltschutzgesetze verhindern. Mit dem Waschmittelgesetz (1975), dem Abwasserabgabengesetz (1976), dem Bundesnaturschutzgesetz (1976), der »Roten Liste für gefährdete Arten« (1977), dem Chemikaliengesetz (1980) und dem Gesetz zur Bekämpfung der Umweltkriminalität (1980) setzte die Regierung die unter Brandt begonnene Politik zum Schutz der Umwelt fort. Keiner der großen Industriestaaten konnte zu jener Zeit Vergleichbares aufweisen. War Schmidt vorzuwerfen, dass er in der Energiepolitik an einer Mischung mehrerer Energieträger festhielt, die ein gewisses Maß an Kernenergie einschloss? Er war anfangs eher skeptisch gegenüber der Nutzung von Kernenergie und auch später kein enthusiastischer Befürworter. Er wollte vor allem das mit der Kernenergie verbundene technologische und wissenschaftliche Potenzial gesichert wissen. Dies umso mehr, als der Nachbar Frankreich, dessen Gesellschaft der Technik weniger ambivalent begegnete wie die der Bundesrepublik, Kernkraftwerke in großer Zahl baute. Schon 1979 wies er daraufhin, dass zu Ende des Jahrhunderts die Sorge um die durch die Verbrennung der fossilen Brennstoffe wesentlich erzeugte Erwärmung des Klimas ganz andere Dimensionen annehmen würde.

Das politische Feld, auf dem Schmidt den spektakulärsten Erfolg mit Langzeitwirkung erreichte – die Niederkämpfung des Terrorismus der RAF im Herbst 1977 – war zugleich das Feld, auf dem Binnen- und Außenbeziehungen besonders miteinander verwoben waren. Die Befreiung der Geiseln in Mogadischu zerriss wesentliche Teile des transnationalen Netzes, das bisher von terroristischen Gruppen nicht nur in Deutschland genutzt wurde. Die Entführung des Arbeitgeberpräsidenten Schleyer betrachtete Schmidt als persönliche Herausforderung, obwohl ihn Berater davor gewarnt hatten, so sichtbar die Verantwortung für die zentralen Entscheidungen zu übernehmen. Für das, was Max Weber als Kriterium für verantwortliches politisches Handeln bezeichnete hatte, »die geschulte Rücksichtslosigkeit des Blicks in die Realitäten des Lebens und die Fähigkeiten, sie zu ertragen und ihnen innerlich gewachsen zu sein«[7], zahlte Schmidt einen hohen Preis. Wie sehr ihn dies in seelische Grenzsituationen brachte, hat sich nur wenigen Beobachtern mitgeteilt. Einer davon war sein Freund Giscard d'Estaing, mit dem er sich, meist telefonisch, oft mehrfach wöchentlich austauschte. Ihm berichtete er am 13. September 1977, dass von allen Seiten, sogar von Politikern, von ihm verlangt werde, verhaftete Terroristen zu erschießen.

Neben Schmidts Führungsleistung in diesen sechs Wochen des Herbstes 1977 – dem erfolgreichen Bemühen, die faktische Allparteienkoalition im großen Beraterkreis zusammenzuhalten, obwohl

---

7 Vgl. Max Weber, Politik und Gesellschaft, Hg. Daniel Lehmann, Neu-Isenburg 2006, S. 609.

die öffentliche Auseinandersetzung zwischen den Parteien weiterging – ist sein in der Bundestagsrede am 20. Oktober 1977 dargelegtes Eingeständnis bedeutsam, das aus seiner Sicht Menschenmögliche getan zu haben und doch nicht ohne Schuld und Versäumnis geblieben zu sein. Die Befreiung der Geiseln der »Landshut« in Mogadischu durch die GSG 9, für deren Einsatz er die Letztverantwortung trug, war eine wichtige Wegmarke im Prozess der Selbstanerkennung der Bundesrepublik, weil sie zeigte, dass der demokratische Rechtsstaat in der Lage war, auch unter schwierigen Bedingungen seine Bürger zu schützen.

Eine weitere, von der Öffentlichkeit wie auch von Historikern wenig beachtete Folge dieses Herbstes 1977 war, dass von den Tausenden, vielleicht auch Zehntausenden, die noch an den Gräbern der vermeintlichen Märtyrer der RAF sich geschworen hatten, der Kampf gehe weiter, sich Teile umorientierten. Viele von ihnen – ob aus den K-Gruppen oder aus der Spontiszene – hatten insgeheim darauf spekuliert: Wenn die RAF die Republik genügend chaotisiert hat, blüht unser Weizen! Weil diese Spekulation nicht aufging, bekam die Parole »Genossen, schmeißt die Knarren und Bomben weg!« mehr und mehr Auftrieb. Es ging ja dabei mehr um virtuelle »Knarren«, um die Abrüstung in den Köpfen. Von dieser schrittweisen Verabschiedung des Kults der Gewalt profitierte die in Ländern und Kommunen sich langsam bildende Partei der Grünen/Alternativen. Vor allem die K-Gruppen verfügten über eine Reihe von in vielen Kämpfen erfahrenen Kadern, die seit Anfang der 1980er-Jahre das organisatorische Korsett der neuen Partei in etlichen Städten – nicht nur in Universitätsstädten – bildeten. Eine Reihe später führender Politiker der Grünen ist diesen Weg gegangen.

Als die sozialliberale Koalition durch den Wechsel der FDP zur Union im September 1982 beendet wurde, hatten die Grünen die FDP schon in vier Landtagen überrundet. Die FDP war so in der Gefahr, bei der turnusmäßigen Bundestagswahl 1984 ihre zentrale Funktion als ausschlaggebendes Gewicht im bisherigen Dreiparteiensystem der Bundesrepublik zu verlieren. Es war kein Geringerer als der frühere Bundespräsident Scheel, der seit 1981 seinem Nachfolger

Genscher immer wieder diese entscheidende Rolle einhämmerte und sich dabei auch öffentlich mit Helmut Schmidt anlegte. Die später von Genscher verfochtene These, er habe durch den Wechsel zur Union den NATO-Doppelbeschluss retten wollen, ist deshalb fragwürdig, weil er, wie der FDP-Parteitag im Sommer 1981 zeigte, in seiner Partei in dieser Frage mit ähnlichen Widerständen konfrontiert war wie Schmidt in der SPD.

3 Kanzlersturz 1982 und Konturen einer Bilanz

Als am 1. Oktober 1982 die Fraktionen von CDU/CSU und FDP gegen Schmidt das konstruktive Misstrauensvotum einbrachten, wurde es von Rainer Barzel, seinem alten Partner und Kontrahenten aus der Zeit der großen Koalition, begründet. Barzel hatte beim Regierungsantritt Schmidts im Mai 1974 die Prognose gewagt, dieser werde nicht lange Kanzler bleiben, wenn er die Republik nur politisch im »Machbaren« nicht aber »geistig-politisch«, d. h. auch moralisch führe.[8] Jetzt, im Herbst 1982, sah Barzel seine Prognose von 1974 bestätigt. Geschah diese Beurteilung zu Recht? Kurz war Schmidts Zeit als Kanzler jedenfalls nicht: Schmidts Amtszeit von 8½ Jahren war länger als die aller sozialdemokratischen Kanzler vor ihm seit 1919 zusammengenommen. Und die »geistig-moralische« Führung? Verglichen mit seinen Vorgängern und Nachfolgern schneidet er nicht schlechter, eher besser ab. Er kokettierte zwar öfter mit seinem nüchternen Politikverständnis und meinte sarkastisch, Menschen, die Visionen hätten – wie die Heiligen im Mittelalter, die in den Himmel schauten – sollten zum Arzt gehen. Aber den konkreten Wertehorizont, dem er sich verpflichtet fühlte, wusste er sehr genau zu begründen.

Mit modernen Sozialtheorien wie auch der klassischen Philosophie ging Schmidt vertrauter um als die meisten anderen Bonner Politiker. Schon lange bevor er mit Karl Popper persönliche Gespräche führen

---

8   7. BT, 101. Sitzung vom 20. Mai 1974.

konnte, fühlte er sich in seinem Verständnis von Politik bestätigt, das auf die Vermeidung von *Leid*, nicht auf die Förderung von persönlichem *Glück* der Bürger ausgerichtet war. Auf ähnliche Weise leuchtete ihm die Methode von *Versuch und Irrtum* ein, die der Politik schrittweiser Reformen entsprach. Vollends überzeugt war er vom Konzept der offenen Gesellschaft, die sich in der Auseinandersetzung mit totalitären Ideologien und autoritären Regimen zu bewähren hatte. Die Lektüre von Popper, zu der ihn jüngere Sozialwissenschaftler angeregt hatten, die am ersten Entwurf des Orientierungsrahmens '85 mitarbeiteten, führte ihn zu Poppers Ausgangspunkt, also zu Kant und dessen »kritischer Vernunft«, der es darum ging, »anstatt Wahrheiten zu entdecken […] Irrtümer zu verhüten«. Als Pflichtmensch, der er in hohem Maße geworden war, fand er sich in Kants Auffassung wieder, Hauptkriterium für die Sittlichkeit einer Handlung sei die unbedingte Pflicht. Schmidt hat deshalb seinen Handlungsansatz als »pragmatisches Handeln zu sittlichen Zwecken« bezeichnet. Mit dieser Definition hat er in der Debatte über seine erste Regierungserklärung im Mai 1974 auf den erwähnten Vorhalt Barzels geantwortet.

Inzwischen war Schmidt längst zur Höhe der philosophischen Altäre erhoben worden und wurde gar – als ihm die Ehrendoktorwürde der Philosophischen Fakultät der Universität Marburg verliehen wurde – als »strategischer Vordenker einer Weltzivilisation« gefeiert. Während seiner Zeit als Kanzler sind solche Ausflüge in die »geistig-moralische« Sphäre, wenn sie überhaupt registriert wurden, meistens als Versuch interpretiert worden, von seinem »Macher«-Image abzulenken. Das hat ihn wenig gestört, zumal er als *Homo ludens*, der er eben auch war, mit solchen Auftritten zeigen konnte, dass er selbst in diesen Sätteln zu reiten wusste, ohne dass er abgeworfen wurde. Geärgert hat er sich vor allem darüber, dass die offiziellen Sachwalter der Moral in der Zivilgesellschaft, vor allem die Kirchen, von der Politik in heiklen Fragen der Gesetzgebung zu Ehe und Familie, etwa zum Schwangerschaftsabbruch, die Bewahrung von Werten verlangten, von deren Beachtung sie selbst das Gros ihrer Gläubigen nicht (oder nicht mehr) überzeugen konnten. Er verzichtete nicht darauf, Orientierung zu geben, hielt aber nichts davon, den demokratischen Staat, der die Grundrechte und Freiheiten der Bürger zu schützen und für die Beachtung der Gesetze zu sorgen hatte, auch noch zum »moralischen Oberhirten« zu machen.[9] Diese verdeckte autoritäre Erwartung entsprach nicht seinem Verständnis von Politik und deren ethischen Voraussetzungen.

Die Bedeutung Helmut Schmidts als Bundeskanzler lässt sich auf folgende Weise zusammenfassen:

- Schmidt steht in seiner Bedeutung als Kanzler nicht hinter Persönlichkeiten zurück, die – wie Adenauer, Brandt und Kohl – in der Öffentlichkeit wie bei Historikern als »große« Kanzler gelten, weil sie jeweils mit einem großen »Projekt« identifiziert werden: Adenauer mit der Westpolitik, Brandt mit der Ostpolitik, Kohl mit der deutschen Einheit.
- Die Bundesrepublik wurde unter seiner Führung in der Wirtschafts- und Währungspolitik, teilweise auch in der Sicherheitspolitik – dort nicht ohne Risiken –, zu einem weltpolitischen Mitspieler.
- Schmidt hat 1974/75 wesentlich dazu beigetragen, dass die Europäische Gemeinschaft nicht zerbrach. Gemeinsam mit Giscard d'Estaing hat er 1978/79 das Europäische Währungssystem geschaffen und den Weltwirtschaftsgipfel der westlichen Industriestaaten initiiert, der verhindert hat, dass die großen Industriestaaten in eine Politik zulasten der anderen – wie in der Weltwirtschaftskrise 1929 ff. (»beggar my neighbour«) – zurückfielen.
- Unter Schmidts Führung und Verantwortung in letzter Instanz wurde dem Terrorismus der RAF eine entscheidende Niederlage beigebracht. Sie trug maßgeblich zur politischen Umorientierung von Teilen der Sympathisantenszene auf der radikalen politischen Linken bei.

---

9   Süddeutsche Zeitung, 26./27.5.1976.

Gunter Hofmann von der *Zeit* rechnet ihn zu den »Mehrheitsdeutschen«[10], die nach 1945 die Demokratie erst »lernen« mussten. Aber an anderer Stelle betont er, dass Schmidt zugleich zu jenen gehörte, die Demokratie auch schon »können« mussten, d. h. am Aufbau der Demokratie der Bundesrepublik intensiv beteiligt waren. Diese Deutung hat einiges für sich, ist aber ergänzungsbedürftig. Theodor Eschenburg, der vielen Politikern der Weimarer Zeit und der Bundesrepublik persönlich begegnet ist, hat in seinen Erinnerungen geschrieben, Schmidt sei der einzige Kanzler seit 1949 »gegen den Zeitgeist« gewesen.[11] Dieser Befund stimmt mit meiner Einschätzung überein. Schmidts Erlebnisse in Diktatur und Krieg haben ihn die politische Verführbarkeit von Menschen erfahren lassen. Er wusste, dass das Maß an Verführbarkeit beim Kleinbürgertum wie beim Bildungsbürgertum mit den jeweiligen Aufstiegswünschen und Abstiegsängsten besonders hoch war, denn er kam selbst aus diesem Milieu. Von daher rührt sein nüchterner Politikbegriff, sein weitgehender Verzicht auf demagogische Rhetorik, obwohl er über entsprechende Talente in hohem Maße verfügte – sowie seine Skepsis, ja Abwehr gegenüber politischen und sozialen Bewegungen, die mit vereinfachenden Parolen agitierten und damit den »Zeitgeist« zu prägen suchen.

---

10 Vgl. Hofmann, Helmut Schmidt, S. 443.
11 Vgl. Theodor Eschenburg, Letzen Endes meine ich doch. Erinnerungen 1933–1999, Berlin 2000, S. 236.

Die Autoren und Herausgeber

Rainer Behring,
geb. 1965, Dr. phil.; Historiker, lehrt Neuere Geschichte an der Heinrich-Heine-Universität Düsseldorf. Einen Schwerpunkt seines wissenschaftlichen Interesses bildet die Außenpolitik der deutschen Sozialdemokratie.

Peter Brandt,
geb. 1948, Dr. phil.; Professor em. für Neuere Deutsche und Europäische Geschichte sowie Direktor des Instituts für Europäische Verfassungswissenschaften an der FernUniversität in Hagen.

Bernd Braun,
geb. 1963, Dr. phil.; stellv. Geschäftsführer der Stiftung Reichspräsident-Friedrich-Ebert-Gedenkstätte in Heidelberg, Lehrbeauftragter am Historischen Seminar der Universität Heidelberg, Veröffentlichungen zur Geschichte der Arbeiterbewegung, der Revolution von 1848/49, des deutschen Parlamentarismus und des deutschen Exils ab 1933.

Christian Gellinek,
geb. 1930, Professor em. (University of Florida); studierte Rechts- und Staatswissenschaften in Göttingen, Yale Ph. D. in Germanistik, Full Professor University of Florida, Gainesville, 1971–1987, chairman; Gastprofessor für Politische Wissenschaften, Universität Vechta, 2007–2010.

Siegfried Heimann,
geb. 1939, Priv.-Doz., Dr. phil.; Historiker und Politikwissenschaftler, FU Berlin. Mitherausgeber der Zeitschrift »WerkstattGeschichte«; zahlreiche Veröffentlichungen zur Geschichte der SPD und zur Geschichte Berlins.

Detlef Lehnert,
geb. 1955, Dr. phil.; Professor für Politikwissenschaft an der Freien Universität Berlin, Präsident der Hugo-Preuß-Stiftung und Vorstandsvorsitzender der Paul-Löbe-Stiftung Weimarer Demokratie.

Einhart Lorenz,
geb. 1940, Dr. phil.; Professor i. R. für europäische Geschichte an der Universität Oslo, Mitglied des Internationalen Beirats der BWBS. Wichtigste Arbeitsgebiete: Deutschsprachiges Exil, Geschichte der europäischen Juden, Theorie und Praxis der Arbeiterbewegung.

Walter Mühlhausen,
geb. 1956, Dr. phil.; Historiker, ist Geschäftsführer und Vorstandsmitglied der Stiftung Reichspräsident-Friedrich-Ebert-Gedenkstätte in Heidelberg und lehrt als apl. Professor an der Technischen Universität Darmstadt.

Tim B. Müller,
geb. 1978, Dr. phil.; Historiker am Hamburger Institut für Sozialforschung, Redakteur der »Zeitschrift für Ideengeschichte«, Publikationen zuletzt: »Nach dem Ersten Weltkrieg: Lebensversuche moderner Demokratien« (2014), als Herausgeber zusammen mit Adam Tooze »Normalität und Fragilität. Demokratie nach dem Ersten Weltkrieg« (2015).

Oliver Rathkolb,
geb. 1955, Dr. jur., Dr. phil.; Universitätsprofessor am Institut für Zeitgeschichte der Universität Wien und Institutsvorstand; Herausgeber der Fachzeitschrift »zeitgeschichte«; Vorsitzender des wissenschaftlichen Beirats des Hauses der Geschichte Österreich.

Richard Saage,
geb. 1941, Dr. phil.; Professor i. R. für Politikwissenschaft an der Martin-Luther-Universität Halle-Wittenberg und OM an der Sächsi-

schen Akademie der Wissenschaft zu Leipzig. Schwerpunkt: Politische Theorie und Ideengeschichte.

Hartmut Soell,
geb. 1939, Dr. phil.; lehrte als Professor für Neuere Geschichte an der Universität Heidelberg. Er war mehrere Jahre Mitarbeiter des damaligen SPD-Fraktionsvorsitzenden Helmut Schmidt und von 1980 bis 1994 Mitglied des Deutschen Bundestags.

Abbildungsnachweis

S. 22	Bundesarchiv, Bild-Nr. F056100-0020A
S. 48	Archiv der sozialen Demokratie (AdsD) der Friedrich-Ebert-Stiftung
S. 78	Rechteinhaber nicht ermittelbar
S. 95	Südwestkirchhof Stahnsdorf
S. 96	Archiv der sozialen Demokratie (AdsD) der Friedrich-Ebert-Stiftung
S. 126	Bundesarchiv, Bild-Nr. 146-1979-122-28A
S. 158	Archiv der sozialen Demokratie (AdsD) der Friedrich-Ebert-Stiftung
S. 186	Archiv der sozialen Demokratie (AdsD) der Friedrich-Ebert-Stiftung
S. 208	Fotoarchiv Jupp Darchinger im Archiv der sozialen Demokratie (AdsD)
S. 246	Fotoarchiv Jupp Darchinger im Archiv der sozialen Demokratie (AdsD)
S. 283	Fotoarchiv Jupp Darchinger im Archiv der sozialen Demokratie (AdsD)

Partner und Rivalen

Das Verhältnis von Brandt und Schmidt gilt als kompliziert und schwierig, weil ihre Sozialisation, ihr Politikstil und Politikverständnis sich deutlich unterschieden. Dennoch verband die beiden führenden Sozialdemokraten neben ihrer Rivalität eine jahrzehntelange Partnerschaft, deren Höhen und Tiefen sich in ihrem Briefwechsel facettenreich widerspiegeln.

Die sorgfältig annotierte Edition erschließt die gesamte Korrespondenz zwischen Brandt und Schmidt. Sie umfasst mehr als 700 Briefe der Jahre 1958 bis 1992 und bietet neue Einblicke in die persönliche Beziehung der beiden Staatsmänner. Waren sie zunächst enge Weggefährten bei ihrem Aufstieg zu sozialdemokratischen Spitzenpolitikern, vertraten sie während der Großen Koalition und später nicht selten unterschiedliche Positionen. Trotz aller Rivalitäten arbeiteten Brandt und Schmidt jedoch immer wieder vertrauensvoll zusammen. Ihre politischen Differenzen und Kontroversen machen den besonderen Reiz der Briefe aus.

Willy Brandt / Helmut Schmidt
Partner und Rivalen
Der Briefwechsel (1958–1992)

Herausgegeben und eingeleitet von
Meik Woyke
Willy-Brandt-Dokumente, Band 3

1.104 Seiten, Broschur
39,90 Euro
erschienen im Oktober 2015
ISBN 978-3-8012-0445-7

Verlag J.H.W. Dietz Nachf. – www.dietz-verlag.de

Vordenkerinnen und Vordenker

Karl Marx, August Bebel, Elisabeth Selbert, Willy Brandt oder Paul Tillich – herausragende Persönlichkeiten wie sie haben die Idee und Praxis Sozialer Demokratie in Deutschland geprägt. Ihre Lebensgeschichte, ihr Denken und Handeln führen die Leserinnen und Leser zu den Kerngedanken der Sozialen Demokratie.

Volkspartei, Mehrwerttheorie, Mitbestimmung, die Grundwerte Freiheit, Gerechtigkeit und Solidarität – wichtige Ideen, Theorien und Konzepte sind oft eng mit den Menschen verbunden, die sie geprägt und auch vorangetrieben haben. Dieses Buch porträtiert 49 Vordenkerinnen und Vordenker der Sozialen Demokratie: Wie haben diese Persönlichkeiten in ihrer Zeit gewirkt? Welche Impulse bieten sie für die Gegenwart? So ergibt sich ein spannender und umfassender Überblick über die Ideen- und Bewegungsgeschichte der Sozialen Demokratie.

Christian Krell (Hg.)
VORDENKERINNEN UND VORDENKER DER SOZIALEN DEMOKRATIE
49 Porträts

368 Seiten
Broschur
22,00 Euro
erschienen im Oktober 2015
ISBN 978-3-8012-0459-4

Verlag J.H.W. Dietz Nachf. – www.dietz-verlag.de